全过程工程咨询指南丛书

天津理工大学
中国建设监理协会 组织编写
一砖一瓦科技有限公司

城市公共建筑开发与建设项目
全过程工程咨询
实施指南

上册：商业综合体

主编：胡春林

主审：尹贻林

主编单位：永信和瑞工程咨询有限公司　天津理工大学

中国建筑工业出版社

图书在版编目（CIP）数据

城市公共建筑开发与建设项目全过程工程咨询实施指南. 上册, 商业综合体 / 胡春林主编. —北京：中国建筑工业出版社，2020.9

（全过程工程咨询指南丛书）

ISBN 978-7-112-25465-1

Ⅰ.①城… Ⅱ.①胡… Ⅲ.①商业建筑—建筑工程—咨询服务—指南 Ⅳ.①F407.9-62

中国版本图书馆 CIP 数据核字（2020）第 264007 号

责任编辑：张智芊 朱晓瑜 宋 凯 张礼庆
责任校对：姜小莲

全过程工程咨询指南丛书
城市公共建筑开发与建设项目全过程工程咨询实施指南
天津理工大学 组织编写

*

中国建筑工业出版社出版、发行（北京海淀三里河路 9 号）
各地新华书店、建筑书店经销
逸品书装设计制版
北京中科印刷有限公司印刷

*

开本：787 毫米 ×1092 毫米 1/16 印张：37¾ 字数：685 千字
2020 年 9 月第一版 2020 年 9 月第一次印刷
定价：106.00 元（上、下册）
ISBN 978-7-112-25465-1
（36036）

版权所有 翻印必究
如有印装质量问题，可寄本社图书出版中心退换
（邮政编码 100037）

本书编委会

上册：商业综合体

主　编：胡春林
主　审：尹贻林
主编单位：
　　永信和瑞工程咨询有限公司
　　天津理工大学
副主编：杨跃辉　潘　敏　黄浩浩
编　委：卓　葵　李晓武　张东红　廖艳辉　郭劲松
　　　　陈　凤　胡桃林　吴冬云　李辉兰　高　峰
　　　　罗晓军
编写人：
　　第1章：胡春林　廖艳辉
　　第2章：胡春林　张东红
　　第3章：胡春林　卓　葵　李辉兰
　　第4章：黄浩浩　李晓武　吴冬云
　　第5章：潘　敏　郭劲松　张东红
　　第6章：潘　敏　陈　凤　罗晓军
　　第7章：杨跃辉　胡桃林
　　第8章：杨跃辉　廖艳辉　高　峰
　　附　录：黄浩浩　李晓武　卓　葵

丛书总序：

中国特色工程咨询：从跟跑、并跑到领跑

一、中国项目管理的发展历程

1985年，中国出版了两部项目管理的书，第一部是企业管理出版社的《项目管理》，美国人约翰·宾写的；另一部是中国建筑工业出版社出版的《工程项目管理》，是同济大学丁士昭教授写的。两本书各有优劣，其中《项目管理》一书的作者约翰·宾先生是美国著名的工程公司柏克德公司的项目经理，1970年曾在中国引进八套合成氨系统的成都工厂担任EPC项目经理，给当时去项目视察的某国家领导人留下深刻印象。1978年中国改革开放，与美国合作建立大连企业管理培训中心，中方领导点名要约翰·宾先生任教，美方顺水推舟任命约翰·宾先生担任美方教务长。

（一）项目管理思想在中国的传播

约翰·宾先生的《项目管理》明确告诉大家项目管理的三大目标：工期控制、成本控制、质量控制，以及三大控制工具：网络法CPM、工作分解结构WBS和文件分发表。这三大控制目标和三大控制工具支撑了早期即1985年前后中国项目管理的普及和发展。1988年约翰·宾先生访问天津大学，时任技术经济与系统工程系主任的徐大图教授在天南街一个饭馆宴请他，我在场作陪。1987年中国施工企业管理协会组织编写《施工企业管理手册》，我负责撰写"项目管理"一章。

（二）建设监理制

丁士昭先生的《工程项目管理》则介绍了德国的施工项目管理，这本书比约翰·宾先生的书厚了一倍，多介绍了项目管理组织和项目控制方法。1986年，丁

先生据此向上海市和建设部建议实行"建设监理制",先后被上海市和建设部采纳,1987年中国正式实施建设监理制,与项目法人责任制、项目合同制、招投标制并称中国建设领域的"四制"。后来随着项目法施工的兴起,中国已经形成了业主的项目管理即监理制,承包商的项目管理为项目法施工。1988年春节前,徐大图教授带领我在建设部三号楼招待所住了一周,起草的监理工程师考试方案被监理司认可。年后建设部发文由天津大学、同济大学、重庆建工学院同时开展监理工程师培训,三个月一期,取得结业证即可上岗。两年后正式开考,我任其考试教材之二《建设工程合同管理》副主编,撰写"施工合同管理"一章。

(三)项目法施工在中国兴起

1986年,时任国务院副总理兼国家教委主任的李鹏同志发明码电报给直属高校,要求土木工程系学习鲁布革水电站建设项目日本承包商大成公司的项目管理经验。他把日本大成公司在鲁布革项目成功的经验归结为:项目管理、工程合同管理(含招标和索赔)和工程经济学(含造价)的成功,要求各高校在土木工程系或管理学专业开设上述课程。1987年初在郑州的一次会议上国家计委施工司下达任务给天津大学管理工程系,要求总结鲁布革经验,拨科研经费20万元。当时天津大学张乃如等教师五次前往云南鲁布革工地,采集了大量素材。为与业主方项目管理区分,定名为"项目法施工",主要内容是:前后方分离——前方成立施工项目部,后方设立基地;内部设立两个独立核算市场——施工机械租赁市场和劳务市场;严密的合同与索赔制度;项目部为扁平组织结构;公司为矩阵或地区总部组织结构。进入1990年前后,项目法施工在中国广泛应用,尤其是在原石油部系统应用最为成功,当时吐哈油田等新建油田均采用项目法施工获得成功。我当时任天津大学技术经济与系统工程系办公室主任,组织黄东兵教授编辑了《项目法施工》一书。

(四)代建制的崛起

朱镕基同志1998年任国务院总理,力促中美贸易协定于1999年圣诞节前签署,扫清了加入WTO的最大障碍。又经一年半与欧盟谈妥通信与保险业的条约,于2001年率中国加入了WTO。但是议定书虽然同意中国暂缓加入GPA(政府采购协议),但要求中国区分政府投资工程与私人投资工程,并采取不同管理体制。为落实此项承诺,当时建设部成立以建筑业司张鲁风司长为组长的"政府投资工程管理体制改革研究"课题组,我是其中一员。经过两年美国、德国、新加坡、中国香港等国家和地区的调研；又在国内对重庆、成都、西安、合肥等地的建设系统调研，形成了基本思路。我当时归纳发达国家政府投资项目管理的理念是："为了保证公平，宁愿牺牲效率"，又高度评价重庆的"投建管用分离"的作法。根据PMC（项目管理承包）和PMA（项目管理咨询）的经验提出政府投资项目应实行"代建制"，得到国务院的肯定。从2003年起推广，在北京奥运会工程中大显身手；在深圳演变成工务署；在四川省则形成我心目中理想的"代建制"，即代业主实施项目管理。

（五）项目经济评价方法与参数

1980年，建设项目科学决策、民主决策的呼声越来越高，国家决定引入世界银行（WB）和联合国工业发展组织（UNIDO）的以等值计算和折现为基础的项目经济评价方法。由建设部标准定额研究所于守法副所长牵头，天津大学等一批高校和研究机构参与。当时，中国已经引进了工程经济学等理论并且在高校开设课程。同济大学黄渝祥教授编著了《费用效益分析》影响很大，但是国家重点是对有经营性的工业项目进行财务评价，黄先生主导的政府投资项目评价问题尚未提到议事日程。1990年，国家发布《建设项目经济评价方法与参数》，中国建设项目科学决策的基础至此奠定了基础。

二、政府投资管控：从被动控制到主动控制

政府投资评审与工程造价咨询产业一样，其核心就是政府投资管控。所谓控制，必先设定控制标准。英国DBB以分项工程所需工料数据即工程量清单作标准控制投资，美国EPC则以有序的市场竞争挤出真实成本，用合同总价控制投资，中国计划经济时期使用定额为标准控制投资，近年来采用工程量清单控制投资。

纠偏是管控的主旋律，古典控制论鼻祖维纳提出了反馈的设计，信息反馈就是指控制系统把投资实施过程中的数据输送到判断器，又把判断结论返送回来的动作。政府投资评审系统就是一种典型的古典控制系统，其本质是通过信息反馈来揭示实际与计划之间的差异，并采取纠偏措施，使政府投资稳定在预定的计划状态内。全世界的投资管控都是循着反馈纠偏控制的思路设计的控制系统。

纠错防弊的内部控制是投资管控的基本方法，项目内部控制措施通常包括项目风险控制、授权审批的内部牵制等。工程造价咨询机构应当结合风险评估结果，采用主动控制（预防）与被动控制（纠偏）相结合的控制措施，将风险控制

在投资计划之内。并通过内部牵制机制，实现项目纵向审批上下牵制，项目横向复核纠偏左右制约，相互监督，实现纠错防弊的管控功能。从宏观看，国家设立财政投资评审体系就是政府对投资进行内部控制的重大举措。

（一）DBB分工范式下的政府投资管控

目前，我国一直沿用三十年前创制的"四制"，即招投标制、项目法人制、工程合同制和建设监理制。上述制度的经济学机理就是DBB发承包模式，即设计D、招标B、施工B三个阶段分立的发承包方式，英国称它为传统模式。因其形成业主/咨询机构/承包商三足鼎立状，也称其为三角模式，对应最著名合同条件为FIDIC红皮书。中国1983年在鲁布革水电站项目采用，1987年由丁士昭先生倡导引入称建设监理制，利用咨询机构消除承包商对发包人的信息优势，引入专业的顾问服务提高项目管理绩效。政府投资评审机构就是各级政府的投资管控顾问机构，近年来发挥了重要的作用。近三十年来投资评审机构总结了基于DBB模式的投资管控经验如下：

1. DBB变更是失控的主因

据统计DBB模式35%的失控由变更引起。有四种变更，第一是业主的需求改变；第二种是设计错误；第三是施工困难或不利现场；第四是承包商合理化建议。DBB前三种变更均应由业主承担价款改变的风险，第四种则应按价值工程条款评估，批准后跟承包商分成获利。顾问机构要注意承包商与设计人合谋人为制造变更获利，更应从前期入手抓设计优化。

2. 管控的重点在前期

英国的价值管理之父凯利和伍同两人不约而同地发现投资管控的重点在前期，工程造价咨询机构应该把主要精力放在前期。采用的方法有价值工程、LCC和可施工性分析，尤其是工业项目或大型土木工程项目，采用新技术、新工艺、新材料的项目效果尤为显著。据统计，应用可施工性分析可缩短工期10%以上，减少投资5%以上，BIM是可施工性分析的利器。

3. 闭口合同意味着项目价值折损

中国香港地区在20世纪一直采用闭口总价包死合同，但是1999年发生政府房屋署公屋天颂苑"短桩"事件，承包商为避免损失，每根桩都短15m以上，直至房屋沉降不均才败露。事件导致拆除公屋，损失达2.5亿港元以上。后来中国香港地区政府成立调查组，给出报告，认为总价包干合同是帮凶之一，建议地下工程不宜闭口，应据实结算。承包商不可能自掏腰包弥补工程费用不足。

（二）其他行业的政府投资管控

投资评审机构主要针对各级政府财政投资项目进行投资管控，除自身积累了大量经验和案例外，也对其他仍实行纵向管理的各行业投资管控进行了全面借鉴。

1. 施工图预算回归

公路工程投资管控创造了零号工程量清单，即初步设计完成后招标；施工图设计完成后招标人召集设计人、咨询方、承包商会商，最终出一份各方认可的工程量清单。这份清单称零号工程量清单，支付与结算均按照清单量计算。这种方法的本质是模仿施工图预算，把设计细节做到可施工程度，出工程量清单，按中标单价制定总价，实行总价包干。

2. 三峡投资管控

1992年，三峡工程静态投资概算为900.9亿元，三峡总工期为17年，考虑到物价上涨和利息因素，最终动态投资达到1800亿元。利息执行央行的利率，物价上涨因素则由国家计委（国家发展改革委）委托咨询公司根据当年的工作内容确定物价篮子的材料品种和权重，根据统计局的物价数据测算一篮子物价指数，乘以当年静态投资计划数即为当年动态投资额，国家据此下拨投资。

3. 高铁投资管控

铁路有两个特殊环节，一个是概算检算，相当于施工图预算，检算不能超概算；另一个是概算清理，相当于竣工结算，两算责任主体均为勘察设计方。概算清理可增加部分包括变更、量差、政策性调整、新增等，如有异议提交主管部门鉴定中心处理。这种管控依赖定额，所以铁道定额所能获得巨额定额编制补助。这种管控无须咨询机构，勘设人是管控的第三方。

（三）政府投资管控的理论问题

1. 政府投资管控的柔性

为了应对未来的不确定性，缔约成本很高。为了降低缔约成本，中外均为合同注入柔性，即合同再谈判机制。最容易理解的柔性表现为：暂估价。如材料暂估价和专业工程暂估价都是为了加速缔约而设置的再谈判机制。合同的再谈判又分事件级与项目级两类。变更、调价、索赔均为事件级；和解、调解则属于项目级再谈判。政府投资评审机构掌握柔性则必执专业之牛耳。

2. 招标两难

中国的招标早期采用低价中标原则，出现了赢者诅咒现象，即由于投标人的乐观偏见和对招标人套牢产生的敲竹杠行为；后来采用综合评估法，又出现合谋与围标现象，即价格卡特尔（垄断合谋）。这就是招标两难，政府投资管控对解决两难问题提出信任解决方案。首先，政府应建立信任规制，其次招标人按信任级别确定招标竞争烈度，配合上相应柔性等级的合同条件。

3. 赢者诅咒

低价中标破坏项目价值和市场秩序，这个结论在理论上没有说服力。低价中标损害项目和市场根本利益的现象叫赢者诅咒，它破坏的机理是：招标人的逆向选择，即买方宁愿出低价选择一个反正也信不过的人，造成建筑市场劣币驱逐良币；投标人的道德风险，即卖方机会主义行为利用买方的漏洞获利。解决赢者诅咒的良方就是信任，用多次博弈克服机会主义。

4. 政府投资管控的激励

政府投资管控一般沿着监管和激励两条进路设计，监管难度大，成本高，所以1980年后重视激励进路。项目激励与公司激励不同，因无剩余索取权，所以不能使用产权激励。项目的激励有四种，第一是信任，产生柔性风险分担效应；第二是公平，产生参照点效应；第三是关系，产生声誉效应；第四是权力，产生位势差效应。上述效应均可改善项目管理绩效。

5. 政府投资管控的状态补偿

假设合同签订期是状态0，无风险执行是状态1，风险造成偏离是状态2，一般在状态0时就必须预测到状态2，并约定状态2的价格。但纠结于缔约，成本加大，则应在合同中约定再谈判：一旦出现风险导致的状态2，只需确定状态2与状态1的差异并由买方予以补偿即可。工程合同的再谈判包括变更、索赔与调价，由发包人弥补状态差异，承包人完成项目，项目成功。

（四）新形势下的政府投资管控

中国经济进入新常态后，经济增长方式由过去的投资拉动需求模式转变为供给侧改革模式。具体改革措施为在基础设施投资领域实施政府与社会资本合作即PPP模式，在发承包模式中实施设计采购施工一体化模式即EPC。新的建设方式要求政府投资管控与时俱进，在观念和手段上全面创新。

1. EPC是基于信任的集成范式

三角模式零和博弈色彩太浓，发承包双方对抗。于是出现了EPC设计采购施工集成模式，采用FIDIC银皮书。EPC的基础是合作，合作的前提是信任，信任表现为双方不利用对方的漏洞。因此，EPC也称交钥匙工程，付款与结算按约定总价及程序,一般不再审核。中国推行EPC缺乏信任基础,故用EPC集成之形,施严格管控之实,称为中国特色EPC。

2. PPP的投资管控

政府与社会资本合作模式的投资管控为我们提出了新的挑战:第一,PPP模式中项目控制权基本交给社会资本方,社会资本方对投资管控无积极性,但对成本控制有动力;第二,为吸引社会资本中央同意两标并一标,施工不招标,则对概算的精度提出更高要求;第三,PPP一般采用EPC,支付与结算方式改变,政府投资管控无抓手。针对上述三个难题,政府投资评审部门惟有抓住可行性研究不放,提高可研深度,建议采用初步可研和工程可行性研究两阶段可研以提高精度。另外迅速建立已完工程数据库,作为PPP项目投资管控的标杆。

3. 政府投资管控专业人士的格局

政府投资管控专业人士与工程造价咨询企业的领袖一样应具备三种素质,其一是企业管理能力,包括战略、内部控制与激励、经营与市场、质量与成本等;其二是投资管控能力,必须有强烈的为委托人提供投资管控顾问服务的意识;其三是为项目增值的能力,要利用VM、LCC等工具优化项目。具备这三种素质的咨询机构领袖就会有宏大的格局,必然带领团队走向成功。

4. PPP项目全生命周期投资管控

PPP项目实质上属于政府投资项目,表面上看是社会资本投资并支付工程款,实质上是政府授予特许经营权并延期多次支付的投资行为。因为政府在提供公共品中采用PPP方式,确实向社会资本转移了大部分风险,其代价是向社会资本让渡了项目的大部分控制权。那么PPP项目的投资管控就具有了非常特殊的形式和内容,即通过可用性和绩效考核两种形式进行,考核标准是物有所值。从可用性评价看,主要是评价资产是否虚化。两标并一标后的利润可以算是资产形成,但设计优化形成的节约能否形成资产争议很大,如果虚报冒领、偷工减料形成资产则绝对不能允许。政府对可用性评价的控制手段主要是投资评审和投资审计,通过扣减社会资本履约保函和扣减可用性资产额(从而扣减可用性付费)来实现目的。至于绩效考核则主要是考核以设计参数为基础制定的运营绩效考核指标实现程度进行的。

三、中国特色工程咨询的创新

从定额概预算到工程造价管理,初步引进四制(招标、合同、监理、项目法人制），建立监理和监理工程师制度、工程造价咨询和造价工程师制度属于跟跑；推行2003版、2008版、2013版清单计价规范，发布标准施工招标文件，推行代建制和全过程工程造价咨询属于并跑；取消工程咨询企业隔离墙，实行公共项目数据面板化，定额指标数据化，推行大标段招标，推行PPP项目两标并一标，推动全过程工程咨询属于领跑。

中国特色是中国领跑世界的关键所在，全盘西化或拒绝西方都无法领跑，只有兼收并蓄博采众长才能形成中国特色的工程咨询理论体系和实操规范。目前看，中国特色工程咨询主要有：定额与价格信息结合的计价依据、估概算审批制、信任型招投标、刚性合同与重新结算制等。这些中国工程咨询元素镶嵌在工程量清单BOQ和FIDIC合同体系、ICB竞争性招标和单价合同之中形成崭新的具有鲜明中国特色的工程咨询管理体系。我们凭这一套理论与实操体系，在中国庞大的建设工程现场不断加以实践，就具备领跑世界的能力和可行性。

刚性合同与重新结算制具有特别鲜明的中国特色，本来《建设工程工程量清单计价规范》GB 50500—2013吸取了《标准施工招标文件》向FIDIC靠拢的原则，明确规定结算工程量是历次计量支付的累积，也就是从量支付原则。但是《标准施工招标文件》和《建设工程工程量清单计价规范》GB 50500—2013均要求承包商在竣工验收同时向业主报送竣工结算，由业主自行或委托咨询方审查，这就是重新结算制度。刚性合同就是不开口合同，对承包商损害非常大，但是承包商非但没倒闭反而日益壮大，个中原因就是重新结算制度为刚性合同注入了柔性。重新结算使承包商获得了讨价还价的机会和筹码，使承包商赢得了部分预期的施工利润。

信任型招标是东亚特有的招标，其形式是嵌入信任要件的公开竞争性招标，脱胎于国际竞争性招标ICB。这种东亚独有的信任型招标的特点是业主利用招标寻找可信任的承包商的变化形态，尤其是EPC发包时，业主必须寻找一个称心如意的承包商，方可弥补因控制权让度产生的失控风险。信任型招标部分满足了业主对中标人信任的要求，从而对项目成功起到了积极的作用。信任型招标主要表现为三个方面，第一是资格预审更多地注入业主对信任的要求，第二是评标办法中注入业主对最希望中标人的能力要求，第三是通过入库或短名单注入业主对目标中标人的影响。信任型招标的本质是发包人对中标承包人信任要求的表现；信任型招标对项目成功的影响是通过信任激励起作用的；信任型招标必须适当约束，否则会滑入腐败的陷阱。

估概算审批制也是中国特色的工程造价管理的重要组成部分，主要服从于政府投资项目投资管控和宏观调控计划平衡的需要。投资估算是可行性研究的重要组成，设计概算是初步设计的必备内容，政府投资项目两者都必须经过相应层级计划行政管理部门的审批，非政府投资项目则采用备案或核准制。经批准的项目估概算应作为后一程序的控制目标，如可研估算作为设计概算的控制目标，设计概算作为招标控制价的编制依据且为项目投资的总控目标。估概算审批制是依据一系列部门规章的规定及《政府投资条例》有关规定设立的，具有法定性。与估概算审批制关联的是财政投资评审制度，各地根据估概算审批制度又纷纷建立财政投资评审中心，负责政府投资项目各项支出的评审；审计部门也加入了对政府投资项目的财政支出审计，从而共同构建了完整的中国特色的估概算审批制。

  定额与价格信息结合的计价依据是最具中国特色的工程咨询，定额源起于向苏联学习的新中国成立初期，但可追溯至美国科学管理之父泰罗的定额管理思想。改造后的定额是在一定工法的前提下把每单位分部分项工程的生产要素（人工时、机械台班、建筑材料）消耗量指标化，并由授权机构经过一定程序批准后发布。定额用于分析并确定分部分项工程的消耗量，与价格信息配合形成单价。价格信息就是定期调查人工时、机械台班、建筑材料的市场平均价格，并经过一定程序由授权机构指定的媒体（媒介）发布。定额是国家发布，本质上是一种公共产品，全社会都可以利用，从而提高了社会经济系统的运行效率。定额现时被人诟病的根源在于三十年未重新测定消耗量，与实际消耗存在较大误差，但是中国工程咨询专业人士通过招标纠正了大部分误差。定额经过重新测定和调校可以起到科学决策的作用，也是财政投资效率审计的测度标准。至于价格信息则应通过大数据技术的应用实现高效、正确、及时和精确。

  祝贺《全过程工程咨询指南丛书》顺利出版，祝福中国特色的工程咨询制度行稳致远，攀登高峰。

天津理工大学教授、国家级教学名师
公共项目与工程造价研究所所长
中国重大工程技术"走出去"投资模式与管控智库主席
严玲

2020 年 7 月 10 日

本书前言

随着城市化进程的加速发展，建筑业不断发展，商业地产开发与运营成为城市发展的热点。商业综合体作为商业地产开发和城市建设的主体形态之一，建设规模、功能布局、投资总额、协调难度越来越大，这成为商业综合体建设的特点。但是，由于目前企业项目管理及运营开发经验不足，房地产市场普遍存在前期投资决策不科学、工程建设组织模式不完善、建设质量与运营效率不高的问题。传统工程咨询分阶段、碎片化的服务管理模式很难满足建设单位对投资、进度、质量等目标的全过程把控，建设单位对工程咨询企业也提出了更高的要求。近年来，国家大力推进全过程工程咨询服务模式，目的就是提升投资决策科学水平、完善组织建设模式和提高投资运营效率。

一方面，项目功能复杂、投资大、效率低，亟需全过程工程咨询模式。商业综合体项目作为城市建设和商业地产开发的主体形态之一，是城市发展的趋势。城市大型复杂项目拥有功能复杂、工期紧、投资大等特点，项目本身建设缺少对项目熟悉的参与方从头至尾的整体把控，单一化的项目管理造成了建设项目管理的碎片化[①]。全过程工程咨询模式的不断推进，可以高度整合各阶段的服务内容，解决各阶段各专业之间的条块分割问题，确保了各个目标的高效率实现。市场的发展推动了新型咨询服务模式的发展，但面对如此利好的市场，"做什么"成为咨询企业解决全过程工程咨询实施的首要问题。

另一方面，全过程工程咨询管理模式不完善，实践应用较少。实现项目与项目管理双成功是商业综合体项目建设的最终目标。但项目前期决策、勘察设计、

---

① 任雅茹. 基于风险分担的全过程工程咨询服务报酬模型研究 [D]. 天津：天津理工大学，2019.

招标采购、监理、造价模块的分割，业务单一、集成管理能力差，使业主对服务质量很难满意。业主会更希望面对前期决策、设计、施工、造价等问题，能够无缝衔接地在商业综合体项目建设中加以解决。面对资金投入大、项目周期长、项目风险多的难题，从决策、设计、招标、施工、竣工、运营阶段明确项目的工作目标、参与主体、工作内容。"怎么做"成为咨询企业解决全过程工程咨询的难点问题。

因此，全过程工程咨询推动阶段，提供令业主满意、更加符合市场要求的高质量专业化服务，迫切需要懂专业化咨询服务的咨询企业提供包括全过程工程咨询目标、工作内容及工作流程的把控，解决做什么、怎么做的问题。提高建设项目管理水平，紧密结合政策导向，嵌入全过程工程咨询管理模式，将全过程工程咨询管理模式中提高质量、缩短工期和节约投资的优势发挥出来，是我们目前迫切需要深入研究的方向。

本书从全过程工程咨询单位角度出发，以建设单位的需求为切入点，按照建设程序的全生命周期展开，将商业综合体项目与全过程工程咨询模式有效结合，从根本上解决传统咨询模式对全局把控、管理界面不清、管理碎片化等问题。根据政策文件与实践研究探讨商业综合体项目全过程工程咨询的工作内容以及具体实施路径，帮助建设单位提高决策与管理效率，实现项目管理的价值。

在国家政策推广与实施的大背景下，本书的出版对商业综合体项目的全过程工程咨询实施将发挥标杆作用，为类似或其他类型项目的全过程咨询提供参考，有助于提高商业综合体领域的管理水平，顺利开展全过程项目管理工作，对推动全过程工程咨询服务实施落地具有深远意义。

目 录
CONTENTS

第 1 章　商业综合体项目全过程工程咨询概论

1.1 全过程工程咨询概述 ………………………………………………… 001
   1.1.1 全过程工程咨询产生背景 ……………………………… 001
   1.1.2 全过程工程咨询政策推进 ……………………………… 003
   1.1.3 全过程工程咨询概念研究 ……………………………… 007
   1.1.4 全过程工程咨询服务模式 ……………………………… 009

1.2 城市商业综合体概述 ………………………………………………… 011
   1.2.1 商业综合体历史沿革 …………………………………… 011
   1.2.2 商业综合体概念解析 …………………………………… 012
   1.2.3 商业综合体分类探讨 …………………………………… 014
   1.2.4 商业综合体特征描述 …………………………………… 021

1.3 工程咨询行业趋势分析 ……………………………………………… 022

第 2 章　商业综合体项目全过程工程咨询思路

2.1 目标确定 ……………………………………………………………… 024
   2.1.1 投资目标 ………………………………………………… 025
   2.1.2 进度目标 ………………………………………………… 025
   2.1.3 质量目标 ………………………………………………… 025

2.2 组织架构 ……………………………………………………………… 026

2.3 服务范围 ……………………………………………………………… 028
   2.3.1 前期决策 ………………………………………………… 029
   2.3.2 勘察管理 ………………………………………………… 029
   2.3.3 设计管理 ………………………………………………… 029

  2.3.4 招标采购 ………………………………………………………… 030
  2.3.5 施工监理 ………………………………………………………… 030
  2.3.6 造价咨询 ………………………………………………………… 030
 2.4 核心内容 ……………………………………………………………… 030
 2.5 工作流程 ……………………………………………………………… 036
 2.6 服务清单 ……………………………………………………………… 036

3 第3章 全过程工程咨询前期决策阶段

 3.1 基本概述 ……………………………………………………………… 044
 3.2 工作流程 ……………………………………………………………… 044
 3.3 工作内容 ……………………………………………………………… 046
 3.4 核心内容 ……………………………………………………………… 046
  3.4.1 前期策划思路 …………………………………………………… 046
  3.4.2 可行性研究评审 ………………………………………………… 048
  3.4.3 可行性研究评审流程 …………………………………………… 052

4 第4章 全过程工程咨询勘察设计阶段

 4.1 基本概述 ……………………………………………………………… 053
 4.2 工作流程 ……………………………………………………………… 053
 4.3 工作内容 ……………………………………………………………… 054
 4.4 核心内容 ……………………………………………………………… 055
  4.4.1 勘察报告审查 …………………………………………………… 055
  4.4.2 设计任务书审查 ………………………………………………… 058
  4.4.3 方案设计审查 …………………………………………………… 059
  4.4.4 初步设计审查 …………………………………………………… 060
  4.4.5 施工图设计审查 ………………………………………………… 078
  4.4.6 设计要点审查 …………………………………………………… 094
 4.5 目标管理 ……………………………………………………………… 095
  4.5.1 设计阶段质量管理 ……………………………………………… 095
  4.5.2 设计阶段进度管理 ……………………………………………… 096
  4.5.3 设计阶段投资管理 ……………………………………………… 098
 4.6 管控措施 ……………………………………………………………… 102

4.6.1 限额设计应用 …………………………………………… 102
4.6.2 方案比选应用 …………………………………………… 103
4.6.3 价值工程应用 …………………………………………… 108
4.6.4 可施工性应用 …………………………………………… 110
4.6.5 全生命周期成本 LCC 应用 ……………………………… 111

第5章　全过程工程咨询招标采购阶段

5.1 基本概述 ………………………………………………………… 115
5.2 工作流程 ………………………………………………………… 115
5.3 工作内容 ………………………………………………………… 116
5.4 核心内容 ………………………………………………………… 117
 5.4.1 需求分析 ………………………………………………… 117
 5.4.2 合约策划 ………………………………………………… 118
 5.4.3 模式策划 ………………………………………………… 122
 5.4.4 标段划分 ………………………………………………… 123
 5.4.5 时间策划 ………………………………………………… 126
 5.4.6 承包人选择策划 ………………………………………… 128
 5.4.7 招标审查 ………………………………………………… 139
 5.4.8 策划报告 ………………………………………………… 141

第6章　全过程工程咨询工程施工阶段

6.1 基本概述 ………………………………………………………… 145
6.2 工作流程 ………………………………………………………… 145
6.3 工作内容 ………………………………………………………… 146
6.4 核心内容 ………………………………………………………… 147
 6.4.1 进度管理 ………………………………………………… 147
 6.4.2 造价管理 ………………………………………………… 156
 6.4.3 质量管理 ………………………………………………… 165
 6.4.4 安全管理 ………………………………………………… 172
 6.4.5 施工审查 ………………………………………………… 175

第7章 全过程工程咨询竣工移交阶段

7.1 基本概述 ·· 177
7.2 工作流程 ·· 177
7.3 工作内容 ·· 178
7.4 核心内容 ·· 178

第8章 全过程工程咨询运营维护阶段

8.1 基本概述 ·· 182
8.2 工作流程 ·· 182
8.3 工作内容 ·· 183
8.4 核心内容 ·· 183

附录1 标杆商业综合体经济技术指标 ·················· 191
附录2 标杆商业综合体运营进度计划 ·················· 194
附录3 标杆全过程工程咨询服务清单 ·················· 197
附录4 标杆项目服务合同示范文本 ···················· 200

第1章　商业综合体项目全过程工程咨询概论

1.1 全过程工程咨询概述

1.1.1 全过程工程咨询产生背景

（1）与国际接轨的需要

随着中国改革开放的进行，经济的不断发展对建筑业产生了深刻影响，建筑业作为国民经济的支柱产业，工程建设成绩举世瞩目，伴随着全球经济一体化的发展、"一带一路"工作的推进，以中国投资带动中国建造必然要"走出去"，拓展更大的市场。中国工程咨询行业规模日益扩大。但是，与发达国家相比，中国工程咨询业起步晚、基础薄弱，从业人员的素质、组织结构、管理机制等方面都存在较大差距。整体发展水平与经济社会迅速发展的要求不完全适应，制约行业发展的问题还比较突出。传统"碎片化"的咨询服务无法满足国际市场的需要，工程咨询服务技术标准与国际也很难接轨，可持续发展能力有待加强，咨询服务质量有待提高，需要创建大型"全过程"咨询机构到国际市场上参与竞争。

（2）顺应时代发展的需要

全过程工程咨询模式的提出是适应新时代发展的要求。在新时代发展的背景下，随着建筑业供给侧改革的不断推进、建筑业快速发展、建造能力不断增强，工程咨询行业随着国家政策、制度日渐完善。2017年2月，国务院办公厅《关于促进建筑业持续健康发展的意见》（国办发〔2017〕19号）（以下简称19号文）提出了培育全过程工程咨询机构，全过程工程咨询由此拉开大幕。一种以市场需求为导向、满足委托方多样化需求的全过程工程咨询服务模式被提出。国务院、各部委、各省市自治区为响应建筑业深化改革，提高投资决策水平，完善工程建设组织管理模式，保证工程建设质量，推进全过程工程咨询模式发展，出台了全过程工程咨询指导意见、服务合同示范文本、征求意见稿、咨询服务导则、试点工作实施方案等相关政策文件，积极推动全过程工程咨询实施落地，全过程工程咨询正如火如荼开展中。

（3）项目建设单位的需要

随着城市化进程的加速发展和住宅市场的大力调控，国内许多地产商开始转向商业地产的开发与运营，商业地产经历了一个井喷式增长[①]。商业综合体作为展示城市形象的重要窗口，是展示城市魅力的重要体现。作为城市建设和商业地产开发的主体形态之一，发展商业综合体已是城市形象建设的一种趋势，通过新技术、新模式及新业态，满足消费、引领消费、创造消费带动区域经济发展，商业综合体对激活城市经济活力起到重要作用。同时，商业综合体的发展作为公共建筑的重要组成部分，已经形成一个功能复合、高效复杂的有机体[②]。但是，由于建设规模、功能布局、投资总额、协调难度越来越大的特点，加上房地产企业项目开发运营与建设管理经验不足，普遍存在前期投资决策不科学、工程建设组织模式不完善、建设质量与运营效率不高等问题。为了促进项目收益以及保证建设项目目标的实现，房地产企业对建设工程项目管理模式提出了更高的要求。

（4）咨询行业转型的需要

在新时代、新咨询的背景下，应对高质量的发展要求，深化工程建设组织管理模式改革，传统模式项目管理的目标、计划、控制都以参与单位个体为主要对象，处于核心地位的"五方责任主体"（建设、勘察、设计、施工、监理）各有不同的特征和作用，彼此独立，相互牵制，无法有效整合。项目管理的阶段性和局部性割裂了项目的内在联系，导致项目管理存在明显的弊端，已与国际主流建设管理模式脱节。设计、造价、监理、招标代理等各类专业咨询企业遇到了发展的瓶颈，加快工程咨询业的创新和发展更加紧迫。

（5）项目建设本身的需要

商业综合体项目往往工程规模大、参建单位多、技术要求高、施工难度大、建设环境复杂、组织管理协调难。传统项目管理模式分阶段、碎片化服务的一些弊端，无疑使商业地产企业继续深陷项目周期长、企业风险大、工程成本高等问

---

① 张伟. 城市商业综合体规划设计与运营管理 [M]. 北京：中国建筑工业出版社，2018.
② 白雪. 基于室内环境满意度的南方大型商业综合体能耗研究 [D]. 广州：华南理工大学，2019.

题的漩涡，这就要求咨询企业要顺应时代发展，必须对地产项目提供从前期投资决策到运营且达到令业主要求的进度、投资、质量标准的全过程管理服务产品。由此，新形势下商业地产开发企业有必要寻找更先进的项目管理模式，来解决商业地产企业有效控制工期、成本、质量等问题，将商业综合体项目碎片化的工程咨询服务通过有机整合、集成实施，这是未来的趋势。

1.1.2 全过程工程咨询政策推进

全过程工程咨询在国际FIDIC条款、国际工程合同中并没有与之完全对应的概念，因为前期投资决策、勘察、设计、招投标、造价、监理、项目管理等业务均被称为"Engineering Consulting（工程咨询）"[1]。中国建筑业的持续发展以及随着"一带一路"的推进，从国家层面推动了国内工程咨询服务行业的健康发展和全过程工程咨询的快速发展。

1984年，国务院批转原国家计委出台了《关于工程设计改革的几点意见》，"工程咨询"的概念首次被提出，认为工程咨询是设计的拓展和延伸。

1992年底，中国工程咨询协会的成立，标志着我国工程咨询行业正式形成。

1994年4月，原国家计委《工程咨询业管理暂行办法》首次提出"全过程咨询"这一概念，并阐述了全过程咨询服务内容。工程项目的全过程咨询包括投资前期阶段的咨询、建设准备阶段的咨询、实施阶段的咨询、生产阶段的咨询。

2017年2月，国务院办公厅《关于促进建筑业持续健康发展的意见》（国办发〔2017〕19号文）发布，首次明确提出"全过程工程咨询"的概念。在完善工程建设组织模式中提出了培育全过程工程咨询，鼓励投资咨询、勘察、设计、监理、招标代理、造价等企业采用整合的方式发展全过程工程咨询[2]。

2017年5月，住房和城乡建设部印发《关于开展全过程工程咨询试点工作的通知》（建市〔2017〕101号），选择了8省市共计40家企业开展全过程工程咨询试点。

在此之后全过程工程咨询一跃成为行业"热词"，成为各地管理部门政策制定和企业未来转型发展的"灯塔"。各省市主管部门相继推出全过程工程咨询政策文件，对全过程工程咨询进行推进、阐释和规范。

诸多政策文件的推出，将"全过程工程咨询"推广为时代发展的产物，为国

---

[1] 杨学英.监理企业发展全过程工程咨询服务的策略研究[J].建筑经济，2018，39（3）：9-12.
[2] 杨卫东.推行全过程工程咨询的思考和认识[J].工程管理年刊，2017（7）：45-54.

家宏观政策领域带来了创新发展机会、为工程建设实施组织方式改革创造了条件、为实现工程咨询类企业转型升级及"一带一路"国际化发展提供了支持。近年各部委、省市发布的相关政策文件如表1-1所示。

全过程工程咨询相关政策文件研究　　　　　　　表1-1

类别	序号	发布时间	政策发布机构及文号	政策文件名称	目的
国务院	1	2017.2.21	国务院办公厅（国办发〔2017〕19号）	《关于促进建筑业持续健康发展的意见》	鼓励投资咨询、勘察、设计、监理、招标代理、造价等企业采取联合经营、并购重组等方式发展全过程工程咨询[①]
部委	2	2019.3.15	国家发展改革委 住房城乡建设部（发改投资规〔2019〕515号）	《关于推进全过程工程咨询服务发展的指导意见》	深化工程领域咨询服务结构改革，重点培育发展投资决策综合性咨询和工程建设全过程咨询
部委	3	2017.11.6	国家发展和改革委员会（2017年第9号令）	《工程咨询行业管理办法》	全过程工程咨询应是采用多种服务方式组合，为项目决策、实施和运营持续提供局部或整体解决方案以及管理服务
部委	4	2017.7.7	住房和城乡建设部（建市〔2017〕145号）	《关于促进工程监理行业转型升级创新发展的意见》	提升工程监理行业服务多元化水平，创新服务模式，优化行业组织结构，以施工现场监理服务的企业为主体，提供全过程工程咨询服务的综合性企业
部委	5	2017.5.2	住房和城乡建设部（建设〔2017〕101号）	《关于开展全过程工程咨询试点工作的通知》	开展全过程工程咨询试点，健全全过程工程咨询管理制度、完善组织管理模式，培育具有国际竞争力的企业，提高全过程工程咨询服务能力和水平[②]
江苏省	6	2019.5.6	江苏省住房和城乡建设厅（苏建建管〔2019〕200号）	印发《2019年全省建筑业工作要点》的通知	积极培育全过程工程咨询服务市场，促进全过程工程咨询融合发展
江苏省	7	2018.12.14	江苏省住房和城乡建设厅（苏建科〔2018〕940号）	关于印发《江苏省全过程工程咨询服务导则（试行）》的通知	完善工程建设组织模式，推进全过程工程咨询服务发展，提高工程建设水平

---

① 皮德江. 全过程工程咨询解读[J]. 中国工程咨询，2017（10）：17-19.
② 住房和城乡建设部开展全过程工程咨询试点工作40家设计单位成为首批试点企业[J]. 建筑设计管理，2017，34（7）：48-49.

续表

类别	序号	发布时间	政策发布机构及文号	政策文件名称	目的
江苏省	8	2018.2.14	江苏省住房和城乡建设厅（苏建科〔2018〕79号）	《关于公布全过程工程咨询试点企业和试点项目的通知》	试点项目的建设单位及全过程工程咨询实施单位提高思想认识，强化责任担当；把握发展机遇，拓展服务领域；积极探索实践，提高服务水平
江苏省	9	2017.12.25	江苏省人民政府（苏政发〔2017〕151号）	《关于促进建筑业改革发展的意见》	引导和支持具有全部资质、综合实力强的一家企业开展全过程咨询，促进咨询企业提供全过程、一体化服务
江苏省	10	2017.10.27	江苏省住房和城乡建设厅（苏建科〔2017〕526号）	《江苏省开展全过程工程咨询试点工作方案》	探索建设项目组织方式，推动工程咨询企业转型，逐步建立全过程工程咨询管理制度，不断提高工程建设水平和建设品质
浙江省	11	2017.6.13	浙江省住房和城乡建设厅（建建发〔2017〕208号）	《浙江省全过程工程咨询试点工作方案》	全过程工程咨询试点，完善工程建设管理，提高投资效率，提升工程质量安全水平；加快工程咨询服务企业供给侧结构性改革
广东省	12	2017.8.7	广东省住房和城乡建设厅（粤建市〔2017〕167号）	《广东省全过程工程咨询试点工作实施方案》	有序推进全过程工程咨询试点的各项工作。探索工程项目建设管理组织方式的改革路径，完善工程建设管理，提高投资效率，提升工程质量安全水平
湖南省	13	2018.2.2	湖南省住房和城乡建设厅（湘建设〔2018〕17号）	《关于印发全过程工程咨询工作试行文本的通知》	探索全过程工程咨询服务模式，开展全过程工程咨询实践
湖南省	14	2017.12.21	湖南省住房和城乡建设厅（湘建设函〔2017〕446号）	《关于印发湖南省全过程工程咨询试点工作方案和第一批试点名单的通知》	推广全过程工程咨询模式，建立适应全过程工程咨询的政策标准体系，培育具有国际竞争力的全过程工程咨询企业
广西壮族自治区	15	2018.2.1	广西壮族自治区住房和城乡建设厅（桂建发〔2018〕2号）	《广西壮族自治区全过程工程咨询试点工作方案》	开展全过程工程咨询试点，探索全过程工程咨询服务模式，加快各咨询企业向全过程工程咨询企业转型升级
广西壮族自治区	16	2018.1.1	广西壮族自治区住房和城乡建设厅（桂建管〔2018〕1号）	《关于公布广西全过程工程咨询第一批试点企业的通知》	推进全过程工程咨询服务试点工作，深化改革，完善制度，积极开展全过程工程咨询业务

续表

类别	序号	发布时间	政策发布机构及文号	政策文件名称	目的
陕西省	17	2019.10.30	陕西省住房和城乡建设厅（陕建发〔2018〕388号）	《关于开展全过程工程咨询试点的通知》	深化工程建设项目组织实施方式改革，推进全过程工程咨询试点的各项工作，探索工程项目建设管理组织方式的改革路径
山东省	18	2019.6.17	山东省工程建设标准定额站鲁标定函〔2019〕9号	《关于布置工程造价咨询企业参与全过程咨询服务工作任务的通知》	开展全过程工程咨询服务，提高造价咨询企业全过程工程咨询服务能力和水平，为工程造价管理机构制定相关技术标准提供依据
黑龙江省	19	2017.12.12	黑龙江省住房和城乡建设厅（黑建函〔2017〕376号）	《关于开展全过程工程咨询试点工作的通知》	开展全过程工程咨询试点，建立健全全过程工程咨询管理制度，有效完善工程建设组织模式
河南省	20	2018.7.25	河南省住房和城乡建设厅（豫建设标〔2018〕44号）	关于印发《河南省全过程工程咨询试点工作方案（试行）》的通知	探索新常态下工程项目建设管理组织方式的新路径，为工程咨询服务企业转型发展创造有利条件
吉林省	21	2018.7.2	吉林省住房和城乡建设厅（吉建办〔2018〕28号）	关于印发《关于推进全过程工程咨询服务发展的指导意见》的通知	推进全过程工程咨询服务发展，深化工程建设项目组织管理模式，推进全过程工程咨询试点的各项工作，提升工程建设质量和效益，促进经济高质量发展
山西省	22	2018.4.4	山西省住房和城乡建设厅（晋建市字〔2019〕73号）	《关于加快培育我省全过程工程咨询企业的通知》	推动全过程工程咨询行业快速发展，深化工程建设项目组织管理模式，提升工程建设项目投资决策水平和工程质量效益
山西省	23	2017.10.25	山西省人民政府办公厅（晋政办发〔2017〕135号）	《关于促进建筑业持续健康发展的实施意见》	加快建筑业改革步伐，促进建筑业转型升级，积极发展全过程工程咨询企业，推动行业持续健康、快速发展
重庆市	24	2018.7.5	重庆市人民政府办公厅（渝府办发〔2018〕95号）	《关于进一步促进建筑业改革与持续健康发展的实施意见》	培育全过程工程咨询服务，实现咨询服务集成化，促进工程咨询行业的业务融合，推进项目管理服务集成化发展
云南省	25	2017.7.25	云南省人民政府办公厅（云政办发〔2017〕85号）	《关于促进建筑业持续健康发展的实施意见》	探索全过程工程咨询在民用建筑项目中推行方式，实行建筑师负责制，提供全过程工程咨询服务

续表

类别	序号	发布时间	政策发布机构及文号	政策文件名称	目的
宁夏回族自治区	26	2018.4.9	宁夏回族自治区住房和城乡建设厅[宁建（建）发〔2018〕31号]	关于印发《全过程工程咨询试点工作方案》的通知	探索研究实施全过程工程咨询创新模式，建立全过程工程咨询管理制度，促进建筑业企业转型升级
福建省	27	2017.8.30	福建省住房和城乡建设厅 福建省发展和改革委员会	关于印发《福建省全过程工程咨询试点工作方案》的通知	组织开展全过程工程咨询试点，完善工程建设组织模式，推进全过程工程咨询与施工的融合，提高建设工程质量和投资效益
内蒙古自治区	28	2018.10.12	内蒙古自治区住房和城乡建设厅（内建工〔2018〕544号）	《关于开展全过程工程咨询试点工作的通知》	通过试点示范，引导工程咨询服务企业拓宽业务领域，培育一批具有全过程工程咨询能力的企业

资料来源：根据政策自行梳理。

1.1.3 全过程工程咨询概念研究

全过程工程咨询涉及建设工程全生命周期内的投资决策、招标代理、勘察设计、造价咨询、工程监理、项目管理、竣工验收及运营保修等专业在各阶段的管理服务。

（1）政策定义

2017年2月，国务院《关于促进建筑业持续健康发展的意见》提出，全过程工程咨询应是投资决策、勘察设计、招标代理、造价、监理等企业联合经营、并购重组。

2017年4月，住房和城乡建设部《建筑业发展"十三五"规划》指出全过程工程咨询应当是有能力的企业开展项目投资咨询、工程勘察设计、施工招标咨询、施工指导监督、工程竣工验收、项目运营管理等覆盖工程全生命周期的一体化项目管理咨询服务[1]。

2017年11月，国家发展和改革委员会《工程咨询行业管理办法》提出全过程工程咨询是采用多种服务方式组合，为项目决策、实施和运营持续提供局部或

---

[1] 杨卫东.推行全过程工程咨询的思考和认识[J].工程管理年刊，2017（7）：45-54.

整体解决方案以及管理服务[①]。

之后在 2017 年、2018 年，浙江、江苏、福建、广东、湖南、四川等省又相继制定出台相关的指导意见、试点工作方案，并就全过程工程咨询的概念与服务内容等进行明确定义。全过程工程咨询是工程建设过程中所需项目策划、勘察设计、工程监理、招标代理、造价咨询、后期运营及其他相关咨询服务等工程咨询服务活动的集合。

2018 年 3 月，住房和城乡建设部建筑市场监管司《关于推进全过程工程咨询服务发展的指导意见（征求意见稿）》指出，全过程工程咨询是对工程建设项目前期研究和决策以及工程项目实施和运行（或称运营）的全生命周期提供包含设计和规划在内的涉及组织、管理、经济和技术等各有关方面的工程咨询服务[②]。

2019 年 3 月，国家发展改革委、住房和城乡建设部联合印发《关于推进全过程工程咨询服务发展的指导意见》指出，在项目决策和建设实施两个阶段重点培育发展投资决策综合性咨询和工程建设全过程咨询。工程建设全过程咨询服务应当由一家具有综合能力的咨询单位实施，也可由多家具有招标代理、勘察、设计、监理、造价、项目管理等不同能力的咨询单位联合实施[③]。

综上所述，国家政策的推进明确了全过程工程咨询业务并非独立的咨询业务，而是从项目决策、实施、运营阶段的全生命周期提供包括前期投资决策、勘察设计、招投标、监理、造价、项目管理等多种服务方式组合的咨询服务。

（2）学术定义

何淑杰认为，全过程工程咨询是指专业咨询单位为业主提供全过程、全方位项目管理服务，即在项目决策阶段、项目实施阶段和运营维护阶段为业主提供项目投资、质量、进度等的全过程、全方位管理，将各专业业务有机整合发挥集成管理优势，实现更好的综合管理价值[④]。

张武认为，全过程工程咨询是指建设工程项目从开始到项目终结，运用科学

[①] 韩光耀，沈翔. 全过程工程咨询的特点和内涵分析与实施措施 [J]. 中国工程咨询，2018（3）：36-39.
[②] 国家发展改革委、住房城乡建设部关于推进全过程工程咨询服务发展的指导意见 [J]. 建筑市场与招标投标，2019（2）：14-17.
[③] 国家发展改革委、住房城乡建设部关于推进全过程工程咨询服务发展的指导意见 [J]. 工程造价管理，2019（3）：3-5.
[④] 何淑杰，李雅萱. 浅谈我国工程咨询业的发展趋势——全过程工程咨询 [J]. 建筑市场与招标投标，2011（2）：30-34.

的工程咨询方法、技术管理能力，为业主实现建设工程项目预期目标而提供的咨询服务[①]。

杨学英认为，全过程工程咨询是指业主在项目建设过程中将工程咨询业务整体委托给一个单位或多个单位组成的联合体，从项目决策阶段到实施阶段全过程的专业化工程咨询服务，其中应包括前期策划、可行性研究、合约管理、勘察管理、设计优化、工程监理、招标代理、造价控制、验收移交、配合审计等工程咨询服务活动。

张建明认为，全过程工程咨询是指工程咨询企业接受业主委托，按照建设工程项目意图和基本要求，为工程项目建设提供涵盖前期策划咨询、施工前准备、施工过程、竣工验收、运营保修等各阶段、全过程的工程项目管理咨询服务[②]。

尹贻林等认为，全过程工程咨询服务应是对从前期投资决策阶段、工程实施阶段到运营阶段的全生命周期内提供的包含投资决策、勘察设计、招标代理、造价、监理、项目管理七个模块的全过程服务。根据自身的需要以整合外包的形式弥补自身专业资质、专业技术人员的不足，利用各自专业优势组成联合体承接业务，实施工程建设全过程咨询的过程[③]。

综上所述，目前我国的一些专家学者对全过程工程咨询的概念还没有确切的定义，但从专家学者们的研究可以看出全过程工程咨询应该是一个从前期决策阶段到实施阶段再到运维阶段的包含前期投资、勘察、设计、招投标、造价、监理的几个模块通过整合与集成利用组织、管理、经济、技术等方式实现创造价值的过程。

1.1.4 全过程工程咨询服务模式

为充分满足业主在工程项目委托管理服务方面的实际需求，提高商业综合体项目管理服务水平，保证优良的服务质量。结合商业综合体项目具体工程情况特点，对项目实施全过程的管理服务，确保项目管理服务在全过程、全方位受控状态下进行。

（1）国家政策映射"1+N+X"模式

《关于征求推进全过程工程咨询服务发展的指导意见（征求意见稿）和建设

---

① 张武.浅议全过程工程咨询服务对建设工程管理的意义[J].四川水利，2017，38（5）：120-122.
② 张建明.全过程工程咨询探讨[J].科技创新与应用，2019（17）：111-112.
③ 乔俊杰.工程造价咨询企业发展全过程工程咨询的策略研究[J].项目管理技术，2019（7）.

工程咨询服务合同示范文本（征求意见稿）意见的函》（建市监函〔2018〕9号）指出，有能力的工程咨询企业可以积极参与全过程工程咨询服务，全过程工程咨询服务可以是由一家具有综合能力较强或由多家具有不同资质的工程咨询企业联合实施服务。由多家工程咨询企业联合实施的，应明确牵头单位及各参与单位的权利、义务和责任。"1+N"模式可区分牵头单位和参与单位的责任义务，"1"为牵头单位，"N"为其他职能单位。

随后各省市出台的政策文件中均有提到全过程工程咨询服务是由一个或多个单位组成的联合体，对工程建设项目前期决策、项目实施和运营阶段提供全生命周期的工程咨询服务[①]。"1"可代全过程工程咨询服务牵头单位，"N"为其他服务单位。

《国家发展改革委 住房城乡建设部关于推进全过程工程咨询服务发展的指导意见》（发改投资规〔2019〕515号）明确了工程建设全过程咨询服务应当由一家综合能力或多家具有不同能力的咨询单位联合实施。由多家咨询单位联合实施的，应当明确牵头单位及各单位的责任、权利、义务[②]。在保证整个工程项目完整性的前提下，按照合同约定或经建设单位同意，自行完成自有资质许可业务，资质外业务可依法依规择优委托给具有相应资质或能力的单位，同时应对被委托单位的委托业务负总责[③]。肯定了谁有能力谁牵头的"1+N+X"的模式。

全过程工程咨询应是由一家具有综合能力的工程咨询单位牵头实施，按照合同约定或经建设单位同意，自行完成自有资质许可业务，资质外业务依法进行分包，但需对被委托单位的委托业务负总责任。即"1+N+X"模式，牵头单位整合供应链的上下游资源，综合协调和效率优先，实现项目价值。

（2）专家学者解析"1+N+X"模式

2018年4月尹贻林教授团队《建设项目全过程工程咨询指南》的出版和2018年7月杨卫东教授团队《全过程工程咨询实践指南》的出版，填补了全过程工程咨询领域理论与实践的空白，促进了我国全过程工程咨询理论体系的完善与实践指引。

---

① 国家发展改革委、住房和城乡建设部关于推进全过程工程咨询服务发展的指导意见[J]. 工程造价管理，2019（3）：3-5.

② 修璐.我国工程咨询已全面跨入全过程工程咨询服务的新阶段[J].中国勘察设计，2019（5）：26-31.

③ 国家发展改革委、住房和城乡建设部关于推进全过程工程咨询服务发展的指导意见[J]. 中国勘察设计，2019（5）：18-22.

尹贻林教授团队提出"1+N+X"模式，即全过程工程咨询单位负总责。项目管理责任是"1"，它主要起到统领、协调、组织、审核的作用；自行完成自有资质证书许可范围内的业务就是"N"，它是自行承担此业务；自有资质证书许可范围外的外包业务就是"X"，它是管理、协调此业务；"+"即平台（标准化、数据化、智能化平台）。

全过程工程咨询通过"1+N+X"模式对项目代建、标准型全过程工程咨询、全能型全过程工程咨询、项目管理不同模式进行区分，如表1-2所示。

不同管理模式比较　　　　　　　　　　表1-2

序号	管理模式	"1+N+X"模型内涵
1	项目代建	"1=项目管理，N=0，X=6"
2	全能型全过程工程咨询	"1=项目管理，N=6，X=0"
3	标准型全过程工程咨询	"1=项目管理，N=3，X=3"
4	项目管理	"1=项目管理，N=0，X=0"

在不断实践与研究过程中形成标准全过程咨询"1+N+X"模式，即"1=项目管理，N=3（招标代理+造价咨询+工程监理），X=3（投资咨询+勘察+设计）"。

杨卫东教授团队提出"1+X"模式，"1"是全过程咨询管理服务，负责全过程的策划、组织、管理、控制和协调工作；"X"是专项工程咨询管理服务，根据委托方意愿、自身服务能力、资质和信誉状况等承担其中的多项专业工程咨询服务。

专家学者对全过程工程咨询服务模式高度凝练概括，将理论与实践相结合，具有较强的系统性、知识性、实践性、可操作性。本书也将沿用尹贻林教授"1+N+X"模式探索商业综合体项目全过程工程咨询。

1.2 城市商业综合体概述

1.2.1 商业综合体历史沿革

伴随历史进程的不断发展，我国商业建筑发展经历了独立店铺—百货商店—超市—购物中心—商业综合体等集聚型商业形态的转变过程。1900年，百货商店的出现标志着我国现代商业建筑的诞生。

20世纪30年代，以传统百货商场为中心的商业中心形成了。中国百货业一直在经历缓慢的发展过程，并延续其垄断地位，而当时的百货业具备了餐厅、酒楼等多种业态。20世纪90年代初期，港资巨头开始在北京、上海的核心商圈兴建高档办公楼,并将裙房打造成购物中心。虽然此时的购物中心功能单一,但却在传统商场、百货的基础上增添了办公、酒店等功能①。虽然不能称为真正意义上的购物中心,但开始形成了具有商业综合体的雏形。其中,具有代表性的购物中心有北京西单购物中心、北京国贸商城等。

20世纪90年代中期,随着地铁等新交通方式的逐步盛行,购物中心步入启蒙布局时期。中国出现了真正意义上的购物中心,这些购物中心业态复合度较高、规模大,具有多样化的功能,齐聚了购物、娱乐、餐饮、文化展示等多功能的经营模式,并大受欢迎。具有代表性的购物中心有北京国贸中心、上海港汇广场、广州天河城等。

21世纪,随着城镇化进程的加速和交通网络的发展,居民消费方式多元化,城市商业形态和级别不断发展。购物中心的快速发展,使中国形成了一批多项生活功能需求集约结合的大型商业综合体,以商业为核心发展模式的城市综合体快速发展(图1-1)。

图1-1 中国商业综合体发展进程

1.2.2 商业综合体概念解析

伴随着城市发展的高歌猛进、城市空间大规模更新,城市商业综合体的出现是城市形态发展到一定程度的必然产物,也是城市集约化、效率化、立体化的体现。作为当代城市的热点,得到越来越多的关注。但商业综合体概念是什么?主要类型有哪些?特征是什么?它的形成带来哪些价值?本书通过广泛研究专家学者文献、书籍以及国内外数十个城市商业综合体项目,并据此展开横向和纵向研究与探索,现将其加以区分并解读。

(1)建筑综合体(Building Complex)

建筑综合体也称"综合体建筑",指由商业、办公、居住、餐饮、酒店、娱乐、会议等多个不同功能在同一空间进行有机组合而成的一种多功能的大型单体

---

① 芮勇.消费升级背景下我国新兴中等城市商业综合体发展与规划研究[D].苏州:苏州科技大学,2019.

建筑[①]。它是现代化、城市化快速推进历程中，城市建筑形态演进的一种阶段性产物。城市综合体基本具备了现代城市的全部功能，所以也被称为"城中之城"。它的主要特征是：由两种以上不同功能组成，是一个或一组整体性建筑，具有更高的利用率[②]。

（2）城市综合体（City Complex）

城市综合体也被学者称为"城市建筑综合体"，是"建筑综合体"的一种概念。城市综合体（HOPSCA），集酒店（Hotel）、办公（Office）、停车场（Park）、购物（Shopping Mall）、会议（Convention）、公寓（Apartment）等功能为一体的城中之城[③]。城市综合体是根据城市自身发展的需求，对建筑综合体的进一步发展与升级。将这些生活空间中三项以上的功能进行相互组合，形成一个多功能、高效率并且能够相互补充与促进的综合体[④]。它能够体现出当代城市发展的新方向及理念，引领城市发展的新趋势，具有重要的城市价值。

（3）商业综合体（Commercial Complex）

商业综合体源自城市综合体的概念，主要是以商业发展模式为主，同时将城市中的办公、居住、酒店、会议、餐饮、娱乐等城市生活空间三项及以上的功能进行组合，形成一种多功能、高效率、复合型的建筑综合体[②]。强调了以商业模式为主导功能与其他多个功能的复合（图1-2）。

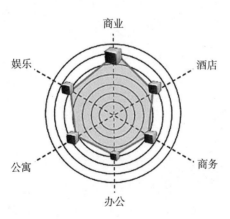

图1-2　城市商业综合体功能组合示意图

---

① 王文君. 旅游综合体发展模式研究 [D]. 杭州：浙江工商大学，2010.
② 陈爱华. 杭州市拱墅区城市综合体物业规模及空间布局研究 [D]. 杭州：浙江大学，2012.
③ 白雪. 基于室内环境满意度的南方大型商业综合体能耗研究 [D]. 广州：华南理工大学，2019.
④ 衣方园. "互联网+"背景下城市商业综合体设计研究 [D]. 青岛：青岛理工大学，2018.

商业综合体是将商业、办公、居住、娱乐、文化、餐饮等城市生活三种以上功能不同的建筑空间组合而成的建筑群，商业综合体在规模、业态分布以及建筑空间等方面可以与城市综合体进行区分。

1）在业态布局方面，建筑综合体是多种功能业态的集合，城市综合体具有建筑综合体和城市功能的一些特征。而商业综合体更注重凸显商业，大部分商业综合体业态布局具备以商业为核心同时涉及城市、生活、功能的两到三种功能。

2）在建筑规模方面，建筑综合体在规模上属于大体量建筑，拥有多种不同的功能空间，城市综合体在规模上匹配全部城市功能，一般商业综合体只占据街区的一角或一段。建筑综合体包含更广泛的建筑类型，商业综合体是其中的一种。

3）在建筑空间方面，城市综合体注重多业态均衡发展，以建筑组群的形式出现，由不同功能的建筑单体组成，占据空间尺度巨大，比较注重外部公共空间组成。商业综合体是以商业购物活动为中心，空间布置上偏向商业设计，比较注重内部公共空间的组成（图1-3）[①]。

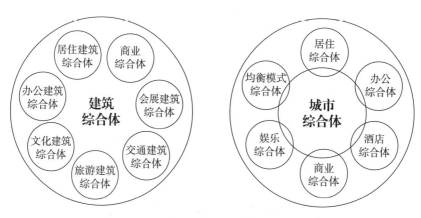

图1-3 建筑综合体与城市综合体关系示意图

1.2.3 商业综合体分类探讨

为准确、深入地理解城市商业综合体，对其分类进行探讨。不同的分类代表了不同的研究视角。以下将从商业综合体的建设地点、环境等级、功能布局、核心物业等方面进行多维度分类。

1. 按建设地点分类

商业综合体按照建设地点的不同，分为城市中心商业综合体、地区商业综合

---

① 李健. 大型商业建筑空间形态的研究 [D]. 青岛：青岛理工大学，2012.

体、社区商业综合体和城郊商业综合体四种[①]。具体分类如表1-3所示。

根据建设地点的商业综合体分类　　　表1-3

序号	类型	区位	规模	建筑形式
1	城市中心商业综合体	城市交通、人口的核心区或者历史形成的商业聚集区	30万 m^2 以上，日人流量50万以上	其内部步行街、中庭多集合城市步行道，成为城市步行系统的一部分，外部空间常结合城市广场
2	地区商业综合体	居民聚居区、商务聚集区和公共交通集散地周边	10万 m^2 以上，日人流量25万以上	建筑多以多层或小高层为主，一般注重内部空间，外部空间相对较欠缺
3	社区商业综合体	居民聚集区及附近区域	1万 m^2 左右，日人流量2万左右	一般通过低矮的建筑组合成错落有致的建筑群体形态，和周边的住宅形成对比
4	城郊商业综合体	城市规划的新城中心商业区	12万 m^2 以上，日人流量25万以上	综合体建筑层数不高，呈平面铺开，可缓解城市中心用地紧张的矛盾

2. 按功能布局分类

在建筑综合体中，办公、商业、居住等功能子系统以多体块形式出现，各功能之间以室外空间或厅、连廊加以联系，形成多种多样的平面布局形式。在建筑综合体功能布局中，通常应尽可能通过平面布局解决建筑功能布局的问题，在基地狭窄的情况下，则采用竖向功能分区的办法解决多功能复合的问题。通常大型综合体项目的功能布局要采用两种或三种模式相结合的组合方式。通过对国内外建筑综合体的研究调查，结合水平与竖向两个向度立体的功能空间布局可将综合体功能布局的基本模式总结为如下几种：

（1）竖向叠加式：将居住、办公、商业、停车等功能在垂直向度严格划分叠加分布。

（2）并列式：将功能在水平向度严格划分并列布局方式。地面、地下、地上叠加布局。功能的布局不是固定模式，可以在这几种基本布局的模式下，综合考虑具体的用地、景观交通、功能技术造价等多方面的因素，进行组合布局。

（3）并列叠加式：是并列式与竖向叠加式的结合。

（4）相贯分离式：功能在水平与垂直两个向度契入式相贯结合，高层的功能之间有分离。

（5）相贯式叠加：将功能在水平与垂直两个向度契入式相贯结合，在垂直方

[①] 黄珂."整合"——商业综合体设计研究[D].重庆：重庆大学，2010.

向上叠加。

（6）单体式：独立式常用于以商业购物、餐饮为主的综合体建筑，其他的商业办公作为附属服务设施，比如永旺购物中心（表1-4）。

商业综合体功能布局模式分类　　　　　　　　　　　　　表1-4

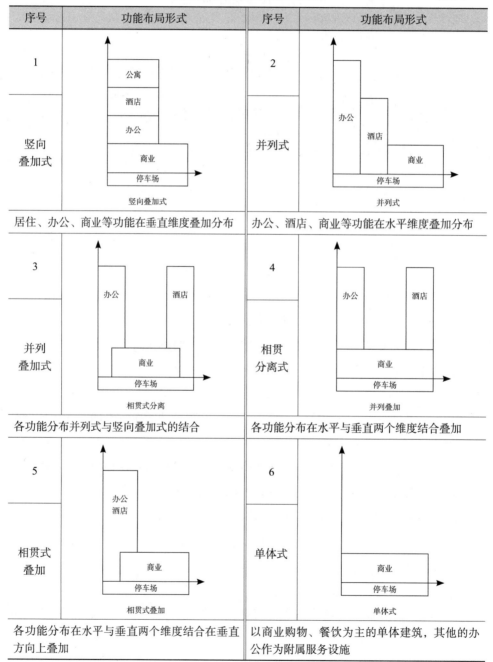

序号	功能布局形式	序号	功能布局形式
1	竖向叠加式 居住、办公、商业等功能在垂直维度叠加分布	2	并列式 办公、酒店、商业等功能在水平维度叠加分布
3	并列叠加式 各功能分布并列式与竖向叠加式的结合	4	相贯分离式 各功能分布在水平与垂直两个维度结合叠加
5	相贯式叠加 各功能分布在水平与垂直两个维度结合在垂直方向上叠加	6	单体式 以商业购物、餐饮为主的单体建筑，其他的办公作为附属服务设施

3. 按核心模式分类

城市商业综合体作为大体量开发的综合性项目，其开发会形成强大的人气集聚效应，现阶段的城市综合体主要有五种典型的发展模式：①酒店、写字楼、商场、公寓等各种功能均衡发展的模式；②以商业为核心功能的发展模式；③以办公为核心功能的发展模式；④以酒店为核心功能的发展模式；⑤以住宅为核心功能的发展模式。

（1）均衡发展的模式综合体。将各个功能进行融合的结果，使各种主体功能共生共存的巨型综合体且非常强调与城市路网、城市商业布局、城市特征、城市文化等各方面的结合，更可以看作是一个城市设计，而非简单的项目设计。

（2）以商业为核心功能的发展模式综合体。以商业功能为主，并将酒店、娱乐、游憩等各部分分散的空间组合在一幢、几幢或是一片完整的街区中，成为城市的一个商业中心，通常适合建造在城市商业氛围浓厚、聚集人气、具有魅力的旧城中心地区，是以体现地段的商业经营价值为目标的开发行为。

（3）以办公为核心功能的发展模式综合体。以办公为主体功能建造的综合体，首先满足办公空间的需要，其余酒店、商业、展示居住等功能都是为了增加办公的效率，缓解办公区域在使用时间上的偏倚程度。办公综合体最适宜建在具有商务性质的地段，能够高效地利用土地，把办公和与办公相关的功能系统地结合在一起，形成集群办公优势。同时提供了地段的发展动力。

（4）以酒店为核心功能的发展模式综合体。以酒店为标志功能，围绕酒店服务的商业、餐饮、会议、展览等功能要比一般城市酒店中的这些功能更完善，规模更大。有些酒店综合体也是以突出其商务功能为目标，如上海的国际展览中心，是聚合了酒店、公寓、展览大厅、多功能剧场、写字楼及健身、娱乐和停车等一些辅助设施于一体，形成的大型商务型酒店综合体。

（5）以住宅为核心功能的发展模式综合体。以居住为主体功能，在满足居民住有所居的情况下，综合了购物、办公、娱乐、停车等生活服务功能。实际上是一个大型居住社区的概念。此类综合体在外部空间形态上强调把单体作为连续流动空间中的一个单元，从而加强群体空间的组合，使各个单元构成一个完整的整体。并赋予单一住宅形式所不具备的新形象，促进了住宅形式的千姿百态。

核心发展模式商业综合体分类如表1-5所示。

根据核心发展模式商业综合体分类　　表 1-5

模式	特征			典型案例	
模式一 均衡发展模式	均衡发展模式的商业综合体。Complex = Hotel + Office + Shopping + Apartment +……，是集酒店、办公、商场、公寓等各种功能融合，使各种主体功能共生共存的多功能综合体			上海港汇广场	北京华贸中心
	外部	优越的地理位置——CBD/城市中心			
		便利的交通条件——主干道沿线/地铁口			
		较大的规模——建筑面积 20 万 m² 以上			
	内部	强制性的视觉冲击——超高层/建筑			
		高水平的规划设计——各功能互不干扰			
		功能化体系	五星级酒店		
			甲级写字楼		
			高档/中高档购物中心		
			顶级酒店式公寓		
		专业管理团队——物业管理/经营管理			
模式二 商业核心模式	商业核心模式的商业综合体。Complex = Shopping（主）+ Hotel + Office +……，以商业、娱乐为主，辅以酒店游憩、办公等各部分分散的空间组合，在一幢或是几幢或是一片完整的街区中，成为城市的一个商业中心			深圳万象城	成都万达广场
	外部	地理位置——城市核心			
		交通可达性——地铁口/主干道沿线			
		人流及商业气氛			
	内部	明确定位——大规模综合/娱乐性			
		独具特色——建筑形式/业态/服务内容			
		功能化体系——商业主导，其他功能为辅			
		一流的团队——规划设计、经营管理			

续表

模式	特征		典型案例
模式三 办公核心模式	办公核心模式的商业综合体。Complex=Office（主）+ Apartment（次）+ Hotel + Shopping +……，以办公为主体功能建造的综合体，满足办公空间的需要，配套酒店、商业、展示居住、展示居住等功能，高效地利用土地，把办公和与办公相关的功能系统地结合在一起，形成集群办公优势		广州中信广场　　深圳信兴广场
	外部	客户（产业）支撑——已形成产业导集／引入核心客户带来相关簇群——未来商务核心区	
		强制性的视觉冲击——超高层／建筑	
		写字楼大堂昭示性	
	内部	功能化体系——写字楼带动其他功能，并定位其他功能的规模与档次	
		配套完善——商场、公寓	
模式四 酒店核心模式	酒店核心模式的商业综合体。Complex= Hotel（主）+ Apartment（次）+ Office + Shopping +……，以酒店为标志功能，聚合了酒店、公寓、展览大厅、写字楼、娱乐和停车等一些辅助设施于一体的多功能综合体		上海商城　　香港太古广场
	外部	地理位置——不远离闹市核心区	
		交通可达性——主干道沿线	
		具有相应的客户规模	
		强制性的视觉冲击——超高层／建筑	
	内部	定位差异化——通过提供顶级差异化服务而非五面竞争建立其核心地位	
		功能化体系——五星级酒店带动公寓、写字楼	
		顶配设施——顶级商场	

续表

模式		特征	典型案例
模式五 住宅核心模式		公寓核心模式的商业综合体。Complex= Apartment（主）+ Shopping + Hotel+ Office（主）……，以住宅核心模式的商业综合体。Complex= Apartment（主）+ Shopping + Hotel+ Office（主）……，以居住为主体功能，在满足居民住有所居的情况下，综合购物、办公、娱乐、停车等生活服务功能	 深圳星河时代　　瑞安重庆天地
	住宅+集中商业	高容积率下的商业租房	
		持有经营，引进单一百货/超市/家具家电专业店等大规模商业	
	住宅+商业街	常邻街面，以销售为目的	
		依托住宅高品质形象	

资料来源：图片来自百度，自行整理。

1.2.4 商业综合体特征描述

综合研究各大商业综合体得出综合体的几大典型特征：

（1）高度辨识性

商业综合体是城市地标性建筑之一，大多具有极高的辨识性：第一，大多选址于城市中心人流聚集地区；第二，商业综合体功能复合多样，具有大尺度空间；第三，具有高识别性的外观形态和内部空间，对商业的经济效益、人群的消费体验、建筑的整体意向都会产生促进作用。

（2）功能复合性

商业综合体整合了餐饮、娱乐、休闲、办公、酒店等多种功能，占地面积较大，用地空间的集聚与功能的复合，这些功能并不是简单聚集到一起的，而是有机复合，相互补充，紧密联系，形成一个高效的、功能聚合的商业经济体，满足人们一站式购物需求[①]。

（3）空间复杂性

商业综合体内复合多种功能，拥有复杂、完善的人流、车流、物流等交通体系，通过立体交通网络的建立，使内部各不相同的功能有机结合；为满足不同功能需求和清晰的流线，商业综合体内部的空间布局形式呈现多样化。

（4）交通可达性

商业综合体一般处于城市主交通便捷、功能相对集中的区域。例如城市CBD、城市的副中心或规划的城市未来发展新区，一般商业综合体都与地铁接驳，实现与城市多个交通网络紧密连通。

（5）高度集约性

商业综合体是城市土地资源高度集约利用的产物，城市土地资源紧缺，人口密度大，商业综合体将多种功能整合到一个区域，各功能相互补益和促进，满足人们社交、购物、体验等多种需求，最大限度利用土地资源，实现集约发展。

（6）整体统一性

商业综合体依据功能不同而互补，功能全面、集中，体现出高密度、集约的特性。不同于分别建设的商业建筑单体，商业综合体内各个单体建筑相互配合、影响和联系。建筑群体外观形态和内部空间整体环境统一、协调，形成内外整体

---

① 白雪. 基于室内环境满意度的南方大型商业综合体能耗研究 [D]. 广州：华南理工大学，2019.

的统一性。

（7）智能创新性

商业综合体是城市发展到一定阶段的新型商业形式，商业综合体功能复杂，形式多变。商业综合体建筑集合了各种先进的设施，如交通电梯、节能照明系统、安保系统、网络通信系统等，各种先进科技保障了综合体的完善发展（图1-4）。

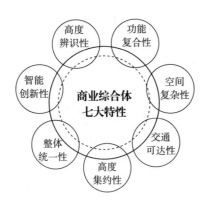

图1-4 商业综合体特征

1.3 工程咨询行业趋势分析

基于商业综合体项目的全过程工程咨询实施研究，涉及商业地产行业与工程咨询行业两种主要形式。

（1）商业地产行业

商业地产，指作为商业用途的地产，通常指用于各种餐饮、娱乐、休闲等为一体的多功能的房地产形式，商业综合体是商业地产主要的建设形态之一。

1）商业综合体是未来发展趋势

改革开放以来，随着城市化进程的快速发展，我国商业地产的建设经历了飞跃式进展，房地产市场需求较大，以商业功能为主导的城市综合体数量逐渐增多。在新时代城市建设背景下，从南到北，几乎每个城市都在加强对商业综合体的建设，商业综合体建设成为热潮。它也成为城市建设和商业地产开发的主要形态之一。商业综合体的功能高度集约，满足了人们的各种需求，扩展了消费者线下消费的场景，适应了碎片化、个性化的消费需求，城市商业综合体能够更好地刺激消费，带动产业发展，是未来商业地产的趋势。

2）市场总体预期趋于谨慎

近年来，受土地政策和市场的调控，地产行业进入理性调整期。消费者消费更趋谨慎，商业自身创新不足，加上电子商务线上平台激活了中小城市巨大的消费潜力，对零售商业的冲击愈发强烈，商业地产行业变革压力越发迫切。

3）商业地产运营亟需创新

以商业为主导的商业综合体对流量的需求成为其运营创新的主要动力。商业综合体中传统餐饮、影院、零售等购物中心传统增长引擎表现乏力，市场倒逼创新压力加大，这种变化对商业的运营创新提出了更高要求。

4）地产发展模式亟需规范

商业地产的快速发展过程中，重招商轻规划，重开发轻运营，也导致了一些投资过热、无序发展等问题突出，这种模式的一些弊端问题有待解决，发展模式亟待规范。

（2）工程咨询行业

工程咨询是指为建设项目提供从投资决策到建设实施及运营维护全过程、专业化咨询和管理的智力服务。工程咨询行业作为现代服务业的重要组成部分，是经济社会发展的先导产业，对提高投资决策的科学性、保证投资建设质量和效益、促进经济社会可持续发展方面具有重要作用[1]。

随着国家政策、制度的日益完善，专业化的工程咨询在工程建设中的作用逐渐显现，受重视程度不断提升。大力推进工程咨询业发展，可以更好地发挥工程咨询在经济社会发展方面的重要作用。国务院办公厅颁发的《关于促进建筑业持续健康发展的意见》（国办发〔2017〕19号）提出了培育全过程工程咨询机构。随着国家和各地政策的出台、试点的推进、实践和探索的开展，全过程工程咨询这一模式将逐渐成熟并得到越来越广泛的应用。

商业综合体项目作为商业地产未来发展趋势，新技术、新模式及新业态的融入，更需要专业化的咨询行业介入。全过程工程咨询也将会伴随着建筑行业的发展，行业政策条例逐步完善，弥补传统商业综合体项目建设模式的弊端和不足。在项目建设中提高建设项目的管理水平，使投资效益增长、进度有效把控、工程质量提高[2]。

---

[1] 国家发展改革委关于印发工程咨询业2010—2015年发展规划纲要的通知[C]//核工业勘察设计（2010年第2期）.中国核工业勘察设计协会，2010：4-17.

[2] 欧汝安.建设项目工程咨询现状与展望[J].科技创新与应用，2018（30）：60-61.

第 2 章 商业综合体项目全过程工程咨询思路

商业综合体项目一般规模庞大且功能丰富,在项目开发过程中,全过程工程咨询服务应树立建设项目全生命周期的理念,注重建设项目全生命周期的可靠、安全和高效率运行,资源节约、费用优化,实现建设项目全生命周期价值最大化。

以实现建设项目目标为宗旨,以运营需求为导向,开展全过程工程咨询服务。首先,应对业主需求进行有效识别并确立项目实施的终极目标(投资、工期、质量)等,同时识别项目重难点。其次,组建完成项目目标所需要的组织框架与人员配置。最后,分析项目从前期决策、勘察设计、招标采购、工程施工、竣工验收、运营维护的具体工作内容,梳理出全过程工程咨询服务清单,解决项目全过程工程咨询委托"做什么"的问题,形成具有连续性、系统性、集成化的全过程工程咨询服务体系,提高工程建设效率,提升建设项目综合效益。

在确立全过程工程咨询总体思路之后,应针对前期决策、勘察设计、招标采购、工程施工、竣工验收、运营维护阶段具体工作内容及服务流程,解决确定全过程工程咨询总体思路后具体"怎么做"的问题。

2.1 目标确定

目标控制是项目管理的核心任务,而目标明确是项目成功的必要前提条件。投资、进度、质量是项目管理所期望达到的预期结果,被称为工程项目建设的三大目标,是工程建设各参与主体工作的中心任务和各阶段主要工作。无论是业主、施工单位、监理单位、造价单位都围绕着三大目标而开展工作[1]。对建设目标有明确清晰的识别才是保证项目成功与项目管理成功的关键,取得项目成功,

---

[1] 高建炳. 基于模糊规划的工程项目均衡优化研究 [D]. 马鞍山:安徽工业大学,2014.

首先必须有明确的目标。

项目目标的确定过程也是项目各参与方之间的沟通过程，三大目标之间既存在矛盾，又有统一的方面，是一个矛盾的统一体。作为项目实施的基础，所有工程项目的目标都围绕这三大核心内容开展和发散。在全过程工程咨询项目管理中，对项目的进度、质量、成本等目标进行集成管理，有利于实现项目功能目标满足使用者的需求（图2-1）。

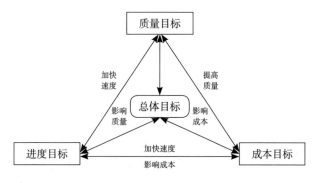

图 2-1 项目目标关系图

2.1.1 投资目标

投资目标是在建设项目实施前期依据建设项目的性质、特点和要求对项目投资费用以及用途做出计划和安排。全生命周期投资目标应为建设项目系统内全生命周期费用最小或收益最大。在工程项目投资决策、实施阶段、运营阶段全过程中，以策划的计划投资为目标，通过动态管控措施将实际发生的投资额控制在计划以内。

2.1.2 进度目标

进度目标是建设单位在商业综合体项目建设实施上对项目全生命周期进度和时间的安排，是项目实施策划的一项非常重要的内容。它是在工程建设中为了控制工程项目进度，在项目实施前对项目所有建设工作所作的合理安排，涉及的单位包括业主、勘察设计单位、施工单位、材料设备供应商、咨询单位等。在保证工程建设要求和目标的前提下，通过计划、组织、控制、协调等手段，实现预期的项目进度目标，并尽可能地缩短工期。

2.1.3 质量目标

质量目标是指项目参与方在质量方面为满足要求和持续改进质量管理体系有

效性方面的承诺和追求所要达到的目标。质量目标贯穿于工程项目全生命周期，一直是工程建设过程中非常关注的问题，影响使用者的安全。它是判断一个项目成功的重要依据，明确工程项目的质量目标是控制质量的基础。

在项目全过程工程咨询中，必须考虑工程项目三大目标之间的对立统一关系，合理确定三大目标（图 2-2）。

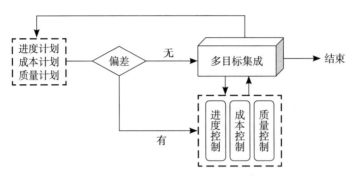

图 2-2 项目多目标集成管理控制

2.2 组织架构

组织架构是一种组织集成的体现，它是在动态联盟、虚拟组织等组织集成理念指导下，将项目各参与方联合起来组成的管理组织。商业综合体项目建设在各阶段会涉及不同专业的参与者，同时管理项目的形式也不尽相同。各参与方有着各自的目标与利益，他们之间业务条块分割态势严重，缺乏整体性与规范性。政策指导下鼓励各咨询单位采取联合经营和并购重组，以客户需求为导向，整合建设项目各参与方，打通原先被分割的局面，形成完整的涵盖全生命周期的咨询服务体系，提供一种综合性的多元化服务。

组织架构搭建的目的是对业主目标需求以及项目重难点进行识别分析组成咨询联合体提供咨询服务。作为组织集成主体，全过程工程咨询单位应负责制定全过程工程咨询组织集成的运行制度、规则以及协调各企业之间的关系，在全过程工程咨询单位的领导与协调下，促使全过程工程咨询组织集成成员企业形成一个以商业综合体项目为中心的整体，保证全过程工程咨询单位对外的一致性和连续性[①]。全过程工程咨询组织架构优点：

第一，解决了因不同专业由不同的单位承担导致的各自为阵、割裂的状态，

---

① 张杰.全过程工程咨询虚拟组织构建及运行机制研究[D].济南：山东建筑大学，2019.

进而造成的信息孤岛、资源浪费、建设成本增加等现象。

第二，解决了业主对各参与方的信息协调管理问题，减轻了业主的负担。

第三，划清工作界面、简化复杂流程和信息不通带来的质量不可控、责任不明确、投资失控的问题。

全过程工程咨询单位多专业组织集成模式如图2-3所示。

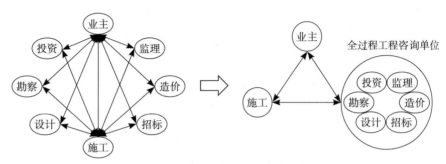

图2-3 多专业组织集成

在全过程工程咨询集成管理模式下，组织架构的构建应首先组建总咨询师团队，委派总咨询师统领项目前期决策至运营阶段的专项咨询和管理控制工作。总咨询师作为总负责人，通过组建专业化咨询服务团队，对建设项目的咨询工作起到统领、协调、组织、审核的作用。总咨询师团队应都是专业人员，具备专业的知识、技能和经验。总咨询师团队充分了解建设单位建设需求，以专业眼光进行需求细化和建设目标实现路径分析，提前介入不仅能将建设单位的长期战略贯彻到项目中，提供专业的意见，还能及时对项目策划过程中出现的偏差进行纠正，从建设工程项目立项开始就进行连续、可控的精确化管理，为建设方提供一体化的解决方案。对专业咨询工程师而言，有利于集约管理、资源共享；对承包人而言，有利于协调沟通、监督管理；对建设单位而言，有利于项目增值、提高效率；对全过程工程咨询机构而言，有利于统筹咨询，打破信息不对称。有利于降低建设成本、规避各类风险、实现项目投资价值的最大化，真正实现"让内行来管理"的目标。

全过程工程咨询不是传统的碎片化、分阶段的咨询服务，而是由一个具有目标明确的各类专业人员组成的集合体，通过统一规划、分工实施、协调管理、沟通融通，有效提高建设项目质量与进度，从而更好地完成优质建设项目的目标，提供综合性咨询服务。开展全过程工程咨询服务过程中，全过程工程咨询服务单位可以组建总咨询师团队，发挥统领、协调、组织、审核的作用；对于全过程工程咨询的单位有能力开展的自有专业咨询服务，采用组建团队的方式介入，配合全过程工程咨询团队开展专项咨询服务工作。全过程工程咨询单位组建团队包括招标采购团队、监理团队、造价咨询团队等。全过程工程咨询单位没有能力开展的咨询专项服务，通过招标的方式整合，并遵从总咨询师团队的管理工作，整合的单位包括投资决策单位、勘察单位、设计单位等。项目管理基本组织架构如图 2-4 所示。

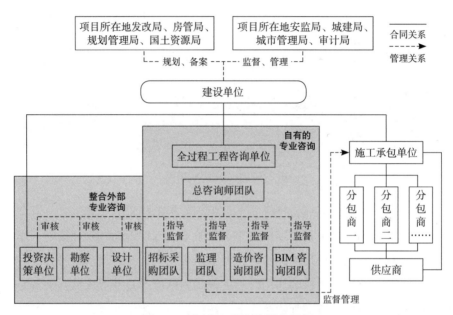

图 2-4　全过程工程咨询服务框架

全过程工程咨询单位对全过程工程咨询项目的咨询服务按照公司规定的流程组织进行，组织内部各要素相互作用、相互联结，形成一个坚实的框架，以确保组织目标的有效实现。对项目机构采用矩阵式组织模块管理，组建总咨询师团队对外独立开展工作，公司各职能部门、专家组对总咨询师团队提供专业和技术支持，针对全过程工程咨询项目不同模块的具体需要提供相关支持。依靠科学管理和完善的质量保证体系确保在项目服务工作中提供满意的全过程工程咨询服务。

2.3 服务范围

全过程工程咨询服务范围包括前期决策阶段、勘察设计阶段、招投标阶段、施工阶段、竣工阶段、运维阶段共六个阶段。全过程工程咨询单位接受建设单位委托，提供策划至运营维护的全过程项目管理与专项咨询服务，全面整合项目建设过程中所需的投资咨询、勘察、设计、造价咨询、招标代理、监理、运营维护咨询以及全过程工程项目管理等咨询服务业务。开展全过程工程咨询服务在各阶段的工作要点如下。

2.3.1 前期决策

投资决策是建设项目前期最重要的工作。从项目总体的角度出发，系统地对与项目相关的技术、经济、社会、环境方面进行研究，为科学化决策提供准确的依据[1]。前期阶段应完成项目前期规划任务、投资决策，确立项目目标，分析评估建设项目相关重大决策方案的具体实施方案，并对决策风险、价值进行评估研究[2]。通过项目建议书、可行性研究报告等形成建设项目的咨询成果，为勘察设计阶段提供基础。

2.3.2 勘察管理

勘察管理是为满足工程建设的规划设计及施工等需要，对地形、地质及水文等状况进行测绘、勘探测试，并提供可行性评价与建设所需的基础资料相应成果和资料的活动，它是基本建设的首要环节[3]。全过程工程咨询单位主要负责对勘察方案编审、初步勘察、详细勘察，为业主提供选址方案以及设计方案等的咨询服务[4]。

2.3.3 设计管理

设计管理是有效落实项目业主意图和要求的活动过程，确保设计项目的标准和规模，完成项目设计目标。设计阶段一般分为概念设计、方案设计、施工图设计。初步设计是依据项目建议书、可行性研究报告、勘察结果及项目实际情况，详细全面地反映项目总体及各专业的设计情况。初步设计经主管部门审批后，方可进行施工图设计。施工图设计是工程设计的成果阶段，它是对初步设计进行细化分解，使之满足施工使用的条件。这一阶段要通过设计成果特别是设计图纸，把设计者的意图全部、详尽地表达出来，作为施工依据。

---

[1] 叶涛.成渝城际铁路网建设项目可行性研究[D].成都：电子科技大学，2016.
[2] 田立平.全过程工程咨询组织管理研究[D].哈尔滨：哈尔滨工业大学，2019.
[3] 何娜.西安地铁六号线工程勘察项目风险管理研究[D].西安：西安电子科技大学，2017.
[4] 吴玉珊.建设项目全过程工程咨询理论与实务[M].北京：中国建筑工业出版社，2018.

2.3.4 招标采购

招标采购策划是通过招标采购程序，选择能力强和资信好的投标人，以保证工程项目的顺利实施和建设目标的实现。全过程工程咨询单位要对所有招投标工作的整体流程，文件的合理性、合规性进行监督和检查，保证整个招标流程公平、公正、公开。

2.3.5 施工监理

施工监理依照国家法律法规及业主要求，在业主授权范围内代表业主对工程施工进度控制、质量控制、投资控制、合同管理、信息管理以及协调参建各方关系的一系列监督管理活动[①]。

2.3.6 造价咨询

造价咨询接受业主委托，运用技术、经济等工具为建设项目提供前期决策、招投标、施工、竣工与运营阶段管理服务[②]。具体工作可包含前期可行性研究、投资估算、项目经济评价、工程概算、预算、工程结算、竣工决算、工程招标、投标报价的编制和审核[③]。

以业主需求为导向，开展全过程工程咨询服务。从决策阶段、实施阶段及运维阶段对建设项目进行前期决策、工程勘察、工程设计、招标采购咨询、造价咨询、工程监理等，各个板块的咨询服务，主要工作整理如图2-5所示。

2.4 核心内容

按照项目决策阶段、勘察设计阶段、施工阶段、竣工阶段和项目运营阶段全生命周期对全过程所有工作内容进行分解，根据全过程工程咨询工作内容基本框架，进行各阶段工作的参与方和成果文件分析，绘制工作流程及主要工作内容如表2-1所示。

---

① 李小亮. 谈工民建施工监理中的重点[J]. 江西建材，2014（20）：249-250.
② 刘津. 工程造价咨询公司的企业风险及其防范[J]. 经营与管理，2015（4）：64-66.
③ 穆松. 开展全过程工程咨询服务初探[J]. 中国电力企业管理，2019（9）：60-61.

服务内容	项目决策阶段	勘察设计阶段	招标采购阶段	工程施工阶段	竣工验收阶段	运维阶段
全过程工程项目管理	项目全生命周期的策划、报建报批、勘察管理、设计管理、投资管理、招标采购管理、合同管理、施工组织管理、参建单位管理以及质量、验收管理以及质量、计划、风险、安全、信息、沟通、人力资源等管理与协调					
可行性研究咨询	1. 项目建议书 2. 环境影响评估报告 3. 节能评估报告 4. 可行性研究报告 5. 安全评价 6. 社会稳定风险评价 7. 水土保持方案 8. 地质灾害危险性评估 9. 交通影响评价					
工程勘察		1. 勘察方案编审 2. 初步勘察 3. 详细勘察 4. 勘察报告编审			参与项目地基与基础分部工程和单位工程验收	
设计管理		1. 方案设计及优化、评审 2. 初步设计及优化评审 3. 施工图设计及优化评审 4. 分部项目投资优化评审		1. 设计交底和图纸会审 2. 现场重大和关键工序施工方案合理化建议 3. 设计变更管理 4. 现场施工的配合工作	参与项目地基与基础分部工程、主体结构和单位工程验收	
招标采购	招标采购策划、编制招标报告编审、发送中标通知书		招标采购文件（含工程量清单、招标控制价、合同条款等）、发布招标（资格后）公告、组织招标文件答疑澄清、组织开标、评标工作、编制评标报告报投资人确认，协助合同签订等			
造价咨询	1. 投资估算编制与审核 2. 项目经济评价报告编制与审核	1. 设计概算编制与审核 2. 确定项目限额设计指标 3. 对分析文件进行造价建议 4. 施工图预算的编制与审核、提出与经济优化建议 5. 分析项目投资风险，提出管控措施	1. 工程量清单的编制与审核 2. 招标控制价的编制与审核 3. 制定项目合约规划 4. 拟定合同文本，协助合同谈判 5. 清标 6. 编制项目资金使用计划	1. 合同价款管理（包括合同履约、合同变更管理工作） 2. 施工阶段造价风险分析及建议 3. 计算及审核工程付款申请及进度款支付 4. 变更、签证及审核费用管理 5. 材料、设备的询价管理 6. 施工现场造价动态分析 7. 项目动态造价分析 8. 审核及汇总各阶段工程造价	1. 竣工结算审核 2. 工程技术经济指标分析 3. 竣工决算报告的编制或审核 4. 配合完成竣工结算、对工程造价进行审计 5. 根据审计结果，对工程造价结算款项进行最终结算的最终结算价的审定	编制评标报告报投标造价审核
工程监理				1. 建立项目监理规划和实施方案 2. 进度管理 3. 质量管理 4. 职业健康安全与环境管理 5. 工程变更、索赔与合同管理 6. 信息和合同管理 7. 协调有关单位之间的工作关系	1. 工程验收规划与组织 2. 分部分项工程、单位工程验收 3. 竣工资料收集与整理 4. 工程质量缺陷管理	项目维护与更新改造管控

图 2-5 全过程工程咨询服务范围

全过程工程咨询工作流程及主要内容

表 2-1

序号	阶段	核心工作	工作内容	参与单位	成果文件
1	可行性研究阶段	项目建议书编制管理	全过程工程咨询机构与委托方共同或分别成立项目建议书编制协调工作组，全过程工程咨询机构通过自行编制项目建议书或发包的方式选择具有相应资质或能力的咨询单位来编制项目建议书	业主方 全过程工程咨询单位 相关咨询单位	项目建议书
2		项目可行性研究	通过对拟建项目的建设方案和建设条件的分析、比较、论证，从而得出该项目是否值得投资、建设方案是否合理、可行性研究结论，为项目的决策提供依据	业主方 全过程工程咨询单位 相关咨询单位	环境影响评价报告 节能评估报告 可行性研究报告
3		项目决策阶段投资估算	在项目投资决策的过程中，依据现有的资料和特定的方法，对建设项目的投资数额进行的估计	业主方 全过程工程咨询单位 相关咨询单位	建设项目投资估算
4	勘察设计阶段	项目勘察服务	工程测量、岩土工程勘察、岩土工程设计与检测监测、水文地质勘察、工程物探、工程水文气象勘察、室内试验等，以及专业工程的勘察服务	业主方 全过程工程咨询单位 勘察单位	勘察任务书 勘察方案
5		项目设计服务	设计任务书的编制、方案设计、初步设计、施工图设计	业主方 全过程工程咨询单位 设计单位	设计任务书 方案设计文件 初步设计文件 施工图设计文件
6		项目设计阶段造价管控	设计概算的编制与审核、限额设计和设计方案经济比选优化、施工图预算的编制与审核	业主方 全过程工程咨询单位 设计单位 工程造价咨询单位	投资方案 设计概算文件 施工图预算文件
7	招投标阶段	招标策划	招标策划工作的重点内容有：投资人需求分析、招标方式选择、合同策划、标段划分、时间安排等	业主方 全过程工程咨询单位	招标策划书

续表

序号	阶段	核心工作	工作内容	参与单位	成果文件
8	招投标阶段	招标文件编制	资格预审文件编制、招标文件编制、工程量清单编制与审核、招标控制价编制与审核	业主方 全过程工程咨询单位 招标代理单位	资格预审文件 工程招标文件
9		招标过程管理	发布招标公告、投标、资格预审、开标、清标、评标、定标、公示、签约	业主方 全过程工程咨询单位 招标代理单位	签订承包合同
10		合同条款策划	合同条款拟定、要点分析	业主方 全过程工程咨询单位	合同条款策划书
11	工程施工阶段	实施阶段勘察设计咨询	设计文件的资料咨询服务、勘察及设计的现场咨询服务、专项设计咨询服务、设计交底与图纸会审咨询服务	业主方 全过程工程咨询单位 设计单位	设计交底 图纸会审
12		质量控制	质量管理体系和保证体系、质量控制、质量验收	业主方 全过程工程咨询单位 施工承包商	工程质量鉴定文件
13		进度控制	进度计划跟踪与检查、进度控制、项目进度计划的调整	业主方 全过程工程咨询单位 施工承包商	施工进度计划报审表
14		造价管控	资金使用计划、工程造价动态管理、工程计量与工程款价、工程变更、工程索赔和工程签证、合同期中结算	业主方 全过程工程咨询单位 造价咨询单位 施工承包商	资金使用计划
15		安全文明施工与环境保护	安全文明施工、环境保护	业主方 全过程工程咨询单位 施工承包商	安全技术措施计划 环境管理体系

续表

序号	阶段	核心工作	工作内容	参与单位	成果文件
16	竣工移交阶段	项目竣工验收	查看项目有没有完成图纸和合同约定的各项工作，以及所完成的工作是否符合相关的法律法规和验收标准，这是对项目工程资料和实体全面检查的一个过程	业主方 全过程工程咨询单位 政府相关行政管理部门	竣工验收计划 竣工验收记录 竣工图
17		项目竣工结算	建设项目竣工结算应按准备、编制和定稿三个阶段进行，并实行编制人、校对人和审核人分别署名盖章确认的内部审核制度	业主方 全过程工程咨询单位 造价咨询单位	竣工结算报告
18		项目竣工资料管理	各单位应按国家有关文件的规定进行整理，全过程工程咨询机构提交竣工资料验收申请，投资人审核合格后做好向城建档案馆归档的相关准备工作	业主方 全过程工程咨询单位	竣工资料
19		项目竣工移交	竣工档案移交，项目工程实体移交。全过程工程咨询机构应组织监理、施工单位按承包的建设项目名称和合同约定的交工方式，向投资人移交，然后由投资人再移交给使用单位	业主方 全过程工程咨询单位 施工承包商	勘察设计、监理、施工文件
20		项目竣工决算	项目竣工决算编制，项目竣工决算审查，全过程工程咨询机构应协助投资人接受审计部门的审计监督	业主方 全过程工程咨询单位	竣工决算报告
21		项目竣工备案	城建档案管理部门对工程档案资料按国家法律法规文件要求进行预验收，并签署验收意见。备案机关在验证竣工验收备案文件齐全后，在竣工验收备案表上签署验收意见并签章	业主方 全过程工程咨询单位 施工承包商	工程竣工验收备案表 工程竣工验收报告
22		项目保修期管理	建设工程在保修范围和保修期限内发生质量问题，全过程工程咨询机构应督促监理立即分析原因，找出责任单位，并要求相关责任单位在规定时间内完成修补工作	业主方 全过程工程咨询单位 施工承包商	工程质量保修书 工程竣工验收报告

续表

序号	阶段	核心工作	工作内容	参与单位	成果文件
23	运营阶段	项目后评价	在项目竣工验收并投入使用或运营一定时间后，运用规范、科学、系统的评价方法与指标，将项目建成后所达到的实际效果与项目的可行性研究报告、初步设计（含概算）文件及其审批文件的主要内容进行对比分析，找出差距及原因，总结经验教训，提出相应对策建议，并反馈到项目参与各方，形成良性决策机制	业主方 全过程工程咨询单位 施工承包商	项目自我总结 评价报告 项目后评价报告
24		项目绩效评价	评估机构（以下简称全过程工程咨询机构）接受财政部门（单位）委托，根据设定的绩效目标，运用科学、合理的绩效评价指标、评价标准和评价方法，对财政支出（项目支出）的经济性、效率性和效益性进行客观、公正的评价	业主方 全过程工程咨询单位 相关咨询单位	绩效评价报告
25		设施管理	运维管理、空间管理、能源管理、财务管理、安全管理	业主方 全过程工程咨询单位	设施管理方案
26		资产管理	资产的保值和增值、运营安全分析和策划、建设项目的运营商策划和租赁管理评估、建设项目的招商策划和租赁管理	业主方 全过程工程咨询单位	资产管理方案

2.5 工作流程

全过程工程咨询服务流程与项目建设流程息息相关，全过程工程咨询与工程建设的全过程同步进行，核心是以技术为基础，为工程建设提供智力服务，依照不同业主的不同要求，制定并提供专业化、专一性服务，这一服务是全体参与的技术人员共同智力发挥的成果[①]。与传统工程咨询单一化、割裂式模式相比较，全过程工程咨询具有更多的优势，但全过程工程咨询项目实践不多，尚处于起步阶段，在商业综合体项目中的应用几乎没有。本书通过调研商业综合体项目全过程工程咨询实际案例以及访谈一些行业专家，将商业综合体项目在决策阶段、勘察设计阶段、招投标阶段、施工阶段、竣工阶段、运营阶段全过程工程咨询主要工作内容进行了梳理，构建了建设项目全过程工程咨询服务内容及流程一览图，如图2-6所示。

2.6 服务清单

全过程工程咨询服务覆盖工程建设各个阶段咨询服务，根据工程项目的具体情况和自身需求，从清单中选择需要的服务内容和成果，与工程咨询企业谈判协商，签订服务合同。业主和工程咨询企业可以在服务清单之外增加服务项目。工程咨询企业应当根据合同约定的清单提供相应的工程咨询成果，全过程各阶段咨询服务清单内容如表2-2所示。

---

① Zhang Y, Hao H U, Feng X U. Design of Whole Process Cost Consulting Service Plan for Major and Complex Engineering Projects[J]. Construction Economy, 2016：53-56.

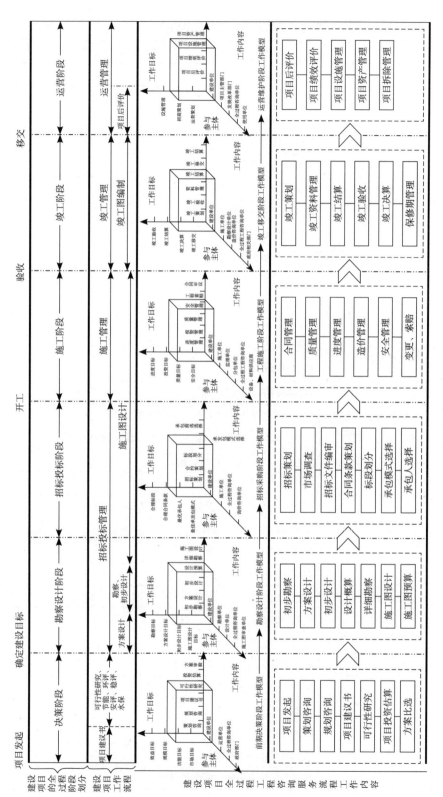

图 2-6 全过程工程咨询服务内容及工作流程图

全过程各阶段咨询服务清单内容　　　　表 2-2

阶段	任务名称	任务内容
前期决策阶段	1. 规划咨询	前期准备，编写工作大纲
		开展市场/行业调查研究
		项目目标专题论证
		编制总体方案与各专项规划方案
		规划实施、监测及纠偏
		评估反馈
	2. 全过程工程咨询策划	论证项目总体目标
		分析项目资源情况
		策划项目组织模式
		确定项目咨询范围
		进行项目风险评估
	3. 投资机会研究	分析投资动机
		鉴别投资机会
		论证投资方向
		具体项目机会论证
	4. 概念性方案设计	进行概念性方案设计并配合立项修改
	5. 各类投资的申请手续	编制初步可行性研究/项目建议书（政府投资类）
		编制可行性研究（政府投资类）
		填报项目申请报告（企业投资类）
		填报资金申请报告（投资补助、贴息和国外贷款类）
	6. 立项所需的相关文件（行政报批文件、行政许可文件）	建设项目用地预审
		建设项目压覆重要矿床审批
		农用地转用审批
		土地征收审批
		供地方案审批
		建设项目土地使用证
		项目环境影响评价报告及批文
		生产建设项目水土保持方案及批文
		节能评估报告及批文
		洪水影响评价报告
		农业灌溉影响意见书
		超限高层建筑过程抗震设防审批

续表

阶段	任务名称	任务内容
前期决策阶段	6.立项所需的相关文件（行政报批文件、行政许可文件）	社会稳定风险评估报告及批文
		水、电、燃气、通信等功能性需求申请
		其他
实施准备阶段	1.工程勘察	勘察方案的编制和审核
		初步勘察
		详细勘察
		勘察报告的编制和审核
		提供正式勘察报告
		建立地质BIM模型（指导土方量平衡等）
	2.BIM工作	项目人员配置及体系建立
		BIM实施规划编制
		BIM模型深度标准编制
		BIM考核办法制定
		各参与方BIM技术要求编制
		各参与方BIM工作任务书编制
		BIM软硬件采购、部署方案
		BIM协同平台操作手册编制
		项目BIM培训
		全过程工程咨询单位BIM应用实施细则编制
		设计BIM模型审核
	3.工程设计	完成方案设计
		建立方案设计BIM模型
		方案设计评审、优化
		方案设计报规确认
		完成初步设计
		建立初步设计BIM模型
		初步设计评审、优化
		初步设计审查
		完成施工图设计
		建立施工图设计BIM模型
		施工图设计评审、优化
		施工图设计技术审查

续表

阶段	任务名称	任务内容
实施准备阶段	4. 造价合约咨询	对专项设计方案进行经济分析
		编制项目设计概算
		确定项目限额设计指标
		对设计文件进行造价测算
		对设计进行经济优化建议
		编制施工图预算
		编制工程量清单及招标控制价
		分析项目投资风险，提出管控措施
		编制项目资金使用计划
		制定项目合约规划
		拟定合同文本，协助合同谈判
	5. 工程和设备采购咨询	编制招标采购方案
		招标文件的编制、备案
		招标公告的发布
		组织招标文件答疑和澄清
		组织开标、评标工作
		编制评标报告报业主确认
		发送中标通知书
		协助合同签订
	6. 报建管理	总平方案报批
		初步设计方案报审
		人防异地建设报批
		抗震设防送审
		民用建筑节能设计审查备案
		施工图审查备案
		规划许可证
		合同备案
		质监及安监备案
		白蚁防治管理
		施工许可证申报
		环境影响评价审批
		污水排入排水管网许可

续表

阶段	任务名称	任务内容
实施准备阶段	6. 报建管理	报建费缴纳
		施工用水申请及审批
		施工用电申请及审批
	7. 施工准备	工程总控一级计划
		施工单位进度计划
		施工总布置方案
		临水临电方案
		技术交底及图纸会审
		工程基点移交
		工程测量
实施阶段	1. BIM工作	审核施工阶段BIM进度计划
		审核施工阶段BIM模型
		组织设计BIM模型复核
		审核施工总平面布置
		审核重点施工方案及工艺模拟
		协助三维技术交底
		基于BIM平台的质量、安全、进度、成本管理
		审核BIM辅助变更管理及模型更新维护
	2. 设计服务	设计交底和图纸会审
		现场重大和关键工序施工方案的合理化建议
		设计变更管理
		现场施工的配合工作
	3. 投资控制	合同价款咨询（包括合同分析、合同交底、合同变更管理工作）
		施工阶段造价风险分析及建议
		施工阶段清标/预算价清理
		计算及审核工程预付款和进度款
		变更、签证及索赔管理（包括变更测算、签证审核、索赔计算或审核）
		材料、设备的询价，提供核价建议
		参与施工现场造价管理
		项目动态造价分析
		工程技术经济指标分析
		审核及汇总分阶段工程结算

续表

阶段	任务名称	任务内容
实施阶段	4. 进度控制	建立进度管理体系
		项目总控进度管理
		项目分级计划、阶段性计划
		进度计划的动态跟踪及调整
		施工企业进度计划管控
		项目工期索赔管理
	5. 质量控制	建立质量管理体系
		质量总控目标及分解
		制定质量工作程序
		施工、材料质量监督
		审核施工组织设计
		施工过程质量管控
		现场重大专项方案的审查
		与设计相关技术问题处理
		项目相关质量验收工作
		重大质量事故的处理
	6. 职业健康安全与环境管理	督促施工企业安全、环保与现场文明管理体系的建立
		督促施工企业相关规章制度的建立与履行
		建立项目职业健康安全与环境管理办法
		安全文明施工考评
		各项预防措施的实施情况记录
		重大安全事故的处理
	7. 风险管理	风险管理规划
		风险源识别与评估
		风险控制与应对
	8. 合同管理	合同评审
		协助签订合同
		组织合同交底
		合同履行过程管理
		合同实施后评价
	9. 信息管理	项目相关资料的收集与归档
		参建各方之间的资料信息传递

续表

阶段	任务名称	任务内容
实施阶段	10. 竣工验收管理	竣工资料收集与整理
		竣工模型创建、审查
		项目BIM工作总结
		基础验槽、验收
		主体验收
		弱电检测
		防雷检测
		单机调试和联动调试完成
		消防检测、验收
		环保部门验收
		规划验收
		质检验收
		建设工程竣工验收备案完成
		工程竣工备案工程款支付情况审核表完成
		工程竣工结算备案完成
		建设工程档案预验收意见书取得
		综合竣工验收
		水电气正式供应
	11. 结算、审计	项目结算审核工作
		出具项目结算报告
		配合完成竣工结算的政府审计工作
		根据审计结果，对工程的最终结算价款进行审定
	12. 运营准备咨询	运营管理人员的培训
		质保期管理
		配合运营的系统调试与修正
		设备设施移交
运营阶段	1. 运维咨询	BIM模型的二次开发应用
		项目的运营维护管理
		运维费用支付审核
		配合运营期绩效考核报告的编制
	2. 延续更新咨询	配合项目延续更新
	3. 配合后评价	配合项目后评价报告的编制

第3章 全过程工程咨询前期决策阶段

3.1 基本概述

前期决策阶段是全过程工程咨询的首要工作阶段，建设项目在该阶段是对工程项目投资的必要性、可能性、可行性，以及为什么要投资、何时投资、如何实施等重大问题进行科学论证和多方案比选，对工程项目长远经济效益和战略方向起着决定性的作用。作为专业投资咨询，首先应该分析和识别项目业主方及利益相关方的目标需求。确定建设项目的总体目标及专项建设目标，形成项目建议书，可行性研究报告等咨询成果，由粗到细，由浅入深，不断明确项目的建设目标，为设计阶段提供前期准备。

前期决策阶段对于项目的实施产生决定性影响作用。本阶段的核心工作是从项目建议书编制到可行性研究报告编制，主要工作内容包括项目建议书的编制和审查、项目选址意见书的编制和审查、环境影响评价报告的编制和审查、节能评估报告的编制和审查、可行性研究报告的编制和审查[1]。全过程工程咨询单位应建立项目管理决策的相关制度、管理职责、实施程序和控制要求。在此阶段需要审查项目建议书与可行性研究报告的内容是否齐全，结论是否明确，数据是否准确，论据是否充分，是否满足决策者定方案定项目的要求等[2]。

3.2 工作流程

（1）工作目标主要包括效益目标、规模目标、功能目标、市场目标。重点解

---

[1] 曾朋芳.工程监理服务和全过程工程咨询服务发展方向[J].建筑技术开发，2019，46(11)：85-86.
[2] 尹贻林.建设项目全过程工程咨询实施方案总汇[M].天津：天津大学出版社，2019.

决"该不该建、在哪建、建什么、建多大、何时建、如何实施、如何规避风险、谁来运营、产生什么社会效应和经济效益等"重大问题。

（2）工作内容主要是指对前期工作任务的实施及管理，包括确定项目目标、规划咨询、项目建议书、可行性研究、投资估算、方案比选等。

（3）参与主体主要是实现前期决策阶段最终目标的实施主体，包括业主、运营单位、全过程工程咨询单位、政府和相关审批单位。

建设项目前期决策阶段的工作流程如图3-1所示。

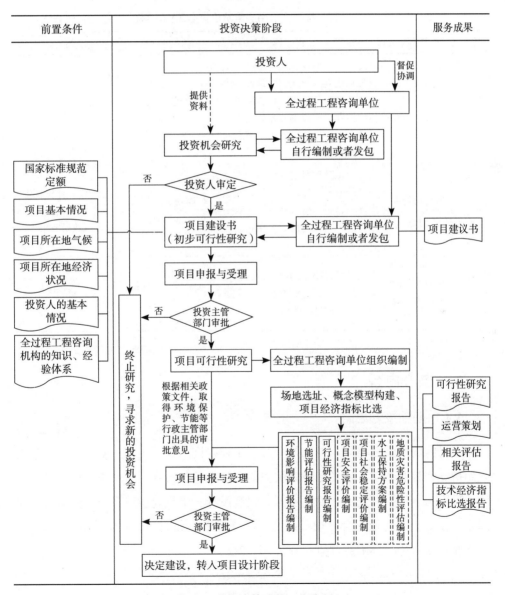

图3-1 前期决策阶段工作流程

3.3 工作内容

从项目建议书编制到可行性研究报告编制，前期决策阶段核心管理工作是对项目建议书、项目选址意见书、环境影响评价报告、节能评估报告、可行性研究报告的编制和审查。对全过程工程咨询前期决策阶段核心工作内容整理如表3-1所示。

全过程工程咨询前期决策阶段核心工作内容　　表3-1

序号	工作环节	工作内容	参与单位	成果文件
1	项目建议书编制管理	全过程工程咨询机构与委托方共同或分别成立项目建议书编制协调工作组，全过程工程咨询机构通过自行编制项目建议书或发包的方式选择具有相应资质或能力的咨询单位来编制项目建议书	业主方 全过程工程咨询单位 相关咨询单位	项目建议书
2	项目可行性研究	通过对拟建项目的建设方案和建设条件的分析、比较、论证，从而得出该项目是否值得投资，建设方案是否合理、可行的研究结论，为项目的决策提供依据	业主方 全过程工程咨询单位 相关咨询单位	环境影响评价报告 节能评估报告 可行性研究报告
3	项目决策阶段投资估算	在项目投资决策的过程中，依据现有的资料和特定的方法对建设项目的投资数额进行的估计	业主方 全过程工程咨询单位 相关咨询单位	建设项目投资估算

3.4 核心内容

3.4.1 前期策划思路

项目的前期策划与规划咨询是全过程工程咨询的首要工作，对未来项目实施起到指导和控制作用，是开展咨询服务的行动纲领与指南。一个成功的商业综合体项目取决于项目的选址、商业规划、建筑设计、工程建设以及招商运营等多个因素。作为大型商业综合体项目，为了能准确定位和规划，在定位和规划之前，必须要对项目进行详细的调研和分析（图3-2）。

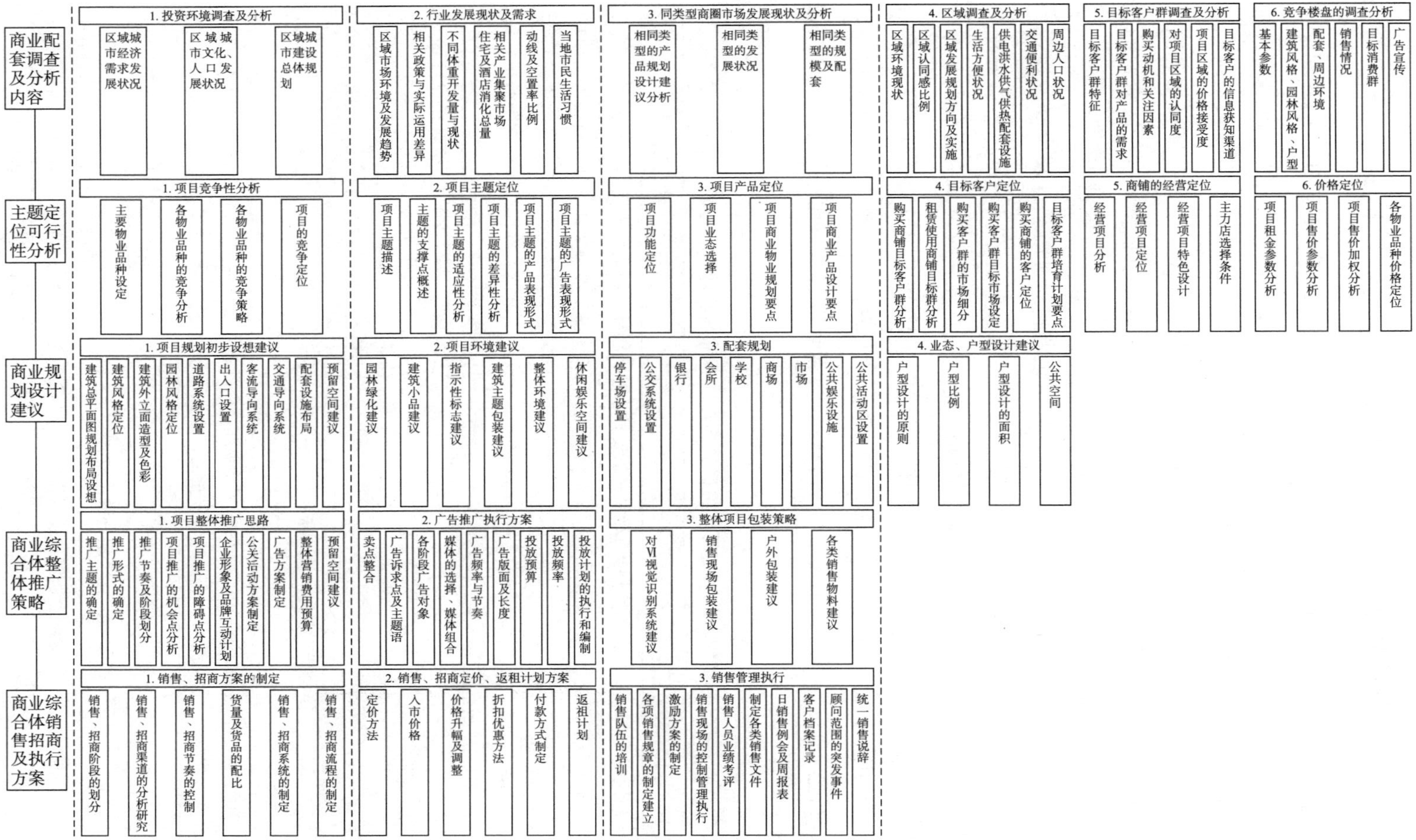

图 3-2 前期决策阶段策划思路

3.4.2 可行性研究评审

商业综合体项目可行性研究主要是通过对商业综合体项目的主要内容和配套条件，如市场需求、建设规模、环境影响、资金筹措、盈利能力等，从技术、经济、工程等方面进行调查研究和分析比较，并对商业综合体项目建成以后可能取得的财务、经济效益及社会影响进行预测，从而提出该商业综合体项目是否值得投资和如何进行建设的意见，为商业综合体项目决策提供依据的一种综合性的分析方法。可行性研究具有预见性、公正性、可靠性、科学性的特点。

可行性研究评审是对项目的可行性研究结论的检查和校核，从全局的客观经济出发，判明可行性报告的可行度，是项目可行或不可行的决策依据。做好项目的可行性评审，意义十分重要。研究只是预测，审查才是决策。为提高商业综合体项目可行性研究的科学性以及实用性，为后续各个建设阶段的工作服务，有效控制项目规模和建设投资，发挥项目的经济、社会效益。对商业综合体可行性研究报告进行梳理，形成商业综合体可行性研究报告内容及评审一览表，如表 3-2 所示。

商业综合体项目可行性研究报告内容编制及评审一览表　　　表 3-2

序号	研究内容深度	可行性研究报告		可行性研究内容评审
1	总论	概括性论述项目背景、主要技术经济指标、结论及建议		
1.1	项目背景	1. 项目名称	2. 建设单位	项目背景资料的可靠性、权威性。项目基本情况是否全面属实。编制来源是否可靠，项目可行性研究报告编制格式是否完整
		3. 建设性质	4. 编制依据	
1.2	项目概况	1. 建设位置	2. 建设内容	项目地址、项目性质、项目建设内容及规模、项目投资等主要情况是否全面、属实
1.3	主要技术经济指标	主要技术经济指标		项目总投资、资金来源、建设期等经济技术数据是否全面、完整，数据是否真实可靠
2	项目必要性及可行性	从宏观和微观方面分析项目提出的背景和产业发展情况，用定性和定量的方法分析企业进行投资的必要性和可行性		
2.1	项目建设必要性	1. 城市控制性详细规划需要		是否依据国家政策、城市发展总体规划、区域有关专业规划对项目建设的必要性和社会效应做出了论证，论证的深度、有效性是否符合要求
		2. 集约优化土地资源配置需要		
		3. 建设土地经济发展需要		

续表

序号	研究内容深度	可行性研究报告		可行性研究内容评审
2.2	项目建设可行性	1. 市场可行性	2. 经济可行性	建设项目所处环境、政策、项目发展策略、市场化程度等，在技术、管理、经济上是否支撑项目可行，可行性论证分析的内容是否完整，分析方法是否妥当
		3. 技术可行性	4. 管理可行性	
3	市场分析	调查、分析和预测拟建项目区域市场内的供需状况、目标市场，在竞争力分析的基础上，预测可能占有的项目的发展情况		
3.1	市场预测	1. 周边市场供应预测		对市场预测数据来源可靠性的审查，审查其来源是否正规、有据可查；市场预测方法科学性审查，审查数据是否具有代表性和现实意义等
		2. 周边市场需求预测		
3.2	周边项目调研	1. 项目概况	2. 竞争优劣势	周边项目市场竞争性及价格参考性，市场调查数据合理性、可比性
4	项目选址及建设条件	通过规划选址已确定的建设地区和地点范围内确定场址方案，工程技术条件分析论证其是否具备建设的基本条件		
4.1	项目区位选择	1. 场址概况	2. 场址位置	是否对选址和配套条件情况做出比选论证，区位选择是否取得了相关国土、规划部门的意见；是否考虑到土地节约、拆迁、保护环境和生态方面
4.2	区域建设条件	1. 自然条件	2. 人文条件	项目所在地资源、环境、技术、经济、施工条件、城市市政、周边地给水排水、供气、供热、供电、通信等配套条件是否具备，能否保证项目实施
		3. 交通条件	4. 施工条件	
5	项目建设方案	进行技术方案、设备方案和工程方案的具体研究论证工作，论证项目的技术和工艺水平是否经济合理		
5.1	总图设计	1. 布置原则	2. 设计构思	符合当地城市总体规划和控制性详细规范要求的原则，符合相关设计依据，能较好地满足安全疏散、消防交通和绿化环卫等常规要求
		3. 设计依据	4. 总图布置	
5.2	工程方案	1. 建筑设计	2. 结构设计	阐述项目采用的主要技术方案；方案是否进行技术、经济、风险等方面的比较，论证是否全面科学，推荐方案的依据和理由是否充分。建筑方案、结构方案、设备方案、电气方案均应节能、实用、经济、美观、安全、合理
		3. 给水排水设计	4. 电气设计	
		5. 防雷与接地	6. 暖通设计	
		7. 燃气设计	8. 消防设计	
6	节能节水环境评价	从建筑设计、结构、设备等方面论述项目的节能方案，从设备选型、工艺流程、综合利用等方面论述项目的节水方案，从项目建设和运营方面论述项目的节能节水措施和影响情况		

续表

序号	研究内容深度	可行性研究报告		可行性研究内容评审
6.1	节能措施	1. 节能方案	2. 能耗指标分析	是否对节能情况做出论证,提出的节能措施是否可行合理
6.2	节水措施	1. 节水方案	2. 能耗指标分析	是否对节约水资源情况做出论证,提出相应措施是否可行合理
6.3	环境影响评价	1. 条件调查	2. 影响因素分析	是否对项目环境影响做出论证,是否提出合理保护措施,是否得到环保部门相关意见
		3. 保护措施	4. 保护设施费用	
7	劳动安全卫生与消防	在已确定的技术方案和工程方案基础上分析论证论述项目在建设过程中的劳动保护、安全卫生措施与消防措施		
7.1	劳动	劳动安全防护措施		是否对项目安全情况做出论证,论证是否全面、措施是否可行
7.2	安全卫生	安全卫生措施方案		是否对项目卫生情况做出论证,论证是否全面、措施是否可行
7.3	消防	消防设施方案		是否对项目消防情况做出论证,论证是否全面、措施是否可行
8	项目管理方案	根据商业综合体项目建设特点和企业现有组织情况,应对项目的组织机构设置、人力资源配置、员工培训等内容进行研究		
8.1	人力资源配置	1. 组织机构分工	2. 劳动定员	机构设置是否合理及完整,构建的组织结构是否适合项目特点和需要,人员构成及人员培训体系是否满足项目的需要
		3. 员工培训计划	4. 组织管理	
8.2	项目组织管理	1. 组织管理	2. 合同管理	项目组织管理与实施方案是否合理;是否根据工程实施各阶段工作量和所需时间及项目建设所需资金落实到位情况对时序作出安排
		3. 质量管理	4. 进度管理	
		5. 投资管理	6. 安全管理	
8.3	招标方案	1. 招标范围	2. 招标组织形式	是否对项目招标事项、招标方式、招标原则及程序进行了论述,对后期工作指导性如何
		3. 招标方式	4. 招标原则	
9	项目实施规划	研究提出项目的建设工期和实施进度方案,科学组织建设过程中各阶段的工作		
		1. 建设工期	2. 进度安排	建设工期是否合理,以及实现要求工期的具体安排是否妥当
10	投资估算与资金筹措	估算项目投入总资金并测算,研究拟建项目的资金投融资方案		
10.1	投资估算	1. 总投资估算	2. 其他费用	估算数据来源是否准确、估算指标是否合理、编制是否达到深度,有无错漏项、工程量是否计算准确
		3. 预备费	4. 建设期利息	

续表

序号	研究内容深度	可行性研究报告		可行性研究内容评审
10.2	资金筹措	1. 资金来源	2. 资金筹措	资金来源是否可靠，项目融资方案是否合理、可行，是否提出资金落实情况的依据
11	财务分析	分析测算项目费用与收益，对项目的盈利能力、偿债能力进行评估，判断项目在财务上是否可行		
11.1	盈利能力分析	1. 内部收益率 3. 投资收益率 5. 投资回收期	2. 资本金收益率 4. 财务净现值 6. 投资利润率	项目在整个计算期内是否盈利，估算分析是否全面，数据是否可靠
11.2	偿债能力分析	1. 利息备付率	2. 偿债备付率	审查评价项目所面临的财务偿债能力。对还贷能力的分析是否准确可靠
11.3	不确定性分析	1. 敏感性分析	2. 盈亏平衡分析	对投资项目经济效益指标敏感性因素和盈亏平衡点的分析是否准确
12	社会与国民经济评价	分析拟建项目对当地社会的影响和当地社会条件对项目的适应性和可接受程度，评价项目的社会可行性		
12.1	社会评价	1. 社会评价目的 3. 社会评价方法	2. 社会评价原则 4. 社会评价分析	是否进行了国民经济和社会效益评价，评价依据是否充分，评价内容是否全面具体。项目投产后对国民经济和社会发展的影响，是否产生了良好的社会效益
12.2	国民经济评价	1. 经济净现值	2. 经济内部收益率	评价依据是否充分，经济评价指标是否可行，评价是否全面具体
13	风险评价	综合分析识别项目在建设和运营中潜在的主要风险，揭示风险来源，判别风险程度，提出规避风险对策		
		1. 项目风险识别 3. 研究防范和降低风险的对策	2. 项目风险估计	是否对项目实施的政策与环境、拆迁安置、经营管理、投融资、公共安全等风险做出分析并提出应对措施，分析内容是否全面、可行
14	研究结论与建议	1. 推荐方案总体描述		推荐方案的不同意见应实事求是，对其存在的有待解决的主要问题应充分阐述
		2. 推荐方案的优缺点描述		全面描述推荐方案的优点和缺点
		3. 结论与建议		明确提出项目和推荐方案是否必要、可能、可行，并提出结论、意见和建议

资料来源：自行整理。

3.4.3 可行性研究评审流程（表 3-3）

评审流程表　　　　　　　　　　　　　　　　　　　　　　　　　表 3-3

×××项目可行性研究报告评审流程

（一）通知项目可行性研究报告编制单位准备好可行性研究报告文本（8 份），并邀请设计单位相关设计人员参会。

（二）确定参会人员名单邀请单位。

（1）邀请单位：

××省发改委固定资产投资处（1人）、国土规划分局（1人）、城乡建设局（1人）。

（2）邀请专家：

造价专业（1人）、建筑专业（1人）、结构专业（1人）、给水排水专业（1人）、电气专业（1人）。

（三）确定参会时间地点：××年××月××日、地点×××。

（四）邀请相关单位和相关专家参会，落实好评审会需要的相关设备、材料等。

（五）举行评审会议程：

（1）会议主持人介绍参会人员情况。

（2）几位专家推选出一位专家组组长。

（3）项目建设单位介绍该项目的基本情况。

（4）项目可行性研究报告编制单位对项目可行性研究进行说明。

（5）各位专家对该项目可行性研究报告进行点评，请相关参会单位提出意见。

（6）项目责任单位和项目可行性研究报告编制单位暂时回避，请专家组对该项目可行性研究报告进行评审，并出具专家评审意见。

（7）请专家组组长宣读专家评审意见。

第4章　全过程工程咨询勘察设计阶段

4.1 基本概述

勘察设计阶段是项目目标的具体细化实施阶段，是决策阶段和施工阶段的过渡。全过程工程咨询单位在项目前期决策成果的基础上进行深化，通过深入收集资料和调查研究，进一步分析和明确投资人需求以及建设项目目标转化成设计图纸、概预算报告等咨询成果，为顺利推进项目招标和施工等奠定良好的基础。

主要工作包括初步勘察、方案设计、初步设计、设计概算、详细勘察、设计方案比选和优化、施工图设计、施工图预算等对地形、地质及水文等状况进行测绘、勘探测试所形成的成果和资料进行审查；审定设计单位是否完成目标设计成果；对方案设计、初步设计、施工图设计各阶段等设计方案审查复核；开展限额设计，从造价合理的角度优化设计方案等。

4.2 工作流程

（1）工作目标主要是为了满足建设单位实质性需求，力图明确表达设计功能意图和要求所进行的勘察和设计。

（2）工作内容主要是对勘察设计阶段工作任务的实施及管理，主要工作内容包括初步勘察、方案设计、初步设计、设计概算、详细勘察、设计方案比选和优化、施工图设计、施工图预算及专项设计等。

（3）参与主体主要是实现勘察设计阶段最终目标的实施单位，主要包括建设单位、勘察单位、设计单位、全过程工程咨询单位、施工图审查单位。

建设项目勘察设计阶段的工作流程如图4-1所示。

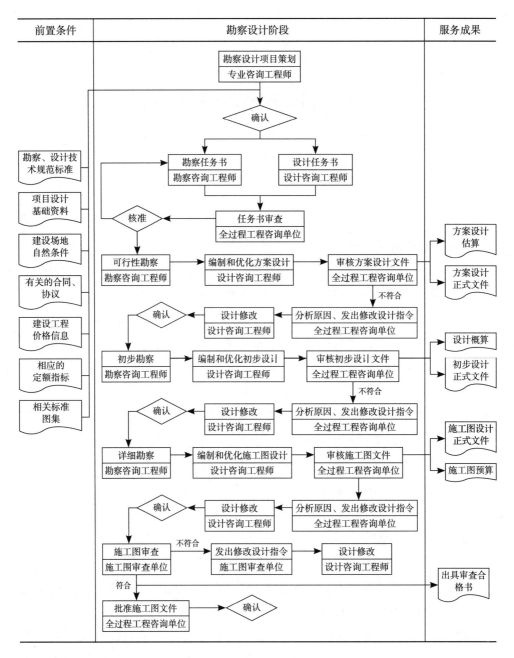

图 4-1 勘察设计阶段工作流程

4.3 工作内容

勘察设计阶段的核心管理工作主要有项目的勘察服务管理、勘察设计服务、项目设计阶段的造价管控（表 4-1）。

全过程工程咨询勘察设计阶段核心工作内容 表 4-1

序号	核心工作	工作内容	参与内容	成果报告
1	项目勘察服务	工程测量、岩土工程勘察、岩土工程设计与检测监测、水文地质勘察、工程水文气象勘察、工程物探、室内试验等，以及专业工程的勘察服务	业主方 全过程工程咨询单位 勘察单位	勘察任务书 勘察方案
2	项目设计服务	设计任务书的编制、方案设计、初步设计、施工图设计	业主方 全过程工程咨询单位 设计单位	设计任务书 方案设计文件 初步设计文件 施工图设计文件
3	项目设计阶段造价管控	设计概算的编制与审核、限额设计和设计方案经济比选优化、施工图预算的编制与审核	业主方 全过程工程咨询单位 设计单位 造价咨询单位	投资方案 设计概算文件 施工图预算文件

4.4 核心内容

4.4.1 勘察报告审查

工程勘察是根据建设工程和法律法规的要求，查明、分析、评价拟建项目建设场地的地质地理环境特征和岩土工程条件，编制建设工程勘察文件的活动。工程勘察工作内容包括制订勘察任务书和组织勘察咨询服务，如工程测量，岩土工程勘察、设计、治理、监测，水文地质勘察，环境地质勘察等；出具的工程勘察文件主要指岩土工程勘察报告及相关的专题报告。

工程勘察报告应根据国家有关勘察成果报告的编制规范和标准编制，应资料完整、真实准确、数据无误、图表清晰、结论有据、建议合理、便于使用和适宜长期保存，并应因地制宜，重点突出，有明确的工程针对性，勘察文件技术审查要点包括以下内容：

（1）是否符合《工程建设标准强制性条文》和其他有关工程建设强制性标准；

（2）提供的参数、结论与建议是否存在安全隐患；

（3）是否符合公众利益；

（4）是否达到勘察文件深度规定的要求；

（5）是否符合经政府有关部门批准的作为勘察依据的文件要求。

具体为指导建筑工程勘察文件审查工作，根据《建设工程质量管理条例》

（国务院令第279号）和《建设工程勘察设计管理条例》（国务院令第662号），特制定建筑工程勘察报告审查要点一览表，如表4-2所示。

勘察报告审查要点一览表 表4-2

序号	审查要点	审查内容
1	强制性条文	《工程建设强制性条文》中有关勘察和地基基础方面的强制性条文（具体条款略）是否严格执行
2	相关责任及签章	勘察单位的资格是否具备；勘察文件包括勘察报告、独立完成的专题报告及试验报告等公章是否有效，勘察文件单位责任人、勘察项目责任人以及各类图表、原始记录人签章是否齐全、有效
3	勘察依据	
3.1	工程建设标准	选用的规范、规程是否有效、完备，是否适用于本工程
3.2	勘察任务委托书	委托的勘察任务是否明确；勘察文件是否满足任务委托要求
3.3	勘察文件深度	是否满足勘察文件深度规定的要求
4	拟建工程概述	拟建工程概况，如位置、拟建建筑物高度、层数（地上、地下）、结构与基础形式、基础埋深等是否明确；勘探点高程及坐标引测依据是否明确
5	勘察工作的目的、任务与要求	勘察工作的目的、任务、要求是否明确
6	勘探与取样	
6.1	勘探孔数量、间距与深度	（1）勘探点的布置原则是否满足规范要求； （2）控制性勘探点、采取试样及原位测试勘探点布置的比例是否适当； （3）边坡工程尚应审查是否满足要求； （4）桩基工程尚应审查是否满足要求； （5）审查是否满足建筑抗震设计规范要求
6.2	勘探方法	勘探手段、方法及工艺是否适当
6.3	取样	取样（土样、岩样、水样）的质量、数量、方法是否符合规范、标准要求
7	测试	
7.1	原位测试	（1）原位测试方法是否适当，测试数量是否满足规范要求； （2）测试内容是否满足规范及勘察文件深度规定的要求
7.2	室内试验	室内试验的指标种类、试验方法、试验数量是否满足规范、标准要求
8	地层划分与描述	（1）地层划分是否合理； （2）地层描述是否符合规范要求
9	地表水与地下水	
9.1	水位	（1）地表水及地下水位的量测方法是否符合现行规范要求； （2）勘察期间水位、地下水类型等阐述是否明确、合理
9.2	地下水参数	提供的地下水参数是否合理

续表

序号	审查要点	审查内容
9.3	水的腐蚀性测试与判别	（1）水的腐蚀性测试与判别是否符合规范、标准要求； （2）判别方法是否符合拟建场地环境条件； （3）判别结果是否正确
10	场地和地基的地震效应	
10.1	抗震设防	提供的抗震设防烈度、设计地震基本加速度、设计地震分组是否正确
10.2	场地类别划分	（1）场地类别划分的依据是否充分，资料是否真实、可靠； （2）场地类别划分结果是否正确
10.3	场地液化判别	（1）液化判别的方法是否正确有效，液化判别所选取的参数是否可靠、正确； （2）液化判别结果是否正确，计算的液化指数是否正确； （3）场地液化综合判别结论是否合理
11	不良地质作用	不良地质作用的评价方法、结论及处理措施是否符合现行规范、相关专用标准及勘察文件深度规定的要求
12	特殊土地	特殊土地评价方法、结论及处理措施是否符合规范、相关专用标准及勘察文件深度规定的要求
13	岩土参数的分析与选定	（1）岩土参数分析与选用的范围、数量数值的取舍是否符合规范的要求； （2）提供的岩土参数是否满足规范及设计要求
14	地基与基础评价与建议	采用的公式是否可靠，依据是否明确，分析结果是否正确
14.1	地基基础方案	建议的地基基础方案是否合理、可行
14.2	天然地基	建议的天然地基承载力及变形参数是否合理
14.3	桩基础	（1）建议的桩基础方案是否可靠、合理； （2）提供的参数是否全面、合理
14.4	地基处理	（1）建议的地基处理方案是否合理、可行； （2）提供的地基处理岩土参数是否全面、合理
14.5	基坑支护	基坑支护方案是否合理、可行；提供的基坑支护岩土参数是否全面、合理
14.6	降水	（1）建议的降水方法是否合理、可行； （2）提供的参数是否合理
15	环境影响	（1）是否指出了施工可能对环境产生的不利影响； （2）提出的相关建议是否具有针对性，是否合理
16	图表	
16.1	试验、测试图表	是否提供了满足规范及设计要求的试验测试图表；各项指标之间的关系是否吻合
16.2	平面图	平面图是否满足规范、勘察文件深度规定的要求
16.3	剖面图	剖面图比例尺是否合理；是否满足规范、勘察文件深度规定的要求
16.4	其他图件	其他图件是否满足规范、勘察文件深度规定的要求

4.4.2 设计任务书审查

设计任务书是业主对工程项目设计提出的要求，是工程设计的主要依据。进行可行性研究的工程项目，可以用批准的可行性研究报告代替设计任务书。设计任务书是对策划工作要点通过系统分析得出的决策性文件。作为开发建设目标与规划设计工作方向的主要信息传递手段，设计任务书应全面准确地反映策划结论的主要信息点，使设计成果同样体现系统性、超前性、可行性和应变性要求。全过程工程咨询设计阶段工作流程如图4-2所示。

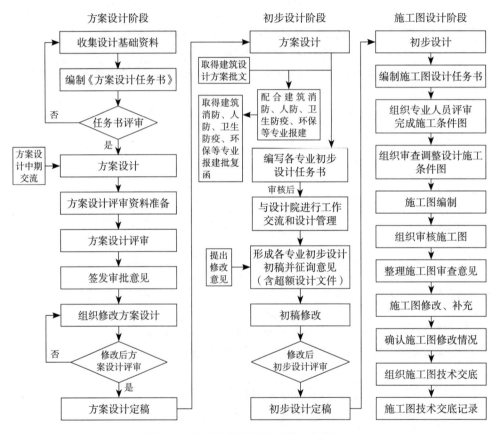

图4-2 全过程咨询设计阶段工作流程

根据可行性研究报告的内容，经过研究并选定方案之后编制的设计任务书，对拟建项目的投资规模、工程内容、经济技术指标、质量要求、建设进度等做出规定。设计任务书重点审查内容：

（1）设计基础的资料（包括合同图纸、数据、分析报告、领导批示等）是否基本完整、准确，是否合法、有效，暂时缺少的资料清单及其后续是否有提供。

(2)业主对该项目建设和经营、销售的基本要求(包括但不限于进度、质量、成本和特殊要求等)是否全部反映并准确表达。

(3)政府有关管理部门对该项目设计、建设的基本要求是否全部反映并准确表达。

(4)《设计任务书》规定要提交的其他资料和信息是否准确、完整地提供。

4.4.3 方案设计审查

方案设计是设计的初始阶段,它是建筑设计人员对设计对象有了较为深刻的认识后,对设计任务、环境、建筑功能等做出的分析,并对建筑平面形状、体型及立面处理,层数、层高、开间、进深、结构形式、总体布置等方面提出的初步设想。方案设计应对建筑的整体方案进行设计、评价和优选,方案设计的内容包括:设计说明书,各专业设计说明以及投资估算的内容;总平面设计以及建筑设计图纸;设计委托或合同中规定的透视图、模型等。建筑设计方案应满足投资人的需求和编制初步设计文件的需要,同时需向当地规划部门报审。

(1)方案设计文件编制

在项目方案设计阶段,全过程工程咨询机构编制和交付的主要设计成果文件有:方案设计说明书、初步设计图纸、其他成果,具体内容详见《建筑工程设计文件编制深度规定(2016版)》。成果文件如图4-3所示。

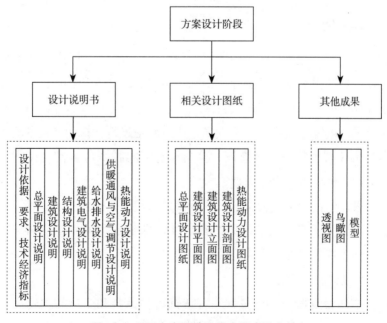

图4-3 项目方案设计阶段主要成果文件

（2）方案设计文件审查与优化

在方案设计阶段，全过程工程咨询机构应组织专家委员对方案设计进行审查和优化，以确定此方案设计是否切实满足投资人要求，审查和优化内容主要有以下几点：

1）是否响应招标要求，是否符合国家规范、标准、技术规程等的要求；

2）是否符合美观、实用及便于实施的原则；

3）总平面的布置是否合理；

4）景观设计是否合理；

5）平面、立面、剖面设计情况；

6）结构设计是否合理、可实施；

7）公建配套设施是否合理、齐全；

8）是否应用新材料、新技术；

9）设计指标复核；

10）设计成果提交的承诺。

方案设计完成后，全过程工程咨询机构应组织行业专家，针对方案的不足，结合拟建项目情况，对方案提出修改建议，并编制形成正式文件。在规定的时间内督促专业咨询工程师（设计）提出最优方案，直到满足投资人要求。方案设计编制与审查流程如图4-4所示。

4.4.4 初步设计审查

初步设计是设计过程中一个关键性阶段，也是整个设计构思基本形成的阶段。初步设计是在方案设计的基础上，进一步完善设计方案，在已定的场地范围内，按照设计任务书所拟的建设项目使用要求，综合考虑技术经济条件和建筑艺术方面的要求，确定建筑物的组合方式，选定所用建筑材料和结构方案，确定建筑物在场地的位置，说明设计意图，分析设计方案技术可行性、经济上的合理性，并提出设计概算和全生命周期成本估算。

在方案设计通过业主及相关部门的审批以后就可以开展初步设计，初步设计文件应满足国家《建筑工程设计文件编制深度的规定（2016版）》的规定，并提供相应的设计概算，以便投资人有效控制投资。

（1）初步设计文件编制

在项目初步设计阶段，全过程工程咨询机构编制和交付的主要设计成果文件，在设计深度上应符合已审定的方案设计内容，能据以确定土地征用范围、准

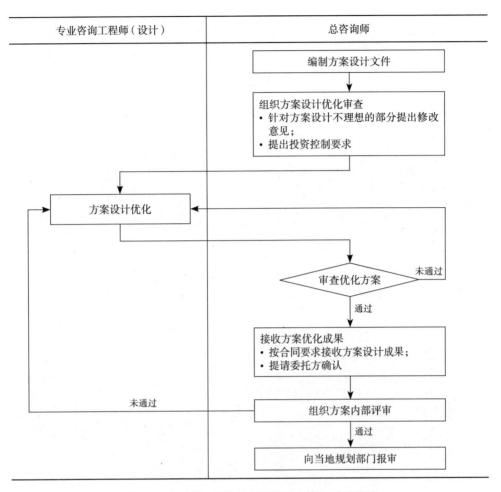

图 4-4 全过程工程咨询机构编审方案设计流程图

备主要设备及材料,能据以进行施工图设计和施工准备,并作为审批确定项目投资的依据。对于涉及建筑节能、环保、绿色建筑、人防、装配式建筑等,其设计说明应有相应的专项内容。初步设计阶段内容和成果文件如图 4-5 所示。

(2) 初步设计文件审查

当初步设计图纸完成后,全过程工程咨询单位应进行建筑工程初步设计文件审查工作,根据《建设工程质量管理条例》和《建设工程勘察设计管理条例》重点审查以下内容:

1) 初步设计是否达到城市《建筑工程初步设计文件编制技术规定》的设计深度要求。

2) 是否符合相关工程建设强制性标准要求。

3) 初步设计的技术性是否可靠,是否经济合理。

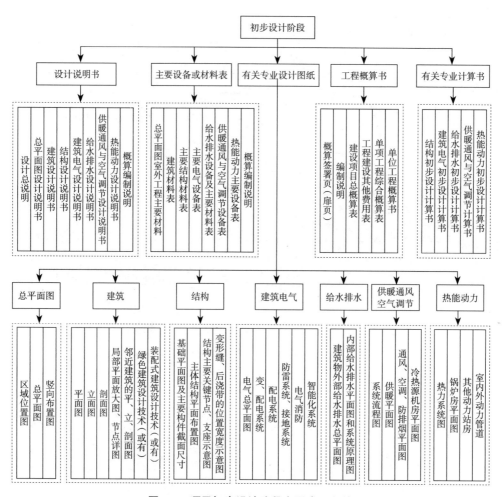

图 4-5 项目初步设计阶段主要成果文件

4）是否符合环保、节能、安全等原则及公众利益。

5）是否符合作为设计依据的政府有关部门的批准文件要求。

6）设计依据（设计选用的规范、规程、标准、规定等）是否恰当和有效。

全过程工程咨询单位具体各专业初步设计文件审查要点分别如表4-3～表4-8所示。

1）总平面图专业审查要点（表4-3）。

初步设计阶段总平面图专业审查一览表 表 4-3

序号	项目	审查内容及依据
1.1	初步设计文件	（1）设计说明书内容无遗漏； （2）设计图纸齐全； （3）深度应符合《建筑工程初步设计文件编制技术规定》

续表

序号	项目	审查内容及依据
1.2	设计说明书	
1.2.1	设计依据	（1）设计采用的设计标准、规范是否齐全、正确，版本是否有效； （2）是否具备与本专业设计有关的政府相关主管部门的批准文件和依据性资料； （3）项目的分期实施情况和设计范围是否明确
1.2.2	规划要求	（1）设计是否符合规划批准的建设用地位置； （2）建筑高度、密度、面积等技术指标是否在规划许可的范围内； （3）前一阶段审批意见是否在设计中得到落实
1.2.3	场地概述	（1）场地区位应明确； （2）四邻有无重要建构筑物（如加油加气站、危险品仓库、架空高压线、轨道交通线等）； （3）有无不良地形地貌
1.2.4	总平面布置	（1）布局是否符合相关规范要求； （2）项目的分期原则及相关措施是否合理、可行； （3）绿地布置是否符合相关规定要求
1.2.5	竖向设计	（1）地面形式和道路坡度应符合规范要求； （2）地面排水应符合规范要求； （3）用地防护工程的设置应符合规范要求； （4）土石方工程是否遵循"就近合理平衡"的原则
1.2.6	交通组织	（1）交通流线组织、出入口和停车场设置是否符合规范要求； （2）道路宽度、坡度、扑救场地、回车场是否符合规范要求； （3）无障碍设计是否符合规范要求
1.2.7	综合管网	（1）是否说明市政管网与本工程的相互关系、接口位置、能提供的容量（管径）大小等参数和当不能满足时所采取的技术措施； （2）是否说明或用表格列出本工程总用水量、总污水量、总天然气量、总冷（暖）负荷量以及变配电站的位置、数量、容量
1.2.8	主要技术经济指标	主要技术经济指标内容应符合上阶段的审批要求
1.3	设计图纸	
1.3.1	总平面图	（1）设计用地红线是否与规划局审批的用地红线一致； （2）建筑与边界，与其他建筑物、构筑物等的间距是否符合国家有关规范的要求。建筑场地出入口数量、道路宽度、内部通道出入口距城市道路交叉口距离，是否符合规范要求； （3）建构筑物定位是否准确，建构筑物外形尺寸是否与建筑单体一致； （4）交通组织是否顺畅、合理，车行道及停车场出入口是否影响地面交通及人行安全，并符合规范规定； （5）图例是否交代清楚

续表

序号	项目	审查内容及依据
1.3.2	消防分析图	消防车道宽度、净空高度、消防车道布置、转弯半径、回车场尺寸、建筑防火间距、高层建筑消防扑救面及扑救场地等是否符合规范要求
1.3.3	绿化布置图	（1）绿化布置是否符合总平面布置图； （2）各绿地面积计算是否符合《城市建设项目配套绿地管理技术规定（试行）》要求； （3）图例是否交代清楚
1.3.4	竖向布置图	（1）竖向设计是否符合规划控制标高，场地外围的城市道路等关键性标高是否标注； （2）竖向设计方案是否合理，场地标高与城市道路标高的关系是否合理，场地地面及道路的标高是否有利于排水； （3）各设计标高标注是否齐全，道路坡长、坡度、地面坡度是否交代清楚； （4）复杂场地是否有详细的场地剖面设计图
1.3.5	综合管网图	
1.3.5.1	给水排水	（1）各类管线的接口位置及方向是否准确；站房、污水处理等附属设施的位置是否表达清楚； （2）管线布置是否合理
1.3.5.2	电气	（1）室外管网布置是否合理，布线路由的形式、规模选择是否符合相关规范规定，变、配电所、发电机房位置及编号和变压器容量是否标注； （2）图例符号是否注明
1.3.5.3	燃气	（1）燃气管线的接口位置及方向是否准确，调压站（箱）等附属设施的位置是否表达清楚； （2）管线布置是否合理，是否符合国家现行规范的规定
1.4	总平面设计内容	
1.4.1	无障碍设计	《无障碍设计规范》GB 50763—2012
1.4.2	办公楼	《办公建筑设计标准》JGJ/T 67—2019
1.4.3	电影院	《电影院建筑设计规范》JGJ 58—2008
1.4.4	酒店	《旅馆建筑设计规范》JGJ 62—2014
1.4.5	停车场	《车库建筑设计规范》JGJ 100—2015、《汽车库、修车库、停车场设计防火规范》GB 50067—2014
1.4.6	商业	《商店建筑设计规范》JGJ 48—2014
1.4.7	餐饮	《饮食建筑设计标准》JGJ 64—2017
1.4.8	住宅	《住宅建筑规范》GB 50368—2005

2）建筑专业审查要点（表4-4）。

初步设计阶段建筑专业审查一览表　　　　表4-4

序号	项目	审查内容及依据
1	图纸及内容深度	图纸内容及深度满足项目成果要求
2	总平面	
2.1	技术指标	确定各项指标，并复核是否符合规划条件要求
2.2	场地开口	确定场地开口位置是否符合规范要求
2.3	配套设施	确定建筑布局及配套设施（如有），例如开闭站、锅炉房、垃圾站等
2.4	交通组织	确定人流车流、货流组织方式，避免交叉干扰
2.5	±0.000	（1）单体建筑±0.000高程、出入口地面高程、室外散水高程与小区内道路高程、坡度、坡向的关系合理，满足小区管网与城市管网连接的埋深和坡度要求，住宅前绿化覆土厚度和坡度满足景观及规范要求； （2）道路高程、坡度、坡向与周边道路的自然排水和地下管网排水关系合理，无积水或倒流现象，满足地下排水管网最高点的最小埋深，适于市政设施连接
2.6	楼座坐标	确定各楼座四角坐标
2.7	消防通道	确定消防通道及消防登高面
3	平面	
3.1	地下室布置	落实地下室平面布置，包括机房布置、车库布置、初步确定人防布置方案
3.2	功能定位	深化平面功能，经营区功能定位是否全部落实并符合公司要求
3.3	机房及管井	确定地上各层设备机房及管井位置、尺寸，并与设备机房大样图核对，审核面积的适宜性
		核对管井的上下对位关系，并论证错位管井的可行性
3.4	楼、电梯	核对疏散楼梯疏散宽度的计算，审核疏散楼梯位置的合理性
		确定电梯（含消防电梯）、扶梯、货梯的数量及参数
3.5	卫生间数量	卫生间服务半径是否合理，洁具数量是否满足规范要求
3.6	租赁区与公共区界面	商铺租赁线、走道控制线与结构柱网的关系
3.7	防火	确定防火分区的划分，并避免防火分区穿越店铺
		确定中厅防火卷帘的安装位置，是在中厅四周还是店铺外侧，并审核由此带来的有利及不利影响
3.8	吊顶形式	确定各部位的吊顶形式（店铺内及公共区域），封闭型或不封闭型对设备末端的影响
3.9	平面管线路由	初步确定各设备管线路由

续表

序号	项目	审查内容及依据
3.10	屋面排水	确定屋面雨水排放方式（内排、外排）及排放立管的隐蔽方式
4		立面
4.1	窗地比	居住建筑确定各房间窗地比是否满足规范要求
4.2	平面功能在立面的反映	确定建筑立面与平面功能的对应关系
4.3	立面材料	确定立面各部位的材料材质、颜色等
4.4	门窗开启	确定门窗的开启方式及开启面积
4.5	立面百叶	送、排风口在立面中的位置是否漏项，是否合理
4.6	专业交圈	协调门窗高度与结构梁高的关系
4.7	门窗安装位置	确定外檐门窗的立樘位置，有无副框等
5		剖面
5.1	建筑高度	复核建筑高度是否符合规划条件要求
5.2	净高控制	确定建筑各层层高及净高要求（梁高、管线高度、交叉原则等）
		剖面中应有吊顶控制线
5.3	图纸完整性	立面中未能表示的部分立面如内庭院或被遮挡部位，应在剖面中表示完整
6		构造措施
6.1	工程做法	初步确定工程做法，主要是各部位地面、楼面构造厚度及降板需求
6.2	防水措施	确定屋面、地下室的防水等级及构造做法
6.3	商铺分隔	确定商铺间隔墙砌筑形式：是否到顶；确定租赁线吊顶上部的封闭形式
6.4	保温节能	初步确定外墙节能保温措施及保温材料
6.5	建筑回填	确定各部位建筑材料：外墙、内隔墙、房心回填等

3）结构专业审查要点（表4-5）。

初步设计阶段结构专业审查一览表　　　　　　　表4-5

序号	项目	审查内容及依据
1	设计任务书	符合项目对设计提出的有关标准、法规的《设计任务书》等书面要求
2	图纸内容	（1）是否提供基础平面图及主要基础构件的截面尺寸； （2）是否提供主要楼层的结构平面图； （3）是否提供结构的主要或关键性节点、支座示意图； （4）伸缩缝、沉降缝、抗震缝、施工后浇带的位置和宽度是否在相应平面图中表示

续表

序号	项目	审查内容及依据
3	工程地质情况	符合工程地质勘查报告,包括:地震基本烈度、建筑场地类别、地基液化判别;工程地质和水文地质简况、地基土冻胀性情况
4	设计荷载的取值	风荷载和雪荷载、楼(屋)面使用荷载符合《建筑结构荷载规范》GB 50009—2012 中规定; 符合商业功能要求及项目提出的机电等其他要求,不得任意降低或提高荷载
5	结构安全等级、设计使用年限、建筑抗震设防烈度和设防类别	符合《建筑结构可靠度设计统一标准》GB 50068—2018 要求; 符合《建筑抗震设计规范》GB 50011—2010 要求; 符合《建筑工程抗震设防分类标准》GB 50223—2008 要求
6	地基基础设计	地基基础设计等级、地基处理方案及基础形式等是否合理
7	上部结构选型	合理选择上部结构形式
8	伸缩缝、沉降缝和抗震缝的设置	符合《混凝土结构设计规范》GB 50010—2010; 符合《高层建筑混凝土结构技术规程》JGJ 3—2010
9	结构材料	主要结构构件材料的选用符合单位要求
10	结构计算	高层建筑和大型公共建筑的主要结构特征参数和采用的计算程序及计算模型的合理性
11	高层建筑基础埋深	基础埋置深度及持力层等是否合理;若采用桩基时,桩的类型、桩端持力层及进入持力层的深度等是否合理。埋深满足《建筑地基基础设计规范》GB 50007—2011 要求。并且在满足规范要求的基础上尽量节省造价
12	结构标高	核对独立车库顶标高与建筑、景观专业标高是否吻合;核对各楼面结构标高,与建筑标高、工程做法厚度要求是否一致
13	结构布置图	各层结构布置的合理性,注重定位尺寸、主要构件的截面尺寸;条件许可时提供基础平面图
14	剪力墙布置要求	剪力墙结构的墙体宜规则、分散、对称周边布置,结构刚度中心和平面形心尽量重合,保证结构的抗扭能力,尽量避免异形柱和一字形墙,尽量减少墙的数量
15	混凝土墙柱布置	混凝土墙柱与建筑平面一致(位置及定位大小)
16	停车布置	结构布置应满足停车最多和成本最低原则
17	柱网布置	柱子布置是否影响使用要求,如电影院内不宜设柱子,购物中心内柱子位置是否合理
18	层高、净高要求	层高、使用净高应符合商管公司及项目其他要求
19	特殊部位构造	如有特殊结构部位(如大空间、结构转换等),须绘出该部位的构造简图
20	与建筑专业配合	符合建筑初步设计平面要求
21	与其他专业配合	符合机电、幕墙等专业设计要求
22	结构计算	计算书完整,计算模型、计算参数、计算结果合理

4)给水排水专业审查要点(表4-6)。

初步设计阶段给水排水专业审查一览表　　　　表4-6

序号	项目	审查内容及依据
1	设计文件	是否包括设计说明书、设计图纸、主要设备表
2		是否符合《建筑工程初步设计文件编制技术规定》的要求
3	设计总体要求	设计是否执行国家政策、法规、标准及当地行政主管部门的相关规定,是否满足方案审批意见及相关规定
4		给水、排水、热水等各系统设计是否合理,设计技术参数是否符合标准、规范要求
5		是否按消防规范要求,设置了相应的消火栓、自动喷水、气体消防等系统和设施,消防水量水压、蓄水池和高位水箱容积等技术参数是否合理
6		供水设备、水处理设备、水加热设备、冷却塔、消防设施等选型是否符合安全、节能、环保及系统设计要求
7	设计说明	工程的主要概况、功能及建筑面积、层数、户数等是否说明清楚
8		工程的设计依据、范围、性质及要求(包括设计中的特殊要求)是否说明清楚
9		工程主要设计指标是否齐全、合理,如最高日用水量、最大小时用水量、最高日排水量、最大小时热水用水量、生活水箱有效容积、消防用水量、火灾延续时间、消防水池有效容积等消防设计参数,雨水重现期及降水强度等有无超标设计
10		给水、中水、排水、雨水、生活热水、消防等系统的阐述是否清楚,是否合理,是否符合强制性规范
11		给水排水、消防等系统对自动控制的要求是否阐述清楚
12		设计中采用的图例是否完整,是否符合国标要求
13		使用的计量单位是否统一为国际单位
14		设备材料表中材质、规格、型号、数量、编号是否齐全,设备选型是否安全、合理,是否符合国家相关规定,是否已同甲方协商后确定,是否符合项目建造标准
15		有无特殊设备及材料要求,其规格、品种、数量能否满足要求,有无代用的可能性
16		是否选用了淘汰产品
17		文字是否通顺、准确,有无错漏别字。字形文件是否在电子版文件中
18	施工说明	给水、中水、排水、雨水、生活热水、消防等系统施工安装、试运转、验收的说明是否全面,是否符合规范
19		各种管道、阀门及设备所用材料、规格是否注明,是否符合项目建造标准

续表

序号	项目	审查内容及依据
20	施工说明	管道、阀门及设备保温的选材、规格及保温做法是否说明,是否符合项目建造标准
21		各种管道的防腐、标识、试压标准及做法是否说明,是否符合规范
22		是否明确管道、设备的防隔振、消声、防水锤、防膨胀、防伸缩沉降、防污染、防露、防冻、放气泄水、固定、检查、成品保护、维护等有效合理的措施
23		有无需要采用特殊施工方法、施工手段、施工机具的部位,如有,要求和做法是否明确
24	平面图	各层平面图上的轴线号、各房间名称、各层标高是否标出,是否与建筑专业图纸一致
25		各系统管道、阀门、设备、地漏、清扫口、雨水斗等的平面位置、规格、型号是否标明,所绘图纸是否符合制图规定及设计深度要求
26		管道布置和设备布置是否合理,与各专业管道平面间距是否合理
27		剖面及局部放大点的选择是否适当,有无编号和说明
28		各系统立管的位置及编号是否标注齐全
29		各系统管井、集水坑、设备机房、消防水池、排水沟、雨水斗、雨水沟位置与建筑及结构专业图纸是否一致
30		各系统靠窗或门设置的立管是否有大于200mm的实墙(保证不影响开窗及开门)
31		所有图例是否与统一图例相符合
32	剖面图	供水泵房、消防泵房、换热泵房、水箱间、集水坑、管井等部位是否有剖面图,剖面图是否符合制图规定及设计深度要求
33		建筑物的轴线及层高(或标高)
		审查内容及依据
34		是否标注各系统管道与其他工种管道有无碰撞,各专业是否进行了会签
35		剖面图与平面图是否相符,设备编号是否与平面图一致
36	系统图	系统图的图面是否清晰,与平、剖面图是否一致,设备门有无遗漏
37		立管及设备的编号和管道尺寸与平、剖面图是否相符,有无漏注
38		管道的管径、标高、坡度、坡向是否注明
39		阀门的设置是否满足流量调节及分段检验的要求
40		冬季有防冻要求的管道是否有防冻措施
41		图例与统一图例是否相符
42	用水定额	不同业态用水定额取值是否满足公司设计指引的要求,是否有地方标准,是否执行地方标准

续表

序号	项目	审查内容及依据
43	市政压力用水	当地市政管网压力是否稳定,是否满足项目给水压力要求,当地市政供水是否安全,可靠项目卫生间用水是否利用市政管网直供
44	中水系统	中水处理站的位置是否合理,中水处理站的大小是否满足污水处理工艺的要求,中水处理系统进、排风口位置是否对项目产生影响,中水处理产生的污泥是否有有效处理方法
45		中水处理水量是否满足项目中水使用要求,是否考虑将夏季空调冷凝水作为中水系统的补水
46		中水处理水量是否采用变频供水方式,供水泵的流量、扬程是否满足要求,水泵是否在高效工作
47		中水处理站是否有噪声专项处理措施
48	排水系统	重力排水系统的形式是否合理,有排水要求的部位、区域是否设置了排水点,排水点及管道的管径是否满足要求
49		餐饮排水是否单独出户,室外是否有设置隔油池的空间
50		餐饮操作间地面是否设置了排水明沟的位置及高度
51		含有粪便污水的压力排水系统是否独立出户,消防电梯集水坑、电梯区域集水坑压力排水是否接入雨水管道
52		室内排水管道是否布置在遇水会引起燃烧、爆炸的原料、产品和变配电设备的上面
53		水管道是否布置在饮食业的主、副食操作烹调的上方
54		发电机房是否设置给水排水设施,是否采用消烟除尘技术。变配电房有电缆地沟的,是否考虑了排水
55		排水系统必须按规范设置检查口和清扫口,餐饮排水管道至少要有一个能在地面清掏管道的地漏或清扫口
56		楼座外地下室降板部位,顶板有反梁处,是否在设计交底时认真核对梁高与排水管线的标高,避免施工后出现问题
57		消防电梯底部是否埋管与消防电梯集水坑连通,消防电梯集水坑压力排水是否单独出户、接入雨水管道(防止污水及臭气污染电梯前)
58		含有粪便等有刺激性气味的集水坑是否有通室外的透气管
59	雨水系统	雨水设计重现期是否合理
60		屋面雨水系统应按规范设置超重现期溢水措施(如溢水口),并把要求提交建筑专业
61		雨篷、阳台、露台、屋面、零星屋面、花池、挑台等所有可能积水的场所均应设置有组织雨水排放措施,且应有方便上人进行维护的通道;有反梁的应设置过水洞,反梁位置及尺寸应在给水排水图中表示
62		长度大于15m的雨水悬吊管,是否设检查口或带法兰盘的三通管

续表

序号	项目	审查内容及依据
63	雨水系统	雨水外排水及内排水立管的位置应与建筑专业会签
64		下沉广场、车库出入口等无法自流的雨水加压系统，雨水加压泵须满足方便检修、供电可靠液位报警等要求
65		在市政雨水管道容易满流的项目，重力雨水宜排至室外散水，压力雨水宜排至室外雨水口
66	消防系统	消火栓系统、喷淋系统水量、水压是否合理，消防分区是否合理
67		消防泵房、消防水池、消防高位水箱、稳压设置是否合理
68		消防水泵接合器是否集中设置，消防报警阀是集中设置在消防泵房或消防报警阀间，消防水力警铃是否设于室外，消防报警阀排水是否是有组织排水
69		公共区域消防管道及消火栓箱是否暗装，且消防管道尽量不设于商户内；车库内消火栓是否避开行车线，其位置不能影响行车及停车
70		寒冷地区不采暖区域（地库、卸货区等）是否采用预作用喷淋系统，消防满水管道及消火栓管道是否采用电伴热保温
71		消防管道阀门设置是否满足分段检修及消防规范要求
72		喷淋系统末端试水是否能够就近接至有组织排水点，且不应明装在厕所的装饰墙面上
73	外线	室外管线是否规划整齐，设计过程中水、电、燃气各专业应密切配合、统一规划
74		是否有管线综合图，图中不应有交叉碰撞等矛盾。室外引入管水表井应绘制大样或选择标准图集
75		室外排水是否充分考虑了安全性，以减少堵塞发生的概率
76		大型餐饮室外隔油池的数量是否满足招商要求的数量
77		检查井、隔油池、化粪池等地下构筑物是否与景观、建筑专业配合，是否依据景观专业提出的装饰要求及做法
78		管线、井位是否有明确的定位、编号
79		给水管线每个支线是否有检修阀门，干线是否有足够的切断阀

5）暖通专业审查要点（表4-7）。

初步设计阶段暖通专业审查一览表　　　　　　表4-7

序号	项目	审查内容及依据
1	设计文件	（1）设计说明书内容有无遗漏； （2）设计图纸是否齐全； （3）说明书及设计图纸表达深度应符合要求

续表

序号	项目	审查内容及依据
2	设计说明	工程的主要概况、功能及建筑面积、层数等是否说明清楚
3	设计说明	工程的设计依据、范围、性质及要求（包括设计中的特殊要求）是否说明清楚，设计参数、冷源、热源参数是否齐全，有无超标设计
4	设计说明	设计参数、冷源、热源参数是否齐全，有无超标设计
5	设计说明	空调系统、采暖系统、通风系统、消防排烟系统等的阐述是否清楚，是否符合强制性规范
6	设计说明	空调、采暖、通风、防排烟等系统对自动控制的要求是否阐述清楚
7	设计说明	是否有人防工程平战用途，即平时采暖、通风、防排烟，战时清洁、过滤式通风设置及其运行转换的说明，要求是否清晰、明确
8	设计说明	设计中采用的图例是否符合国标要求
9	设计说明	使用的计量单位是否统一使用国际单位
10	设计说明	设备材料中材质、数量、参数、编号是否齐全，是否符合国家相关规定，是否符合项目建造标准
11	设计说明	文字是否通顺、准确、有无错漏别字。字形文件是否在电子版文件中
12	施工说明	通风、空调、防排烟及采暖系统安装施工及设备试运转的说明是否符合规范
13	施工说明	风管、水管及设备所用材料、规格是否注明，是否符合项目建造标准
14	施工说明	风管、水管及设备保温的选材规格及保温做法是否说明，是否符合项目建造标准
15	施工说明	各种管道的防腐、标识、试压标准及做法是否说明
16	施工说明	需要特别说明的施工要求及做法是否已说明
17	施工说明	选用国标或地区标准图纸是否列出
18	施工说明	是否有统一图例，统一图例是否完整
19	计算书	采暖、空调负荷计算是否准确，室内外设计温度及各计算系数取值是否合理，是否符合国家节能标准要求
20	计算书	是否有采暖、空调系统管路（平衡）计算表，各计算系数取值是否合理，计算结果是否准确
21	计算书	通风及防排烟计算采用的方法、取值是否正确，是否符合设计规范
22	计算书	设备选择和匹配、计算公式、管道流速选择是否恰当。计算书是否正确、完整
23	计算书	水泵扬程计算是否正确，水泵是否可行
24	计算书	风机、风压、风速的计算，风管的截面和风口及其他通风构件的选择是否恰当
25	平面图	各层平面图上的轴线号、各房间名称、各层标高是否标出，是否与建筑专业图纸一致
26	平面图	采暖平面图是否绘制了管道立管及其编号、散热器及其数量、阀门、伸缩器、固定支架及放气、泄水等装置，管道是否注明管径、标高坡度、坡向等

续表

序号	项目	审查内容及依据
27	平面图	空调平面是否绘出设备、风管平面位置及其定位尺寸；是否标注设备编号或设备名称；消声器、阀门、风口等部件位置、形式要求是否齐全；风管是否注明了断面尺寸、标高要求
28		通风平面是否绘出设备、风管平面位置及其定位尺寸；是否标注设备编号或设备名称；消声器、阀门、风口等部件位置、形式要求是否齐全；风管是否注明了断面尺寸、标高要求
29		管道布置和设备布置是否合理，与各专业管道平面间距是否合理
30		剖面及局部放大点的选择是否适当，有无编号和说明
31		送、回风口的气流方向是否标注齐全
32		空调、送风、排风、正压送风及消防排烟系统有无系统编号，主要设备有无编号，与有关图纸是否一致
33		凝结水管的走向及坡度有无注明，是否妥善接至给水排水专业冷凝水管道
34		所有图例是否与统一图例相符合
35	剖面图	设备、机房、剖面图的数量是否符合制图规定及设计深度要求
36		建筑物的轴线及层高是否标注齐全
37		各种管道与其他工种管道有无碰撞，是否各专业进行了会签
38		设备、风道、管道、阀门、送排风口、消声静压箱等部件的安装高度是否标注（应标出与建筑物各部位相对的高度）
39		剖面图与平面图是否相符，设备编号是否与平面图一致
40	流程图与系统图	采暖系统上是否设有防膨胀泄压用的安全阀、膨胀管（或膨胀罐）、伸缩节、固定支架等附件；是否设有防止和减缓管道和设备结垢、锈蚀的设备装置
41		空调水系统是否注明管道及其部件的管径、标高、坡度、坡向等，是否注明制冷设备名称或编号、安装高度及其接口等
42		通风、空调风系统图是否注明风管尺寸和标高、设备名称或编号及其安装高度，是否注明门、风口形式、位置、规格尺寸和安装高度
43		流程图与系统图的图面是否清晰，与平、剖面图是否一致。设备、阀门、配件有无遗漏
44		设备的编号和管道尺寸与平、剖面图是否相符，有无漏注
45		管道的管径、坡度、坡向是否注明
46		系统的管道标高是否标注清楚，与剖面图是否一致
47		图例与统一图例是否相符
48		围护结构的热工性能和能耗是否符合要求
49		节能计算书的完整性和准确性
50		节能措施、做法、构造是否经济合理、安全可靠
51		节能投资与节能率是否相称

续表

序号	项目	审查内容及依据
52	各专业会审	风道、管道预留洞口是否有在相关专业图纸上标注。特别是在结构图中有无表示，是否正确
53		对照总图和建筑首层平面，检查进排风口的位置是否合理。建筑设计的处理是否合理
54		对照总图和建筑首层平面，检查燃气管线和表箱的位置是否合理。建筑设计的处理是否合理
55		废气、噪声和振动源对建筑物的干扰程度，是否在规范允许范围内
56		建筑外部可见的设备、风道、管道，建筑专业是否进行了妥善处理并得到本公司认可
57		设在外立面的百叶（风口）位置、形式及颜色，建筑专业是否进行了协调处理，并同时在建筑图上表示
58		水电管道是否阻碍了风机盘管送风箱、回风箱的安装
59		管线复杂的位置，是否考虑了各种管道、阀门和桥架安装检修的可能，并提供管线综合图
60	空调系统	是否有通风、空调、制冷机房的平面图、剖面图，机房大小、高度、设备间距、排水的形式、排水点的数量是否满足规范及运行、维护的要求
61		风机盘管安装高度是否方便检修，风机盘管是否带回风箱和回风滤网，水电管道是否阻碍风机盘管送风箱、回风箱的安装
62		是否有采暖水、空调冷/温水、冷却水管道热膨胀量的计算，审查补偿方式是否合理，伸缩补偿器的补偿距离、位置及形式是否合理
63		并联冷却塔集水槽之间是否设置平衡管
64		膨胀水箱连接是否合理，补水管、放空阀、排污等是否齐全，有无遗漏。冬季有防冻要求的管道是否有防冻措施
65		屋顶冷却塔噪声是否对周围建筑产生影响，是否设置集中噪声处理装置
66		商场出入口是否设置冷热风幕，冬季可能冻裂的风幕是否采用电热风幕
67		通风、空调系统设置的调节风阀位置、数量是否满足风量分配的要求
68		新风进风口面积是否满足要求，满足全新风及部分新风的调节措施是否合理、可行
69		人员集中或过渡季使用大量新风的空调区，是否设机械排风设施；机械排风风量、启停方式是否合理
70		全空气系统空气处理机房不应将机房作为回风空间，新风、回风是否接风管至机组
71		直接吊装在空调房间内的空气处理机组，是否设置消声措施；厨房备餐间是否按卫生要求设置了空调，空调形式是否满足厨房后厨区的运行要求
72		大型餐饮后厨区是否预留了设置小型冷库的各专业条件

续表

序号	项目	审查内容及依据
73	空调系统	裙楼或底部小型商业如考虑二次装修时设置分体空调或小型集中空调,是否与建筑专业协调美观问题,并在图纸上标示室外机安装位置。是否根据负荷计算确保室外机安装数量和空间足够
74		公共卫生间空调是否能保证不污染其他区域
75	通风及防排烟	是否有防烟系统图,图中是否标示了工作原理及联动方式,是否标示了正压送风口的安装标高
76		店铺区不满足自然排烟条件要求的内走廊及中庭、影院区、地下车库等是否按照防火分区设置消防排烟及补风系统,各系统的送排风量、排烟口保护距离是否满足规范要求
77		防烟楼梯间、防烟前室及合用前室是否设置机械加压送风系统,送风量、风口形式、数量、大小、风机设置位置是否满足规范要求
78		排烟机的排烟量是否考虑了10%~20%的漏风量;其全压是否满足排烟系统最不利环路的要求,排烟风机选型是否保证在280℃时能连续工作30min
79		排烟风机风量担负两个或两个以上防烟分区排烟时,排烟风机风量是否按最大防烟分区面积每平方米不小于120m³/h的风量计算
80		校核地下车库的排风量计算,避免过大(车库净高超过3m时,按3m计算)
81		所有排烟风机入口是否设有当烟气温度超过280℃时能自动关闭的排烟防火阀
82		通风、空调系统是否设置70℃的防火阀,设置位置是否满足规范要求
83		所有与防排烟系统相关的设备是否接入消防电源及控制系统
84		防排烟系统中补风系统的室外进风口是否布置在室外排烟口的下方,高差及水平距离是否满足规范要求
85		地下室平时排风和消防排烟合用系统,风机是采用离心双速消防专用风机箱,控制方式及配电方式是否满足平时排风与消防排烟的不同要求
86		地下汽车库机械排烟管道是否避开车道靠墙布置以减少压抑感
87		机械通风系统是否采取消声降噪措施,通风是否选用低噪声型风机。机械进、排风口是否合理
88		风机直通大气的进、出口是否设置了防护网,并明确材质、规格
89		厨房操作间是否单独设置排油烟的风道、排风机、补风机及油烟净化设备,是否设置150℃的防火阀,排风口是否上至最高建筑屋顶,金属风道是否采用焊接、土建风道内衬钢板风管
90		不论是否有外窗,公共卫生间是否设置机械通风系统,每个坐便器上方是否设置排风口
91	采暖	采暖供热设备的规格是否合理,选型是否节能减耗
92		换热站泵房的位置是否避开了有防振或有安静要求的房间,是否有减震措施

续表

序号	项目	审查内容及依据
93	采暖	冬季，采暖供热机房外墙是否有结露的可能，有无处理措施；机房值班室的设置是否征得热源供应方的同意；机房门口大小是否满足设备搬运的要求
94	采暖	热计量表（总、单元、每户）的数量、位置、形式是否符合当地政府的要求及热源供应方的要求
95	采暖	采暖分区是否符合规范要求及实际需要，各区减压设置是否合理
96	采暖	采暖系统各并联环路是否进行了水力平衡计算，各热力入口是否设置了热量表、差压或流量调节装置
97	采暖	是否有末端管道热膨胀计算，是否有立管温度方式、补偿距离、补偿器型号、安装要求
98	采暖	采暖立管始末端是否设置调节阀、泄水阀，立管顶端是否设置排气阀
99	采暖	地暖分集水器位置是否与建筑专业会签，口径与路数是否匹配
100	采暖	地暖同一系统各支路长度是否相当，支路数量及长度是否控制在规范规定范围内（不多于8路，长度不大于120m）
101	燃气	明装燃气管道及阀门箱的位置是否与建筑专业协调，隐蔽处理是否得到公司的认可。管道位置是否在建筑图上表现
102	燃气	是否尽量减少室内燃气管道长度，是否尽量减少入户支管沿建筑主要立面外侧敷设的长度
103	燃气	餐饮各用气点燃气管径、预留位置是否得到商业管理部门确认

6）电气专业审查要点（表4-8）。

初步设计阶段强电专业审查一览表　　　　表4-8

序号	项目	审查内容依据
1	设计文件	设计说明书内容有无遗漏、设计图纸是否齐全、说明书及设计图纸表达深度应符合要求
2	设计范围	本专业设计内容以及与其他相关专业的分工说明是否清楚（合同范围包括哪些内容和不包括哪些内容应明确）
3	总平面图	（1）室外管网布置是否合理，布线路由型号、规模选择是否符合相关规范规定； （2）变、配电所及发电机房位置、编号和变压器容量是否标注； （3）图例符号是否注明清楚
3.1	变、配、发电系统	（1）变、配、发电系统图中参数标注是否完善（例如，开关柜编号、型号及回路编号、一次回路设备型号、设备安装容量、计算电流、导体型号规格、用户名称等）； （2）变、配所发电机房设备布置图中主要尺寸是否标注，且是否符合相关规范的要求； （3）变、配所发电机房设备布置与主接线系统连接方式是否一致； （4）重要及复杂项目是否绘制主要干线平面布置图

续表

序号	项目	审查内容依据
3.2	防雷、接地系统	有无建筑物屋面防雷及接地平面图
3.3	弱电系统	（1）有无设计合同涵盖的各子系统的系统图，系统图中主要技术指标是否标注； （2）有无设计合同涵盖的弱电机房的设备布置图，设备布置图中主要尺寸是否标注，且是否符合相关规范的要求
3.4	主要设备表	有无设计合同涵盖的各系统的主要强、弱电机房设备表（表中应注明设备名称、型号、规格、单位、数量）
4	变、配、发电系统	（1）负荷分级是否正确； （2）供电电源电压等级、回路数及容量选择是否正确、经济合理； （3）负荷指标选择、负荷计算及变压器容量的选择及配置是否正确、经济合理； （4）高、低压配电系统主结线方式、继电保护装置设置及操作电源选择是否正确、安全可靠、经济合理； （5）发电机容量是否满足需求，其启动方式选择是否正确； （6）变、配、发电站位置设置是否合理（电源进出线是否方便，供电半径是否满足电压质量和节能要求，发电机进出风口设置是否合理，以及与相关专业的配合是否到位等）； （7）电量计费方式是否符合全国《供电营业规则》及当地供电部门的相应规定及要求； （8）无功补偿容量选择是否合理，补偿后功率因数是否达到《供电营业规则》的要求； （9）电气元件（如断路器、开关、接触器、电容器、电缆、导线、母线等）参数配置标准是否安全可靠、经济合理； （10）电动机的启动和控制方式选择是否正确、安全可靠、经济合理
5	照明系统	（1）设计所采用的照明光源种类及照度标准是否符合国家规范的相关规定，标准掌握是否恰当； （2）照明控制方式是否合理，重要或大型建筑、特殊场所照明控制方式是否有图示表达； （3）室外照明设计是否有所表述（依据建筑性质及所在位置）
6	建筑物防雷及电子信息系统防雷措施	（1）建筑物防雷类别的确定是否符合国家规范及地方法规的相关规定； （2）防雷措施是否与被保护建筑（构筑物）及设备的防雷要求相适应； （3）重要及特殊建筑（构筑物）是否有相关特殊防雷措施； （4）需要进行电子信息系统防雷的建筑物是否进行评估及制定相应措施
7	接地系统	（1）建筑物的各接地系统做法及接地电阻的要求是否正确； （2）总等电位连接、局部等电位连接的措施及要求是否正确； （3）有无特殊场所的接地措施说明，且方法是否正确
8	弱电系统	（1）系统设计功能是否合理，是否符合国家相关法规及地方主管部门相关规定； （2）系统功能描述是否完整，系统配置是否完全、经济、可靠； （3）弱电机房位置设置是否合理，是否符合规范相关规定

4.4.5 施工图设计审查

施工图设计是建筑设计的最后阶段。这一阶段主要是通过图纸把设计者意图和全部设计结果表达出来，主要以图纸的形式提交设计文件成果，使整个设计方案得以实施。施工图设计，一是用于指导施工，二是作为工程预算编制的依据。它的主要任务是满足施工要求，即在初步设计或技术设计的基础上，综合建筑、结构、设备各工种，相互交底、核实核对，深入了解材料供应、施工技术、设备等条件，把满足工程施工的各项具体要求反映在图纸上。施工图设计的内容包括：确定全部工程尺寸和用料，绘制建筑、结构、设备等全部施工图纸，编制工程说明书、结构计算书、预算和全生命周期成本估算。

（1）施工图设计文件编制

施工图设计文件包括合同要求所涉及的所有专业的设计图纸（含图纸目录、说明和必要的设备、材料表等）以及图纸总封面；对于涉及建筑节能设计的专业，其设计说明应有建筑节能设计的专项内容；涉及装配式建筑设计的专业，其设计说明及图纸应有装配式建筑专项设计内容。

在项目施工图设计阶段，全过程工程咨询机构根据批准的初步设计进行编制和交付的设计成果文件，须满足施工招标、施工安装、材料设备订货、非标设备制作、加工及编制施工图预算的要求。施工图设计成果文件如图4-6所示。

（2）施工图设计文件审查

施工图设计阶段，全过程工程咨询单位需要按照有关法律、法规，对施工图涉及公共利益、公众安全和工程建设强制性标准的内容进行的审查。施工图设计审查分为全过程工程咨询机构自行组织的技术性及符合性审查和建设行政主管部门认定的施工图审查机构实施的工程建设强制性标准及其他规定内容的审查，完成审查后的施工图文件应按建设行政主管部门的要求进行备案。

施工图技术性审查应包括以下主要内容：

1）是否符合《工程建设标准强制性条文》和其他有关工程建设强制性标准。
2）地基基础和结构设计等是否安全。
3）是否符合公众利益。
4）施工图是否达到规定的设计深度要求。
5）是否符合作为设计依据的政府有关部门的批准文件要求。

根据《建设工程质量管理条例》和《建设工程勘察设计管理条例》，特制定建筑工程施工图设计文件审查要点一览表如表4-9～表4-13所示。

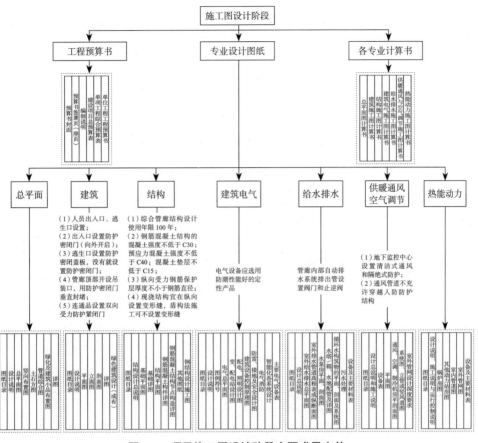

图 4-6 项目施工图设计阶段主要成果文件

1）建筑专业审查要点（表 4-9）

施工图设计阶段结构专业审查一览表　　　　　　表 4-9

序号	项目	审查内容及依据
1.1	编制依据	建设、规划、消防、人防等主管部门对本工程的审批文件是否得到落实，如人防工程平战结合用途及规模、室外出口等是否符合人防批件的规定；现行国家及地方有关本建筑设计的工程建设规范、规程是否齐全、正确，是否为有效版本
1.2	规划要求	建筑工程设计是否符合规划批准的建设用地位置，建筑面积及控制高度是否在规划许可的范围内
1.3		施工图深度
1.3.1	设计说明基本内容	（1）编制依据：主管部门的审批文件、工程建设标准； （2）工程概况：建设地点、用地概貌、建筑面积、设计使用年限、抗震设防烈度、结构类型、建筑布局、建筑层数与高度； （3）主要部位材料做法，如墙体、屋面、门窗等； （4）节能设计

续表

序号	项目	审查内容及依据
1.3.1	设计说明基本内容	（5）防水设计：地下工程防水等级及设防要求、选用防水卷材或涂料材质及厚度、变形缝构造及其他截水、排水措施。屋面防水等级及设防要求、选用防水卷材或涂料材质及厚度、屋面排水方式及雨水管选型；潮湿积水房间楼面、地面防水及墙身防潮材料做法、防渗漏措施； （6）建筑防火：防火分区及安全疏散；消防设施及措施，如墙体、金属承重构件、幕墙、管井、防火门、防火卷帘、消防电梯、消防水池、消防泵房及消防控制中心的设置、构造与防火处理等； （7）人防工程：人防工程所在部位、防护等级、平战用途、防护面积、室内外出入口及进、排风口的布置； （8）室内外装修做法； （9）需由专业部门设计、生产、安装的建筑设备、建筑构件的技术要求，如电梯、自动扶梯、幕墙、天窗等
1.3.2	图纸基本要求	（1）总平面图：标示建设用地范围、道路及建筑红线位置、用地及四邻有关地形、地物、周边市政道路的控制标高；明确新建工程（包括隐蔽工程）的位置及室内外设计标高、场地道路、广场、停车位布置及地面雨水排除方向； （2）平面、立面、剖面图纸完整，表达准确。其中屋顶平面应包含下述内容：屋面检修口、管沟、设备基座及变形缝构造；屋面排水设计、落水口构造及雨水管选型等； （3）关键部位的节点、大样不能遗漏，如楼梯、电梯、汽车坡道、墙身、门窗等。图中楼梯、上人屋面、中庭回廊、低窗等安全防护设施应交代清楚； （4）建筑物中留待专业设计完善的变配电室、锅炉间、热交换间、中水处理间及餐饮厨房等，应提供合理组织流程的条件和必要的辅助设施
1.4	强制性条文	《工程建设标准强制性条文》（房屋建筑部分）2013版中有关建筑设计、建筑防火等建筑专业的强制性条文
1.5		建筑设计内容
1.5.1	室内环境设计	（1）根据《严寒和寒冷地区居住建筑节能设计标准》JGJ 26—2018确定建筑耗热量指标； （2）符合《民用建筑设计统一标准》GB 50352—2019要求，卫生间应有良好的通风、排气，即使有外窗，也应设置排气设施； （3）各类建筑物中重点噪声源，如空调机房、通风机房、电梯井道等的隔声减震措施
1.5.2	防水设计	防水设计包括地下工程、屋面工程、潮湿积水房间的防水、防潮做法三部分。 （1）符合《地下工程防水技术规范》GB 50108—2008中有关地下工程防水卷材及涂料防水层的厚度要求； （2）符合《屋面工程质量验收规范》GB 50207—2012中有关屋面工程防水设计内容，应包括：防水等级、设防要求及选用材料的技术指标； （3）符合《民用建筑设计统一标准》GB 50352—2019中有关屋面排水设计合理性的衡量，如排水是否顺畅，雨水口分布是否均匀，汇水面积与雨水管径是否配套； （4）潮湿积水房间楼面、地面及墙面、顶棚的防水、防潮措施

续表

序号	项目	审查内容及依据
1.5.3	无障碍设计	符合《无障碍设计规范》GB 50763—2012 规定室内外高差较大的建筑不宜采用无台阶入口,如入口只设坡道,坡道坡度应符合最大限值的规定;从三级起,台阶应设扶手。中、高层设残疾人坡道的住宅应保证至各层电梯厅、地下停车库的无障碍通行要求
1.5.4	商店	符合《商店建筑设计规范》JGJ 48—2014 规定
1.5.5	餐饮	符合《饮食建筑设计标准》JGJ 64—2017 规定。厨房应有为工作人员独立设置的交通及卫生设施;未做详细设计的厨房不能遗漏通风、排气设施
1.5.6	停车场	符合《车库建筑设计规范》JGJ 100—2015 规定,汽车库室内最小净高、汽车坡道纵坡、缓坡设置及汽车通道转弯半径应符合规定;楼地面应有排水坡度,并设置相应的排水系统;为减少地下汽车库废气对周边环境的污染,排风口应满足高出地坪的高度要求
1.6		建筑防火内容
1.6.1	多层建筑防火	《建筑设计防火规范》GB 50016—2014(2018 年版)
1.6.2	高层建筑防火	《建筑设计防火规范》GB 50016—2014(2018 年版)
1.6.3	内装修防火	《建筑内部装修设计防火规范》GB 50222—2017
1.6.4	停车场	《汽车库、修车库、停车场设计防火规范》GB 50067—2014
1.6.5	商店	《商店建筑设计规范》JGJ 48—2014

2)结构专业审查要点(表 4-10)。

施工图设计阶段结构专业审查一览表 表 4-10

序号	项目	审查内容及依据
2.1	强制性条文	《工程建设标准强制性条文 房屋建筑部分》2013 年版(具体条款略)
2.2		设计依据
2.2.1	工程建设标准	使用的设计规范、规程,是否适用于本工程,是否为有效版本
2.2.2	建筑抗震设防类别	建筑抗震设计所采用的建筑抗震设防类别,是否符合国家标准《建筑工程抗震设防分类标准》GB 50223—2008 的规定
2.2.3	建筑抗震设计参数	(1)是否正确使用岩土工程勘察报告所提供的岩土参数,是否正确采用岩土工程勘察报告对基础形式、地基处理、防腐蚀措施(地下水有腐蚀性时)等提出的建议并采取了相应措施; (2)建筑抗震设计采用的抗震设防烈度、设计基本地震加速度和所属设计地震分组,是否按《建筑抗震设计规范》GB 50011—2010 附录 A 采用;对已编制抗震设防区划的城市,是否按批准的抗震设防烈度或设计地震参数采用

续表

序号	项目	审查内容及依据
2.2.4	岩土工程勘察报告	（1）是否正确使用岩土工程勘察报告所提供的岩土参数，是否正确采用岩土工程勘察报告对基础形式、地基处理、防腐蚀措施（地下水有腐蚀性时）等提出的建议并采取了相应措施； （2）需考虑地下水位对地下建筑影响的工程，设计及计算所采用的防水设计水位和抗浮设计水位，是否符合《岩土工程勘察报告编制规程》YS/T 5203—2018 所提水位
2.3		结构计算书
2.3.1	软件的适用性	（1）所使用的软件是否通过有关部门的鉴定； （2）计算软件的技术条件是否符合现行工程建设标准的规定，并应阐明其特殊处理的内容和依据
2.3.2	计算书的完整性	结构设计计算书应包括输入的结构总体计算总信息、周期、振型、地震作用、位移、结构平面简图、荷载平面简图、配筋平面简图；地基计算；基础计算；人防计算；挡土墙计算；水池计算；楼梯计算等
2.3.3	计算分析	（1）计算模型的建立，必要的简化计算与处理，是否符合工程的实际情况； （2）所采用软件的计算假定和力学模型是否符合工程实际； （3）复杂结构进行多遇地震作用下的内力和变形分析时，是否采用了不少于两个不同的力学模型的软件进行计算，并对其计算结果进行分析比较； （4）所有计算机计算结果，应经分析判断确认其合理、有效后方可用于工程设计
2.3.4	结构构件及节点	（1）结构构件是否具有足够的承载能力，是否满足《建筑结构荷载规范》GB 50009—2012 第 3.2.2 条、《混凝土结构设计规范》GB 50010—2010 第 3.2.3 条及其他规范、规程中有关承载力极限状态的设计规定； （2）结构连接节点及变截面悬臂构件各截面承载力是否满足规范、规程的要求
2.4	结构设计总说明	着重审查设计依据条件是否正确，结构材料选用、统一构造做法、标准图选用是否正确，对涉及使用、施工等方面需作说明的问题是否已作交代。审查内容一般包括： （1）建筑结构类型及概况，建筑结构安全等级和设计使用年限，建筑抗震设防分类、抗震设防烈度（设计基本地震加速度及设计地震分组）、场地类别和钢筋混凝土结构抗震等级，地基基础设计等级，砌体结构施工质量控制等级，基本雪压和基本风压，地面粗糙度，人防工程抗力等级等； （2）设计 ±0.000 标高所对应的绝对标高、持力层土层类型及承载力特征值，地下水类型及标高、防水设计水位和抗浮设计水位，场地的地震动参数，地基液化及其他不良地质作用，地基土冻结深度等描述是否正确，相应的处理措施是否落实； （3）设计荷载，包括规范未做出具体规定的荷载均应注明使用荷载的标准值； （4）混凝土结构的环境类别、材料选用、强度等级、材料性能（包括钢材强度比等性能指标）和施工质量的特别要求等； （5）受力钢筋混凝土保护层厚度，结构的统一做法和构造要求及标准图选用； （6）建筑物的耐火等级、构件耐火极限、钢结构防火、防腐蚀及施工安装要求等

续表

序号	项目	审查内容及依据
2.5		地基和基础
2.5.1	基础选型与地基处理	（1）基础选型、埋深和布置是否合理，基础底面标高不同或局部未达到勘察报告建议的持力层结构处理措施是否得当； （2）人工地基的处理方案和技术要求是否合理，施工、检测及验收要求是否明确； （3）桩基类型选择、桩的布置、试桩要求、成桩方法、终止沉桩条件、桩的检测及桩基的施工质量验收要求是否明确； （4）是否要进行沉降观测，如要进行观测，沉降观测的措施是否落实，是否正确； （5）深基础施工中是否提出了基础施工中施工单位应注意的安全问题，基坑开挖和工程降水时有无消除对毗邻建筑物的影响及确保边坡稳定的措施； （6）对有液化土层的地基，是否根据建筑的抗震设防类别、地基液化等级，结合具体情况采取了相应的措施；液化土中的桩的配筋范围是否符合《建筑抗震设计规范》GB 50011—2010 第 4.4.5 条的要求
2.5.2	地基和基础设计	（1）地下室顶板和外墙计算，采用的计算简图和荷载取值（包括地下室外墙的地下水压力及地面荷载等）是否符合实际情况，计算方法是否正确；有人防地下室时，要注意审查基础结构是人防荷载控制还是建筑物的荷载控制； （2）存在软弱下卧层时，是否对下卧层进行了强度和变形验算； （3）单桩承载力的确定是否正确，群桩的承载力计算是否正确；桩身混凝土强度是否满足桩的承载力设计要求；当桩周土层产生的沉降超过基桩的沉降时，应根据《建筑桩基技术规范》JGJ 94—2008 第 5.2.14 条考虑桩侧负摩阻力； （4）筏形基础的设计计算方法是否正确，见《建筑地基基础设计规范》GB 50007—2011 第 8.4.10～8.4.13 条； （5）地基承载力及变形计算、桩基沉降验算、高层建筑高层部分与裙房间差异沉降控制和处理是否正确； （6）基础设计（包括桩基承台），除抗弯计算外，是否进行了抗冲切及抗剪切验算以及必要时的局部受压验算
2.6		混凝土结构
2.6.1	结构布置	（1）房屋结构的高度是否在规范、规程规定的最大适用高度以内； （2）结构平面布置是否规则，抗侧力体系布置、刚度、质量分布是否均匀对称；对平面不规则的结构是否采取了有效措施； （3）结构竖向高宽比控制、竖向抗侧力构件的连续性及截面尺寸、结构材料强度等级变化是否合理；对竖向不规则结构是否采取了有效措施； （4）结构伸缩缝、沉降缝、防震缝的设置和构造是否符合规范要求； （5）转换层结构选型是否合理，转换层结构上下层楼板及抗侧力构件是否按规范要求进行了加强； （6）建筑及设备专业对结构的不利影响是否已采取可靠措施； （7）房屋局部采用小型钢网架、钢桁架、钢雨篷等钢结构时，与主体结构的连接应安全可靠，结构计算、构造、加工制作及施工安装应符合规范要求；

续表

序号	项目	审查内容及依据
2.6.1	结构布置	（8）填充墙、女儿墙和其他非结构构件及其与主体结构的连接是否符合规范的规定，是否安全可靠； （9）框架结构抗震设计时，不应采用部分由砌体墙承重的混合形式；框架结构中楼、电梯间及局部出屋顶的电梯机房、楼梯间、水箱间等，应采用框架承重，不得采用砌体墙承重；抗震设计时，高层框架结构不宜采用单跨框架； （10）框架及框架—剪力墙结构应设计成双向抗侧力体系；抗震设计时，框架—剪力墙结构两主轴方向均应布置剪力墙； （11）抗震设计的框架结构中，当仅布置少量钢筋混凝土剪力墙时，其设计计算和抗震构造措施应符合《高层建筑混凝土结构技术规程》JGJ 3—2010 的要求； （12）采用短肢剪力墙结构时，应符合《高层建筑混凝土结构技术规程》JGJ 3—2010 第 7.1.2 条的规定； （13）框架—核心筒结构的周边柱间必须设置框架梁； （14）复杂高层建筑结构的适用范围、结构布置、抗震措施是否符合《高层建筑混凝土结构技术规程》JGJ 3—2010 有关规定
2.6.2	结构计算	（1）结构平面简图和荷载平面简图是否正确； （2）抗震设计时，地震作用计算原则是否符合规范《建筑抗震设计规范》GB 50011—2010 的要求； （3）岩土工程勘察报告是否提供了相关资料，地震波和加速度有效峰值等计算参数的取值是否正确； （4）薄弱层和薄弱部位的判别、验算及加强措施是否正确及有效； （5）转换层上下部结构和转换层结构的计算模型和所采用的软件是否正确；转换层上下层结构侧向刚度比是否符合规范、规程规定；转换层结构（框支梁、柱、落地剪力墙底部加强部位及转换层楼板）的截面尺寸、配筋和构造是否符合规范要求； （6）结构计算的分析判断：结构计算总信息参数输入是否正确，自振周期、振型、楼层侧向刚度比、带转换层结构的等效侧向刚度比、楼层地震剪力系数、有效质量系数等是否在工程设计的正常范围内并符合规范、规程要求
2.6.3	配筋与构造	（1）梁、板、柱和剪力墙的配筋应满足计算结果及规范的配筋构造要求（包括抗震设计时框架梁、柱箍筋加密等）； （2）框架—剪力墙结构的剪力墙，当有边框柱而无边框梁时应设暗梁，当无边框柱时还应设边缘构件； （3）剪力墙厚度及剪力墙和框支剪力墙底部加强部位的确定应符合规范、规程的规定； （4）采用预应力结构时，应遵守有关规范的规定； （5）剪力墙开洞形成独立小墙肢按柱配筋时，其箍筋配置除符合框架柱的要求外，还应符合剪力墙水平筋的配筋要求； （6）楼面梁支承在剪力墙上时，应按《高层建筑混凝土结构技术规程》JGJ 3—2010 节 7.1.7 条的要求采取措施增强剪力墙出平面的抗弯能力；应避免楼面梁垂直支承在无翼墙的剪力墙的端部； （7）剪力墙结构设角窗时，该处 L 形连梁应按双悬挑梁复核，该处墙体和楼板应专门进行加强；

续表

序号	项目	审查内容及依据
2.6.3	配筋与构造	（8）受力预埋件的锚筋、预制构件和电梯机房等处的吊环，严禁使用冷加工钢筋； （9）跨高比不小于5的连梁宜按框架梁进行设计；不宜将楼面主梁支承在剪力墙之间的连梁上； （10）筒体结构的内筒的抗震构造措施是否符合规范、规程的规定； （11）带转换层结构的转换层设置高度、落地剪力墙间距、框支柱与落地剪力墙的间距，是否符合《高层建筑混凝土结构技术规程》JGJ 3—2010 第10.2节的有关规定； （12）结构伸缩缝的最大间距超过规范规定时，是否采取了减少温度作用和混凝土收缩对结构影响的可靠措施
2.6.4	钢筋锚固、连接	混凝土结构构件的钢筋锚固、连接是否满足《混凝土结构设计规范》GB 50010—2010 及其他有关规范、规程中关于钢筋锚固、连接的规定
2.6.5	钢筋混凝土楼盖	钢筋混凝土楼盖中，当梁、板跨度较大，或楼面梁高度较小（包括扁梁），或悬臂构件悬臂长度较大时，除验算其承载力外，应验算其挠度和裂缝是否满足规范的要求
2.6.6	预应力混凝土结构	有抗震设防要求的工程采用部分预应力混凝土结构时，应注意是否符合《混凝土结构设计规范》GB 50010—2010 第11.8.3条~11.8.5条及《建筑抗震设计规范》GB 50011—2010 的规定，并配置了足够数量的非预应力钢筋
2.6.7	耐久性	混凝土结构的耐久性设计是否符合《混凝土结构设计规范》GB 50010—2010 第3.4.1条~3.4.8条的有关规定
2.7		多层砌体结构
2.7.1	结构布置	（1）墙体材料（包括±0.000以下的墙体材料）、房屋总高度、层数、层高、高宽比和横墙最大间距应符合规范要求；墙体材料还应符合工程所在地墙改政策的规定； （2）平面布置宜简单对称，应优先采用横墙承重或纵横墙共同承重方案，墙体构造应满足规范规定； （3）纵横墙上下连续，传力路线应清楚；横墙较少的多层普通砖、多孔砖住宅楼的总高度和层数接近或达到《建筑抗震设计规范》GB 50011—2010 表7.1.2规定限值，加强措施应符合《建筑抗震设计规范》GB 50011—2010 第7.3.14的要求； （4）楼、屋盖与墙体的连接、楼梯间墙体的拉结连接及楼、屋盖圈梁和构造柱（芯柱）的布置应符合规范要求
2.7.2	结构计算	（1）多层砌体房屋的抗震验算和静力计算，应按规范规定进行； （2）抗震设防地区的砌体结构除审查砌体抗剪强度是否满足规范要求外，还要注意审查门窗洞边形成的小墙垛承压强度是否满足规范要求； （3）悬挑结构构件，除进行承载力计算外，还应进行抗倾覆和砌体局部受压承载力验算； （4）应按规范规定验算梁端支承处砌体的局部受压承载力； （5）在墙体中留洞、留槽、预埋管道等使墙体削弱，必要时应验算削弱后的墙体的承载力

续表

序号	项目	审查内容及依据
2.7.3	构造	（1）圈梁、构造柱（芯柱）截面尺寸和配筋构造（包括构造柱箍筋加密、纵筋的搭接和锚固等）应满足规范要求，并在图纸上表示清楚；圈梁兼作过梁时，过梁部分的钢筋（包括箍筋）应按计算用量单独配置； （2）悬挑构件应采取可靠的锚固措施；现浇栏板、檐口等构件及现浇坡屋面，受力应明确，配筋应合理，锚固要可靠；女儿墙等构件选型要合理，构造措施要可靠； （3）按规定在梁支承处砌体中设置混凝土或钢筋混凝土垫块，当墙中设圈梁时，垫块与圈梁宜浇成整体； （4）对混凝土砌块墙体，如未设圈梁或混凝土垫块，在钢筋混凝土梁、板的支承面下，应符合《砌体结构设计规范》GB 50003—2011规定； （5）应正确选用预制构件标准图，预制构件支承部分应满足计算和构造要求； （6）墙梁的材料、计算和构造要求应符合《砌体结构设计规范》GB 50003—2011第7.3节的规定； （7）砌体结构是否根据《砌体结构设计规范》GB 50003—2011第6.3.1～6.3.9条的规定采取了防止或减轻墙体开裂的措施； （8）后砌非承重隔墙、无法分皮错缝搭砌的砌块砌体墙，应按规范要求在水平灰缝中设置钢筋网片； （9）在墙体中留设槽、洞及埋设管道等使墙体削弱时，应严格遵守规范的规定，并采取相应的加强措施
2.8		底部框架砌体结构
2.8.1	结构布置	（1）房屋总高度、层数、层高、高宽比、材料强度等级（墙体材料及混凝土）应符合规范规定； （2）房屋的纵横两个方向，楼层侧向刚度比应符合规范的规定； （3）上部砌体的开洞要求同砌体结构
2.8.2	结构计算	（1）房屋的抗震计算应按规范规定的方法进行； （2）底部框架砌体房屋的地震作用效应按规范要求的方法确定，并按规范的规定进行调整
2.8.3	构造	（1）砌体部分应按砌体房屋结构设计；混凝土结构部分应按混凝土房屋结构设计； （2）底部框架砌体房屋的钢筋混凝土部分，框架和抗震墙的抗震等级，以及相应的抗震措施应符合规范的有关要求； （3）房屋的楼盖、屋盖、托墙梁和抗震墙，其截面尺寸和配筋构造要求应符合规范的规定； （4）房屋过渡层构造柱的设置，上部抗震墙构造柱的设置，圈梁的设置，以及相关的构造要求，应符合规范的规定
2.9	普通钢结构	（1）钢结构设计图中是否注明了所采用的钢材的牌号和质量等级（必要时尚应注明钢材的力学性能和化学成分等附加保证项目）、连接材料型号，以及所要求的焊缝质量等级，是否注明了钢结构的耐火等级、除锈等级及涂装要求； （2）采用的钢材和连接材料的强度设计值是否符合规范规定；

续表

序号	项目	审查内容及依据
2.9	普通钢结构	（3）结构构件或连接计算时，单面连接的单角钢及施工条件较差的高空安装焊缝，是否按规范要求将强度设计值乘以相应的折减系数，见《钢结构设计规范》（附条文说明[另册]）GB 50017—2017第3.2.2条； （4）在建筑物的每一个温度区段内，是否按《钢结构设计规范》（附条文说明[另册]）GB 50017—2017第8.1.4条的要求设立了独立的空间稳定支撑系统； （5）拉弯构件和压弯构件，除强度计算外，还应进行平面内和平面外的稳定性计算； （6）柱脚设计时，不得用柱脚锚栓来承受柱脚底部的水平反力，见《钢结构设计规范》（附条文说明[另册]）GB 50017—2017第8.4.14条； （7）柱脚锚栓埋置在基础中的深度，是否符合《钢结构设计规范》（附条文说明[另册]）GB 50017—2017第8.4.15条的要求； （8）构件拼接时，拼接设计弯矩的取值是否符合《钢结构设计规范》（附条文说明[另册]）GB 50017—2017第9.3.4条的要求； （9）受弯构件设计时，除强度计算外，还应进行局部稳定和整体稳定计算，以及挠度计算，并满足规范的相关规定和构造； （10）受压构件（轴心受压构件和压弯构件）的局部稳定应符合《钢结构设计规范》（附条文说明[另册]）GB 50017—2017的规定； （11）钢管构件应注意钢管外径与壁厚之比及钢管节点的构造是否符合《钢结构设计规范》（附条文说明[另册]）GB 50017—2017第10.0.2条、10.0.3条的要求； （12）钢管结构主管与支管的连接焊缝设计计算和构造要求应符合《钢结构设计规范》（附条文说明[另册]）GB 50017—2017第10.0.5~10.0.7条的规定； （13）钢构件的焊接连接设计中，应注意角焊缝的焊脚尺寸和板件厚度的关系、焊缝长度及节点板的设计计算和构造是否符合规范要求； （14）钢结构（包括薄壁型钢结构、网架结构和高层建筑钢结构等）施工详图是否满足钢结构设计制图深度的要求；如为设计图，则其深度应达到编制施工详图的条件，除设计总说明、布置图、构件截面、节点及构造做法等，还应提供必要的受力构件的内力设计值
2.10	薄壁型钢结构	（1）结构设计图中，是否注明所采用的钢材的牌号和质量等级（必要时尚应注明钢材的力学性能和化学成分等附加保证项目）及连接材料型号，是否注明了钢结构的耐火等级、除锈等级及涂装要求； （2）设计刚架、屋架、檩条和墙梁时，是否考虑由于风吸力作用引起构件内力变化的不利影响（如檩条自由翼缘的稳定性等），此时永久荷载的分项系数应取1.0。天沟及跨度较大、坡度较小的轻钢结构屋面是否考虑了积水荷载，或积灰荷载的作用； （3）采用的钢材和连接材料的强度设计值是否符合规范的规定； （4）结构构件或连接计算时，在《冷弯薄壁型钢结构技术规范》GB 50018—2002第4.2.7条所列举的五种情况下，是否按规范要求对强度设计值乘以相应的折减系数； （5）屋盖是否设置了支撑体系；当支撑为圆钢时，是否设置了拉紧装置

续表

序号	项目	审查内容及依据
2.11	网架结构	（1）网架结构在抗震设防烈度为8度和9度的地区，应按《空间网格结构技术规程》JGJ 7—2010第3.4.1条和3.4.2条的规定分别进行竖向抗震验算和水平抗震验算；网架结构计算时，应考虑实际支座构造的约束影响； （2）网架杆件计算长度和长细比应分别符合《空间网格结构技术规范》JGJ 7—2010第4.1.2条和4.1.3条的规定； （3）空心球节点，空心球的受压和受拉承载力计算应按《空间网格结构技术规范》JGJ 7—2010第4.3.2条的规定进行； （4）螺栓球节点设计（包括采用的高强度螺栓、锥头等）应符合《空间网格结构技术规程》JGJ 7—2010的规定； （5）支座节点的设计应符合《空间网格结构技术规程》JGJ 7—2010的规定； （6）网架结构的材料选用要求，制作和拼装要求，耐火等级、除锈等级、涂装和焊缝质量等级等要求，应遵守《蒸压加气混凝土制品应用技术标准》JGJ/T 17—2020和《空间网格结构技术规程》JGJ 7—2010的有关规定
2.12	高层建筑钢结构	（1）图纸设计总说明中，应注明所采用的钢材的牌号和质量等级以及相应的连接材料的型号，同时还应注明对钢材强屈比、伸长率、可焊性、冷弯试验和冲击韧性等性能的要求，当钢板厚度不小于40mm且承受沿板厚方向的拉力时，钢材厚度方向截面收缩率不应小于《消防通信指挥系统设计规范》GB 50313—2013关于Z15级规定的容许值；也应注明对钢结构的制作、安装、耐火等级、除锈等级及涂装等提出的相应要求； （2）结构的体系和布置是否符合《高层民用建筑钢结构技术规程》JGJ 99—2015及《建筑抗震设计规范》GB 50011—2010第8.1.4～8.1.9条的规定； （3）抗震设计时，钢结构房屋应根据烈度、结构类型和房屋高度，采用不同的地震作用效应调整系数，并采取不同的抗震构造措施，见《建筑抗震设计规范》GB 50011—2010第8.1.3条； （4）抗震验算时，任一楼层的水平地震剪力应符合《建筑抗震设计规范》GB 50011—2010第5.2.5条的规定； （5）结构的层间位移应符合《建筑抗震设计规范》GB 50011—2010表5.5.1或表5.5.5的要求； （6）框架—支撑结构中，框架结构底部总地震剪力，应符合《建筑抗震设计规范》GB 50011—2010第8.2.3条第2款的规定； （7）框架梁和框架柱板件的宽厚比应符合《建筑抗震设计规范》GB 50011—2010第8.3.2条的规定； （8）中心支撑杆件的长细比和支撑杆件板件的宽厚比，非抗震设防时应分别符合《高层民用建筑钢结构技术规程》JGJ 99—2015第6.4.2条和6.4.3条的规定，抗震设防时应符合《建筑抗震设计规范》GB 50011—2010第8.4.2条的规定； （9）框架柱的长细比，非抗震设防时应符合《高层民用建筑钢结构技术规程》JGJ 99—2015第6.3.6条的规定，抗震设防时应符合《建筑抗震设计规范》GB 50011—2010第8.3.1条的规定

续表

序号	项目	审查内容及依据
2.12	高层建筑钢结构	（10）梁柱连接节点处，柱在梁上下翼缘对应位置处应设置水平加劲肋，其稳定性和构造要求应符合《高层民用建筑钢结构技术规程》JGJ 99—2015 第 6.3.5 条、8.3.4 条、8.3.6 条、8.3.7 条和 8.3.8 条的要求，抗震设计时，应符合《建筑抗震设计规范》GB 50011—2010 第 8.3.4 条~8.3.6 条的规定； （11）箱形焊接柱、十字形焊接柱、箱形柱在工地上的焊接接头，其构造要求应符合《高层民用建筑钢结构技术规程》JGJ 99—2015 第 8.4.2 条和 8.4.6 条的规定； （12）埋入式柱脚埋深等构造要求应符合《高层民用建筑钢结构技术规程》JGJ 99—2015 第 8.6.2 条的规定； （13）抗剪支撑节点设计应符合《高层民用建筑钢结构技术规程》JGJ 99—2015 第 8.7.1 条的要求； （14）钢结构组合梁和组合楼板的设计及构造要求应符合《高层民用建筑钢结构技术规程》JGJ 99—2015 第 7.2.14 条等的规定

3）给水排水专业审查要点（表 4-11）

施工图设计阶段给水排水专业审查一览表　　　表 4-11

序号	项目	审查内容及依据
3.1	强制性条文	《工程建设标准强制性条文　房屋建筑部分》2013 年版（具体条款略）
3.2	设计依据	设计采用的设计标准、规范是否正确，是否为现行有效版本
3.3	系统设计总体要求	（1）给水、排水、热水等各系统设计是否合理，设计技术参数是否符合标准、规范要求； （2）是否按消防规范的要求，设置了相应的消火栓、自动喷水、气体消防、水喷雾消防和灭火器等系统和设施，消防水量水压、蓄水池和高位水箱容积等技术参数是否合理； （3）水泵、水处理设备、水加热设备、冷却塔、消防设施等选型是否安全，是否符合系统设计的需要
3.4	给水系统	满足《建筑给水排水设计标准》GB 50015—2019
3.5	排水系统	满足《建筑给水排水设计标准》GB 50015—2019
3.6	消防设计	（1）《建筑设计防火规范》GB 50016—2014； （2）《建筑设计防火规范》GB 50016—2014； （3）《自动喷水灭火系统设计规范》GB 50084—2017； （4）《水喷雾灭火系统设计规范》GB 50219—2014； （5）《汽车库、修车库、停车场设计防火规范》GB 50067—2014
3.7	施工图的设计深度	（1）是否符合《建筑工程设计文件编制深度的规定》； （2）是否叙述室外可以利用的市政给水管根数、管径、压力、或生活、生产、室内外消防给水水源情况； （3）设计总说明中应对高层建筑的分类、多层建筑中生产和储存物品的火灾危险性分类、耐火等级、室内外消防用水量、建筑物的面积和体积等基本情况予以说明

续表

序号	项目	审查内容及依据
3.7	施工图的设计深度	（4）建筑物中餐饮厨房、游泳池、泡沫灭火设施、气体灭火设施等部分，如果甲方另外委托专业设计部门设计，应做到给水、排水或消防给水预留管接头； （5）设备表应按《建筑工程质量管理条例》第二十二条的要求注明设备规格、型号、性能等技术参数和数量，不得指定生产厂或供应商，不得使用淘汰产品； （6）室外给水排水管网图应表明接入市政给水、污水和雨水管道的位置、管径、给水管管顶埋深、排水管管底（或检查井底）标高

4）暖通专业审查要点（表4-12）。

施工图设计阶段暖通专业审查一览表　　表4-12

序号	项目	审查内容及依据
4.1	强制性条文	《工程建设标准强制性条文　房屋建筑部分》2013年版（具体条款略）
4.2	设计依据	设计采用的设计标准、规范是否正确，是否为有效版本
4.3		基础资料
4.3.1	室外气象资料	设计采用的室外气象参数等基础资料是否正确可靠
4.3.2	室内设计标准	设计采用的室内设计标准是否满足相应规范和使用要求
4.3.3	建筑热工计算	居住建筑（住宅、公寓、单宿、托幼、旅馆、医院病房等）的围护结构应满足《严寒和寒冷地区居住建筑节能设计标准》JGJ 26—2018的要求和各地区相关细则
4.4		防排烟
4.4.1	高层建筑	《建筑设计防火规范》GB 50016—2014 （1）一类高层建筑和建筑高度超过32m的二类高层建筑的内走廊、无窗房间、中庭等按第8.4.1条、第8.4.2条规定设置排烟设施； （2）设置机械排烟的地室，应同时设置送风系统，按第8.4.11条规定，送风量不宜小于排烟量的50%
4.4.2	人防地下室	《人民防空工程设计防火规范》GB 50098—2009 第6.2.1条规定，防烟楼梯间送风余压值不应小于50Pa，前室或合用前室送风余压值不应小于25Pa。防烟楼梯间的机械加压送风量不应小于25000m³/h。当防烟楼梯间与前室或合用前室分别送风时，防烟楼梯间的送风量不应小于16000m³/h，前室或合用前室的送风量不应小于12000m³/h 注：人防工程防火规范强制性条文见《工程建设标准强制性条文　人防工程部分》
4.4.3	地下汽车库	《汽车库、修车库、停车场设计防火规范》GB 50067—2014 （1）第8.2.1条规定，面积超过2000m²的地下汽车库应设置机械排烟系统； （2）第8.2.4条规定，风机排烟量应按换气次数不小于6次/h计算确定

续表

序号	项目	审查内容及依据
4.5	通风、空调系统的防火措施	《洁净厂房设计规范》GB 50073—2013 （1）第 6.6.2 条规定，下列情况之一的通风、净化空调系统的风管应设防火阀：风管穿越防火分区的隔墙处，穿越变形缝的防火墙的两侧；风管穿越通风、空气调节机房的隔墙和楼板处；垂直风管与每层水平风管交接的水平管段上； （2）第 6.6.6 条规定，风管、附件及辅助材料的选择应符合下列要求：净化空调系统、排风系统的风管应采用不燃材料，排除腐蚀性气体的风管应采用耐腐蚀的难燃材料；附件、保温材料、消声材料和胶粘剂等均采用不燃材料或难燃材料
4.6		环保与卫生
4.6.1	地下汽车库换气	《车库建筑设计规范》JGJ 100—2017
4.6.2	饮食建筑油烟排放	《饮食业油烟排放标准》GB 18483—2001
4.6.3	环境噪声控制	《声环境质量标准》GB 3096—2008
4.6.4	降低设备噪声的措施	《民用建筑供暖通风与空气调节设计规范》GB 50736—2012
4.7		施工图的设计深度
4.7.1	设计说明	（1）是否有明确的设计依据； （2）是否有室内外设计参数、设计标准的说明； （3）是否有采暖、空调、冷热源及其参数的说明； （4）是否有采暖、空调总冷热负荷的说明； （5）是否有采暖系统形式，住宅采暖分户热计量及分室温控、散热器及管材选择的说明。塑料类管材应有根据使用等级确定的管材及其壁厚； （6）是否有空调系统形式及控制要求的说明； （7）是否有消防排烟设置的说明； （8）是否有人防工程平战用途，平时采暖、通风、防排烟和战时清洁、过滤式通风设置及其运行转换的说明； （9）是否有关于环保和节能设计的说明； （10）有关施工安装特殊要求的说明
4.7.2	平面图	（1）采暖平面图是否绘出管道及其编号、散热器及其数量、阀门、伸缩器、固定支架及放气泄水等装置。管道应注明管径，无系统图或立管图时注明标高、坡度、坡向等； （2）通风、空调平面是否绘出设备、风管平面位置及其定位尺寸，标注设备编号或设备名称，绘出消声器、阀门、风口等部件位置。风管注明风管尺寸，无系统或剖面图时注明标高； （3）采暖热力入口是否注明建筑物热负荷、系统阻力及入口作法； （4）集中供热的地板辐射采暖系统必须绘制出公用立管和户内集分水器的位置及连接管道，并注明每个房间的建筑热负荷，室内管道敷设图纸可后发； （5）采用电采暖的采暖平面图中，应注明每个房间的建筑热负荷

续表

序号	项目	审查内容及依据
4.7.3	通风、空调剖面图	（1）是否注明设备、管道的标高及其与地面和土建梁柱关系尺寸； （2）是否说明通风、空调设备接管尺寸及标高
4.7.4	系统图、立管图	（1）简单的采暖、通风与空调系统在绘制的平面图上注明安装标高，能满足施工要求时，可不审查剖面图、立管图； （2）多层、高层建筑集中采暖系统的系统图或立管图是否注明立管编号、管径、标高、坡度、坡向和伸缩器、固定支架； （3）空调水系统是否注明管道及其部件的管径、标高、坡度、坡向等，是否注明制冷设备名称或编号、安装高度及其接口等； （4）通风、空调风系统图是否注明风管尺寸和标高、设备名称或编号及其安装高度，是否注明消声器、阀门风口位置、规格尺寸和安装高度
4.7.5	设备表	审查其是否按《建筑工程质量管理条例》第二十二条的要求注明设备规格、型号、性能等技术参数和数量。不得指定生产厂或供应商。不得使用淘汰产品

5）电气专业审查点（表4-13）。

施工图设计阶段建筑电气专业审查一览表　　　　表4-13

序号	项目	审查内容及依据
5.1	强制性条文	《工程建设标准强制性条文　房屋建筑部分》2013（具体条款略）
5.2	设计依据	所采用的设计标准是否正确，是否为现行有效版本，是否符合本工程实际
5.3	供配电系统	
5.3.1	变配电室	（1）变电所的位置选择应符合《20kV及以下变电所设计规范》GB 50053—2013第2.0.1条等的要求； （2）高压配电室与值班室应直通或经过通道相通，值班室应有直接通向户外或通向走道的门（《20kV及以下变电所设计规范》GB 50053—2013第4.1.6条）； （3）设置于变电所内的非封闭式干式变压器，应设safe高度不低于1.7m的固定遮拦，遮拦网孔不应大于40mm×40mm。变压器的外壳与遮拦的净距离不宜小于0.6m，变压器之间的净距不应小于1.0m（《20kV及以下变电所设计规范》GB 50053—2013第4.2.5条）； （4）可燃油浸变压器外壳与变压器室墙壁和门的最小净距；高低压配电室内各种通道的最小宽度，应满足《20kV及以下变电所设计规范》GB 50053—2013第4.2.4条、4.2.7条及4.2.9条的要求； （5）电容器装置的开关设备及导体等载流部分的长期允许电流，高压电容器不应小于电容器额定电流的1.35倍，低压电容器不应小于电容器额定电流的1.5倍（《20kV及以下变电所设计规范》GB 50053—2013第5.1.2条）； （6）在配电室内裸导体正上方，不应布置灯具和明敷设线路。当在配电室内裸导体正上方布置灯具时，灯具与裸导体的水平净距不应小于1.0m，灯具不得采用吊链和软线吊装（《20kV及以下变电所设计规范》GB 50053—2013第6.4.3条）
5.3.2	供配电	（1）负荷计算的内容和计算方法，是否符合《民用建筑电气设计标准》GB 51348—2019的相关规定； （2）所选电器的额定电压、额定电流、额定频率、变电所低压配电柜出线开关遮断能力是否符合《低压配电设计规范》GB 50054—2011第2.1.1条规定

续表

序号	项目	审查内容及依据
5.3.2	供配电	（3）配电系统保护配合是否具有选择性（《低压配电设计规范》GB 50054—2011 第 4.1.2 条）； （4）电气导体截面的选择及线路过载保护是否满足《低压配电设计规范》GB 50054—2011 中第 2.2.6 条、2.2.7 条、4.3.4 条的要求；是否考虑了敷设环境、环境温度及敷设方式的修正系数； （5）保护线（PE 线）最小截面，应符合《低压配电设计规范》GB 50054—2011 第 2.2.9 及 2.2.10 条的规定； （6）线路保护电器的安装位置，是否符合《低压配电设计规范》GB 50054—2011 第 4.5.2 条的规定； （7）由建筑物外引入的低压配电线路，应在室内靠近进线点便于操作维护的地方装设隔离电器（《供配电系统设计规范》GB 50052—2009 第 6.0.10 条）
5.4	防火	（1）消防供用电设备及供电可靠性应满足《低压配电设计规范》GB 50054—2011 第 4.3.5 及《通用用电设备配电设计规范》GB 50055—2011 第 2.4.6 条的要求； （2）消防水泵、防烟和排烟风机的控制设备，当采用总线编码模块控制时，还应在消防控制室设置手动直接控制装置（《火灾自动报警系统设计规范》GB 50116—2013 第 5.3.2 条）； （3）消防联动控制有关部位的非消防电源是否具有联动切断条件（《火灾自动报警系统设计规范》GB 50116—2013 第 6.3.1.8 条）； （4）疏散指示灯指示方向要正确。设置位置应能正确引导人员快速短距离撤离建筑物； （5）应急照明灯具（带蓄电池）的电源，是否满足《民用建筑电气设计标准》GB 51348—2019 要求； （6）火灾探测器的选型、设置、消防控制设备的功能、联动控制对象，应符合《火灾自动报警系统设计规范》GB 50116—2013 中的有关章节的规定
5.5	防雷及接地	（1）建筑物的防直击雷、防侧击雷、防雷击电磁脉冲及防雷电波侵入措施是否符合规范相关条文的要求； （2）有关防雷接地及建筑电气系统的工作接地和安全接地电阻值是否符合有关规定； （3）通信网络系统、办公自动化系统、建筑设备监控系统、火灾自动报警系统、安全防范系统、综合布线系统的接地，应符合《智能建筑设计标准》GB/T 50314—2015 第 10.2.6 条，《民用闭路监视电视系统工程技术规范》GB 50198—2011 第 2.5.3 条、2.5.4 条、2.5.8 条及《综合布线系统工程设计规范》GB 50311—2016 第 11.0.4 条、11.0.10 条的要求； （4）智能化系统设备的供电系统应采取过电压保护（《智能建筑设计标准》GB 50314—2015 第 10.2.7 条）； （5）电气装置和用电设备，应考虑房间可接触电保护
5.6	施工图的设计深度	（1）是否符合《建筑工程设计文件编制深度的规定》； （2）设计说明和施工图是否完整； （3）工程总负荷计算和分路负荷计算，应包括设备容量、需用系数、计算容量、功率因数、计算电流； （4）末端系统应注明用途和容量
5.7	其他	是否按《建设工程质量管理条例》注明设备规格、型号、性能等技术参数与数量，但不得指定制造商和供应商

4.4.6 设计要点审查

商业综合体的规划设计工作分为概念方案阶段、方案设计阶段、初步设计阶段、施工图设计阶段、实施阶段和营运阶段。全过程咨询单位作为商业产品的使用者和管理者，参与规划的目的和任务就在于对项目从使用功能的实现和后期运营效果的预期上实施专业把控（表4-14）。

设计阶段设计要点审查一览表　　　　表4-14

序号	评审点	评审内容
1	业态定位	审查主要业态类型的布局及面积配置、零售业态经营档次和组合方式，以及大系统划分方式
2	业态配比	合理进行零售与非零售之间的面积分配。一般购物45%～60%、餐饮15%～30%、娱乐10%～20%、休闲10%～15%、配套5%～10%
3	主力店规划	审查主力店的布局是否合理，步行街商铺是否整体连贯，主力店的开口数量是否适当。零售、餐饮、娱乐和其他等功能分区要符合合理的商业布局
4	业态楼层规划	餐饮、娱乐、商业、超市、影院符合合理的楼层规划
5	商铺设计	商铺的交付标准，审查有特殊要求的战略合作伙伴的商铺和其他商铺以及公共区域交付标准
6	道路交通	考虑周边道路现状及远期规划要求，与城市交通节点如地铁、公交站、人行天桥、路口等是否有效连接
7	车辆出入口	出入口的数量合理，位置与客流动线相匹配
8	地下停车场	人、车、货流动线明晰，避免交叉，具备智能收费管理系统
9	消防流线	消防规范允许的情况尽量减少消防疏散通道数量，并且尽量减少占用步行街的商铺位置
10	水平流线	应简明、无死角，避免顾客走回头路；有利于最大限度地吸引人流，使店价值最大化
11	电梯扶梯	扶梯洞口周围空隙须安装保护措施，步行街内的扶梯必须有一部通地下停车场以便将人流直接引入步行街。扶梯应设置光感变频装置且避免对商铺运营造成影响
12	观光梯	步行街中厅设置，可以到达地下停车场以保证垂直客流动线的完整
13	货梯	货梯对应的地下卸货区的位置必须考虑与地下停车场出入口的关系
14	货物通道	商户货物和垃圾运输，应在商铺背街的一面设立专用货运通道，以避免货运对环境和顾客造成影响
15	外立面设计	设计大气、易于辨识、凸显商业氛围、具有独特立面的造型
16	景观风格	建筑的风格保持协调，通常商业以简约时尚、现代潮流为主要原则
17	景观照明	满足商业需要的基础上兼顾节能，明确灯具类型以及功率
18	景观小品	小品设计巧妙和谐，对客流动线无不良影响
19	休闲设施	廊道按适当的间隔距离设置休息区，以休闲座椅和景观小品配合为主

4.5 目标管理

4.5.1 设计阶段质量管理

设计是工程建设质量的基础保证,也是决定工程质量的关键因素。加强设计质量管理,提高建筑设计水平,使工程建设项目达到技术先进、经济适用、安全可靠、资源节约、降低成本、质量优良、和谐美观的综合效果。

(1)设计质量管理目标

1)建筑造型、使用功能及设计标准满足《设计任务书》的要求;

2)结构安全可靠;

3)符合城市规划、有关政府部门要求;

4)有关设计规范的要求;

5)以人为本的设计思想。

(2)项目设计质量管理的依据

1)有关工程建设及质量管理方面的法律法规,如有关城市规划、建设用地、市政管理、环境保护、"三废"治理、建设项目质量监督等方面的法律、法规;

2)有关工程建设的技术标准,如各种设计规范、规程、标准、设计参数的定额指标等;

3)项目可行性研究报告、项目评估报告及选址报告;

4)体现委托方建设意图的设计任务书、设计规划大纲、设计纲要和设计合同等;

5)反映项目建设中和建成后所需要的有关技术、资源、经济等方面的协议、数据和资料。

(3)设计质量管理任务

审核招标文件和合同文件中有关质量管理的条款,并策划设计总质量目标,项目设计各阶段质量管理的主要任务划分如表4-15所示。

设计各阶段质量管理任务　　　　表4-15

阶段		质量管理任务
设计阶段	方案设计阶段	(1)编制方案设计任务书中有关质量管理的内容; (2)组织专家对设计方案进行评审并协助委托方选定设计方案; (3)审核设计方案是否满足国家及委托方的质量要求和标准; (4)从质量管理角度提出方案优化意见

续表

阶段		质量管理任务
设计阶段	方案设计阶段	（5）审核设计优化方案是否满足规划及其他规范要求； （6）组织专家对优化设计方案进行评审； （7）在方案设计阶段进行协调，督促设计单位完成设计工作； （8）编制本阶段质量控制总结报告
	初步设计阶段	（1）编制初步设计任务书中有关质量管理的内容； （2）审核初步设计是否满足国家及委托方的质量要求和标准； （3）对重要专业问题组织专家论证，提出咨询报告； （4）组织专家对初步设计进行评审； （5）分析初步设计对质量目标的风险，并提出风险管理的对策与建议； （6）若有必要，组织专家对结构方案进行分析论证； （7）对智能化总体方案进行专题论证及技术经济分析； （8）对建筑设备系统技术经济等进行分析、论证，突出咨询意见； （9）审核各专业工种设计是否符合规范要求； （10）审核各特殊工艺设计、设备选型，提出合理化建议； （11）进行设计协调，督促设计单位完成设计工作； （12）审核初步设计概算，使之符合立项时的投资要求； （13）编制本阶段质量控制总结报告
	施工图设计阶段	（1）在施工图设计阶段进行设计协调，跟踪审核设计图，发现图中的问题，及时向设计单位提出，督促设计单位完成设计工作； （2）审核施工图设计与说明是否与初步设计要求一致，是否符合国家有关设计规范中关于设计质量的要求，并根据需要提出修改意见，确保设计质量达到设计合同要求及获得政府有关部门审查通过； （3）审核施工图设计是否有足够的深度，是否满足施工招标及施工操作要求，确保施工进度计划顺利进行； （4）审核各专业设计的施工图纸是否符合设计任务书的要求，是否符合规范及政府有关规定的要求，是否满足材料设备采购及施工的要求； （5）对项目所采用的主要设备、材料充分了解其用途，并作出市场调查报告；对设备、材料的选用提出咨询报告，在满足功能要求的条件下，尽可能降低工程成本； （6）控制设计变更质量，按规定的管理程序办理变更手续； （7）审核施工图预算，必须满足投资要求； （8）编制施工图设计阶段质量管理总结报告
	专项设计及深化设计阶段	（1）编制专项设计及深化设计任务书，明确委托方需求、设计总包配合要求、专项设计及深化设计技术标准、完成的设计成果内容，要求专项设计及深化设计人员严格按照这些规定编制设计文件； （2）根据设计任务书，编制专项设计及深化设计的设计方案及质量计划书； （3）加强专项设计及深化设计过程的沟通与交流，各方及时提交设计输入数据； （4）专项设计及深化设计应履行完善的签字、盖章等手续的出图程序

4.5.2 设计阶段进度管理

设计阶段进度控制的主要任务是出图控制，也就是通过采取有效措施使工程设计者如期完成初步设计、施工图设计等各阶段的设计工作，并提交相应的设计图纸及说明。因此，业主要审核设计单位的进度计划和各专业的出图计划，并在设计实施过程中，跟踪检查这些计划的执行情况，要密切注意各设计条件交接是否按设计计划的安排如期完成，如果某一专业不能按期提出条件，必然影响其他专业的下一步工作，从而影响整个设计进度。同时，要定期将实际进度与计划进度进行比较，进而纠正或修订进度计划。设计进度管理的依据主要有：

1）项目建议书及可行性研究报告；

2）设计任务书、设计合同等；

3）总工期进度计划、设计进度计划。

审核招标文件和合同文件中有关进度管理的条款，并策划设计总进度目标，设计各阶段进度管理的任务规划，如表 4-16 所示。

设计阶段进度管理的方法是规划、控制和协调。规划是指编制、确定项目设

设计各阶段进度管理的主要任务 表 4-16

阶段		进度管理任务
设计阶段	方案设计阶段	（1）编制设计方案进度计划并监督其执行； （2）审核方案设计文件，结合委托方的设计要求提出优化意见； （3）比较进度计划值与实际值，编制本阶段进度管理报表和报告； （4）编制本阶段进度管理总结报告
	初步设计阶段	（1）确定初步设计阶段进度目标； （2）审核设计单位提出的设计进度计划并监督其执行，避免发生因设计单位进度推迟而造成的施工单位索赔； （3）比较进度计划值与实际值，编制本阶段进度管理报表和报告； （4）过程跟踪设计进度，监控各设计专业的配合情况，确保按计划出图； （5）编制本阶段进度管理总结报告
	施工图设计阶段	（1）确定施工图设计进度目标，审核设计单位的出图计划； （2）编制甲供材料、设备的采购计划，在设计单位的协助下编制各材料、设备技术标准； （3）及时对设计文件进行审定并做出决策； （4）比较进度计划值与实际值，提交各种进度管理报表和报告； （5）注意设计过程的配合问题，确保按时出图。控制设计变更及其审查批准实施的时间； （6）编制施工图设计阶段进度管理的总结报告
专项设计及深化设计阶段		为了保证设计的正常进度，须由设计总包编制设计总进度计划，并将专项设计及深化设计纳入其出图计划中。 （1）经委托方审核、批准后的设计总进度计划应下达给各专项设计及深化设计单位；各专项设计及深化设计单位必须严格执行设计总包的出图计划，并提交各自的进度报告； （2）总承包单位应进行对口督促和检查，如出现异常需要查明原因并提出解决办法，及时调整落实出图计划； （3）监督专项及深化设计的实际进度，确保按计划出图

计阶段总进度规划和分进度目标；控制是指在设计阶段，比较计划进度与实际进度的偏差，及时采取纠偏措施；协调是指协调各参与单位之间的进度关系。

全过程工程咨询单位应针对项目编制设计总进度目标，明确各阶段设计成果交付时间，相应的设备、材料招标建议计划，并提前确定设计中所涉及材料、设备的技术要求和标准。设计单位应据此完成设计文件交付，设计图纸交付计划必须满足施工进度计划要求和主要设备和材料的订货要求，总承包单位应充分考虑各设计单位、各专业之间的接口配合要求和时间，及时组织设计联络会，保证设计进度。

1）注重多界面协调，制订统一的项目编码系统，将项目各参与方的进度纳入统一的编码系统管理，通过统一检测、汇总及统一进度报告，对项目进度实施多界面的一体化管理；

2）实行计划的分级管理，凡涉及计划修改与变动的任何里程碑性的建议，都必须获得委托方的同意和批准，否则不可调整；

3）强调计划及协调的重要性，注重事前计划和过程协调，确保进度目标实现；

4）设置主要控制点，包括：①方案、初步设计、施工图文件提交时间；②各阶段设计文件内部审查、确认时间；③政府相关机构报建审批完成时间；④关键设备和材料采购文件的技术标准的提交时间（图4-7）。

4.5.3 设计阶段投资管理

建设工程造价的控制，就是在投资决策阶段、设计阶段、建设项目发包阶段和建设实施阶段，把建设工程造价的发生控制在批准的造价限额以内，随时纠正发生的偏差，以保证项目管理目标的实现，以及在各个建设项目中能合理使用人力、物力、财力，取得较好的投资效益和社会效益。工程的不同阶段，造价控制工作的重点和效果是不同的，它们对整个项目造价的影响分别为：投资决策阶段75%~95%；设计阶段35%~75%；施工阶段5%~35%；竣工决算阶段0~5%。显然，经过决策阶段以后的总承包工程，设计阶段成为工程建设投资控制的关键，它对于项目的建设工期、工程造价、质量以及在建成以后能否获得较好的经济效果起着决定性的作用。设计投资管理的依据主要有：

1）设计合同、设计任务书；

2）经批准的项目建议书及可行性研究报告；

3）经批准的投资估算、设计概算以及施工图预算。

审核招标文件和合同文件中有关投资管理的条款，并策划设计总投资目标，设计各阶段投资管理规划如表4-17所示。

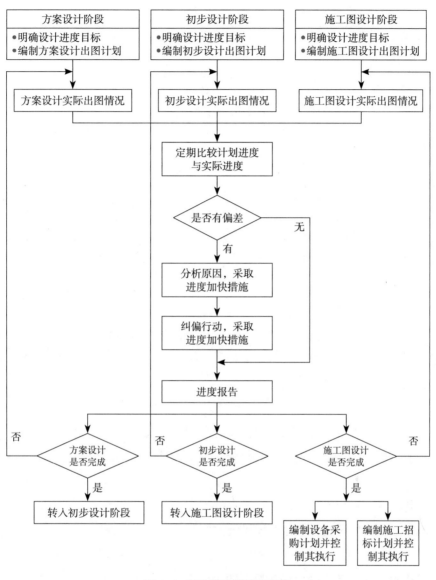

图 4-7 设计进度管理流程图

设计各阶段投资管理规划表 表 4-17

阶段		投资管理任务
设计阶段	方案设计阶段	（1）编制设计方案任务书中有关投资管理的内容； （2）对设计单位方案设计文件提出关于投资管理的优化意见； （3）根据设计方案优化意见编制项目总投资修正估算； （4）编制方案设计阶段资金使用计划并控制其执行； （5）比较修正投资估算与投资估算，编制各种投资管理报表和报告

续表

阶段		投资管理任务
设计阶段	初步设计阶段	（1）编制、审核初步设计任务书中有关投资管理的内容； （2）审核项目设计总概算，并控制在总投资计划范围内； （3）采用价值工程方法，控制节约投资的可能性； （4）编制本阶段资金使用计划并控制其执行； （5）比较设计概算与修正投资估算，编制各种投资管理报表和报告
	施工图设计阶段	（1）编制、审核施工图设计任务书中有关投资管理的内容； （2）根据批准的总投资概算，修正总投资规划，提出施工图设计的投资管理目标； （3）编制施工图设计阶段资金使用计划并控制其执行，必要时对上述计划提出调整建议； （4）跟踪审核施工图设计成果，对设计从施工、材料、设备等多方面做必要的市场调查和技术经济论证，并做出咨询报告，如发现设计可能会突破投资目标，则协助设计人员提出解决办法； （5）审核施工图预算，如有必要调整总投资计划，采用价值工程的方法，在充分考虑满足项目功能的条件下进一步挖掘节约投资的可能性； （6）控制设计变更，注意审核设计变更的结构安全性、经济性等； （7）审核和处理设计过程中出现的索赔和与资金有关的事宜
	专项设计及深化设计阶段	应将专业及深化图设计的投资管理纳入设计投资管理中，并引入"限额设计、标准设计"等思想

设计阶段的投资管理应引入限额设计的理念，加强审查力度、加强对设计单位的有效监控，重点对建设项目的投资估算、设计概算的内容进行审查。设计阶段投资管理的重点有：

1）设计任务书应全面反映委托方的需求，确定设计标准及工程所需材料、设备的标准，以便于设计单位开展设计；

2）方案优化工作是设计阶段控制投资的关键。总承包单位应要求设计人员克服重技术、轻经济、设计保守浪费的倾向，要求造价人员应具备必要的专业知识，了解设计意图，熟悉工艺技术方案，用动态分析的方法进行多方案技术经济比较，以节约工程投资；

3）做好勘察工作，挖掘地基潜力，减少不必要的投资。总承包单位应邀请专家会同设计人员对基础选型进行分析研究，充分挖掘地基潜力，选用最佳基础设计方案，减少不必要的投资；

4）各专业设计人员应掌握设计任务书的设计原则、建设方针、各项经济指标，做好关键设备、工艺流程、总图方案的比选，力争满足委托方建设需求；

5）进行项目投资分析。将项目的投资计划分解至各专业设计工作，以指导

各专业设计工作的开展;

6)推行限额设计。设计过程中要积极推行限额设计,明确限额目标,实现工序管理,使限额设计贯穿于可行性研究、初步设计、技术设计以及施工图设计等各阶段;

7)推广标准设计。标准设计是指根据共同条件和按照通用原则编制的、经过一定程序批准的、可供设计单位重复使用的、既优质又经济的一套成果;

8)审查设计概算。重点审查设计概算是否在批准的投资估算内,若概算超过估算,应找出原因,修改设计,调整概算;

9)推行设计收费与工程设计成本节约相结合的办法,制定设计奖惩制度,对节约成本设计者给予一定比例的奖励,从而鼓励设计者寻求最佳设计方案,防止不顾成本、随意加大安全系数等现象的发生;

10)加强设计变更管理,规范设计变更制度和现场签证的程序;

11)提高设计人员的责任心,减少设计失误,避免"错、漏、碰、缺"问题的出现;

12)加强对各阶段设计文件的审查工作。检查设计是否符合有关规定及标准,审查设计采用的新材料、新技术、新工艺是否符合规范要求,并对其可靠性、安全性、经济性做出分析。

设计过程的投资管理工作不单纯是技术方面的工作,也不单纯是项目经济方面的工作,而是包括组织措施、经济措施、技术措施、合同措施在内的一项综合性工作。设计过程投资控制的方法如图4-8所示。

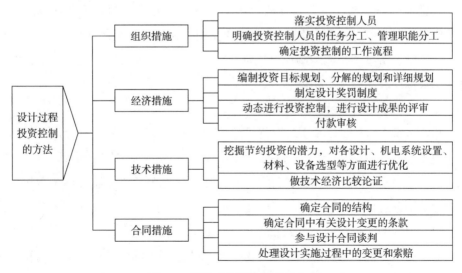

图4-8 设计过程投资管理的方法

4.6 管控措施

4.6.1 限额设计应用

限额设计是指根据项目的工艺技术要求、项目的功能、技术水平等，按照批准的可行性研究报告中的投资限额进行初步设计，按照批准的初步设计概算进行施工图设计，按照施工图预算造价（当超过概算时）对施工图设计中相关专业设计文件修改调整的过程。限额设计的控制过程是合理确定项目投资限额、科学分解投资目标、进行分目标的设计实施、设计实施的跟踪检查、检查信息反馈用于再控制的循环过程。限额设计的应用贯穿于项目建设的全过程（图4-9）。

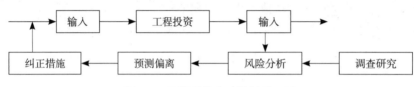

图4-9 限额设计主动控制原理图

（1）合理确定项目投资限额

鉴于经审批的设计任务书中的项目总投资额，即为进行限额设计控制项目造价的主要依据，而设计任务书中的项目总投资额又是根据审批的项目可行性研究报告中的投资估算额下达的，提高项目可行性研究报告中投资估算的科学性、准确性、可信性，便成为合理确定项目投资限额的重要环节。为适应推行限额设计的要求，应适当加深项目可行性研究报告的深度，并维护项目投资估算的严肃性；使投资估算真正起到控制项目造价的作用。为此，在编制项目投资估算时，要做到科学、实事求是地编制项目投资估算，使项目的投资限额与单项工程的数量、建筑标准、功能水平相协调。

（2）科学分配初步设计的投资限额

专业咨询工程师（设计）在进行设计以前，总咨询师应将项目设计任务书中规定的建设方针、设计原则、各项技术经济指标等向专业咨询工程师（设计）交底，并将设计任务与规定的投资限额分工程分专业下达到专业咨询工程师（设计），亦即将设计任务书中规定的投资限额分配到各单项工程和单位工程，作为进行初步设计的造价控制目标或投资限额，并要求各专业设计人员认真研究实现投资限额的可行性，对项目的总图方案、工艺流程、关键设备、主要建筑和各种费用指标提出方案比选，做出投资限额的决定。

（3）根据投资限额进行初步设计

初步设计开始时，总咨询师应将可行性研究报告的设计原则、建设方针、建设标准和各项经济控制指标向专业咨询工程师（设计）交底，对关键设备、工艺流程、主要建筑和各种费用指标提出技术方案比较，研究实现可行性研究报告中投资限额的可行性，将设计任务和投资限额分专业同时下达，促使专业咨询工程师（设计）进行多方案比选。并以单位工程为考核单元，事先做好专业内部的平衡调整，提出节约投资的措施，力求在不降低可行性研究报告中确定的建设标准的基础上，将工程量和工程造价控制在限额内。对由于初步设计阶段的主要设计方案与可行性研究阶段的假设设计方案相比较发生重大变化所增加的投资，应进一步优化方案，同时利用价值工程进行分析，确定投资增加的有效性和可行性，在不影响投资人资金安排的前提下，报总咨询师批准后，才可调整工程概算。

（4）合理分配施工图设计的造价限额

经审查批准的建设项目或单项工程初步设计及初步设计概算，应作为施工图设计的造价控制限额。专业咨询工程师（设计）把概算限额分配给各单位工程各专业设计上作为其造价控制额，使之在造价控制额内进行设计优化和施工图设计。

（5）限额设计流程

限额设计的流程实际就是建设项目投资目标管理的过程，即目标分解与计划、目标实施、目标实施检查、信息反馈的控制循环过程。限额设计流程图如图4-10所示。

4.6.2 方案比选应用

设计方案评价与优化是设计过程的重要环节，通过技术比较、经济分析和效益评价，正确处理技术先进与经济合理之间的关系，力求达到技术先进与经济合理的和谐统一。

（1）设计方案必须要处理好经济合理性与技术先进性之间的关系。

经济合理性要求工程造价尽可能低，如果一味地追求经济效果，可能会导致项目的功能水平偏低，无法满足使用者的要求；技术先进性追求技术的尽善尽美，项目功能水平先进，但可能会导致工程造价偏高。因此，技术先进性与经济合理性是一对矛盾，设计者应妥善处理好二者的关系，一般情况下，要在满足使用者要求的前提下，尽可能降低工程造价。但是，如果资金有限制，也可以在资金限制范围内，尽可能提高项目功能水平。

（2）设计方案必须兼顾建设与使用，考虑项目全寿命费用。

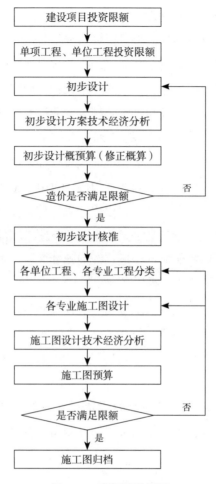

图 4-10 限额设计框图

工程在建设过程中，控制造价是一个非常重要的目标。但是造价水平的变化，又会影响项目将来的使用成本。如果单纯降低造价，偷工减料，建造质量就得不到保障，会导致使用过程中的维修费用很高，甚至有可能发生重大事故，给社会财产和人民安全带来严重损害。因此，在设计过程中应兼顾建设过程和使用过程，力求项目全寿命费用最低。

（3）设计必须兼顾近期与远期的要求

一项工程建成后，往往会在很长的时间内发挥作用。如果按照目前的要求设计工程，在不远的将来，可能会出现由于项目功能水平无法满足需要而重新建造的情况。但是如果按照未来的需要设计工程，又会出现由于功能水平过高而资源闲置浪费的现象。所以设计者要兼顾近期和远期的要求，选择项目合理的功能水平。同时也要根据远景发展需要，适当留有发展余地（表 4-18）。

设计阶段方案比选

表 4-18

序号	功能布局模式	品牌	图示	消费定位	开业时间（年）	占地面积（万 m²）	总建筑面积（万 m²）	商业面积（万 m²）	写字楼（万 m²）	公寓（万 m²）	酒店（万 m²）	投资额（亿）
1	办公／酒店／商业／停车场 并列叠加	广州白云万达广场		定位中高端	2010	21.1	56.3	17.2	7.7	6.9	3.7	50
					作为万达第三代城市综合体项目，是万达集团已开业和在建的60多座万达广场中第一个A级旗舰店，广州白云万达广场建筑面积投资之大，设计理念之先进，引入品牌档次之高，将使其成为中国最好的商业中心之一
2		北京三里屯SOHO		便捷亲民融合	2009	5.12	31.6	12.8	10.2	12	—	—
					三里屯商业区核心地段的商业、办公、居住综合社区，集商业、餐饮、娱乐为一体，成为中外游客、写字楼人群及附近居住者的一个全新的休闲消费港湾。在这种得天独厚的环境中，三里屯SOHO将成为北京最具人气的户外步行商业街区和休闲广场，成为北京的铜锣湾
3	办公／酒店／商业／停车场 相贯式叠加	深圳万象城		定位中高端奢侈	2004	7.6	48	18.8	4.2	11	—	40（港币）
					深圳最大的购物中心，白领欢聚精神乐园，现代深圳商业缩影。是集零售、餐饮、娱乐、办公、酒店、居住等诸多功能于一体的大规模、综合性、现代化、高品质的标志性商业建筑群，定位为"深圳最大、华南最好、中国最具示范效应的超大型室内购物中心"
4		天津大悦城		定位时尚青年	2011	8.9	53	27	6.4	15.6	—	50
					天津大悦城涵盖了集休闲、购物、娱乐、餐饮美食为一体的多元化元素，打造了一站式时尚购物的全新体验，定位为"国际时尚青年城"的大悦城购物中心

续表

序号	功能布局模式	品牌	图示	消费定位	开业时间（年）	占地面积（万 m²）	总建筑面积（万 m²）	商业面积（万 m²）	写字楼（万 m²）	公寓（万 m²）	酒店（万 m²）	投资额（亿）
5	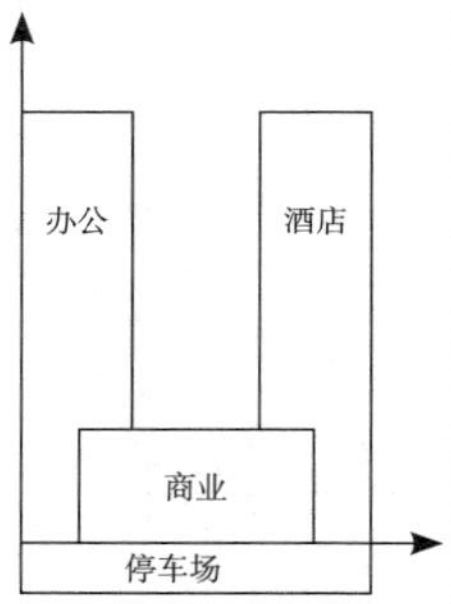	上海恒隆广场		定位高端奢侈	2001	3.08	21.3	5.36	16	—	—	—
					集零售商场和两幢写字楼为一体，五层高的购物商场云集了世界100多个知名的奢侈品牌，写字楼被誉为知名国际甲级商厦。建筑概念前卫，揉合现代与艺术特色的现代感，高雅挺秀的现代感。曾被评为中国商业发展最成功的项目之一							
6	酒店 / 办公 / 商业 / 停车场	北京银泰中心		定位高档奢侈	2008	3.13	35	3.03	14.4	5.84	3.17	—
					长安街第一高，中国最高的酒店。北京银泰中心属大型高档综合体建筑，是中国银泰投资有限公司打造的商业地产旗舰项目。秉承"国际化的视野、专业的合作团队、前瞻性的设计，追求高品位生活"理念，成就国际化大都会卓越生活							
7		广州天河城		大众消费群体	1996	4.1	33.9	17.4	11.3	—	5.2	12
					天河城作为20世纪90年代最早一批大型商业购物中心之一。天河城集购物、美食、娱乐、休闲、商务于一体，是荟萃各种品牌商品的大型百货公司							
8	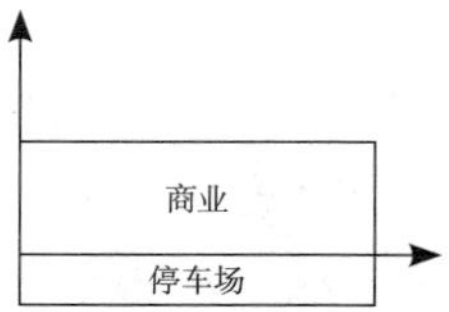 商业 / 停车场	天津永旺购物中心		中低端平民化	2012	9.5	9	18.5	—	—	—	10
					隶属于永旺株式会社。可以满足不同年龄需求层次。是集大型综合超市、家电、家居、影院等主力店以及时尚品牌专卖店为一体，包含购物、餐饮、休闲娱乐等丰富多彩的业态的大型郊外购物中心							

项目设计方案评价与优化的基本程序如图 4-11 所示。

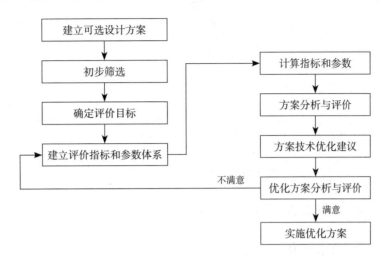

图 4-11　项目设计方案评价与优化程序

以某商业综合体产品形态和规划要求，如图 4-12 所示，以动线平面方案比选为例，首层由于可建设范围进深较深，首层单动线规避消防性能化。

主入口有对穿问题

流线不顺畅

首层单动线，主入口突出，店铺较合理

图 4-12　动线平面方案比选

方案一：主入口有对穿问题。
方案二：流线不顺畅。
方案三：首层单动线，主入口突出，店铺较合理。
综合比较选择方案三。
如图 4-13 所示，以环形动线适应平面特征为例。
方案一：环形动线，店铺太深。
方案二：两个中庭，环形动线，得房率低。
方案三：环形动线，控制店铺进深，保证展面。

环形动线，店铺过深　　　两个中庭，环形动线，得房率低　　　环形动线，控制店铺进深，保证展面

图 4-13　动线适应平面方案比选

综合比较选择方案三。

4.6.3　价值工程应用

价值管理在设计阶段的具体实施体现为价值工程（Value Engineering，VE），其实施内容又主要体现在对设计方案的优化和选择上。项目的设计阶段是影响项目工程造价最重要的阶段，也是项目工程造价控制的重点阶段，运用价值工程进行设计方案的优化是控制项目工程造价的最有效途径。在项目设计阶段就应用 VE 思想，对其功能、需求等进行分析，并设定合理的目标，进而通过 VE 分析，对设计等进行优化，从而达到有效降低成本的目的。其表达式为：

$$价值 = \frac{功能（效用）}{成本（费用）}，即 V = \frac{F}{C}$$

这个定义包含了三个方面的内容。

（1）其目的是在获得项目必要功能的基础上，达到总成本（LCC）最低。

价值工程着眼于全生命周期成本，即研究对象在全生命周期内所发生的全部费用，包括建设成本和运营成本。价值工程的目的是以研究对象的最低的 LCC 可靠地实现使用者所需的功能。实施价值工程，既可以避免一味地降低项目的工程造价从而导致研究对象功能水平偏低的现象，也可以避免一味地提高使用成本从而导致功能水平偏高的现象，使项目的工程造价与项目产品的功能相匹配，并有效节约社会资源。

项目在建设过程中，随着功能的提高，其成本也提高。功能与成本的关系如图 4-14 曲线 C_1 所示；项目投入使用以后，由于科学技术进步、劳动生产率提高、劳动消耗降低，使用成本降低，这时功能与使用成本的关系如曲线 C_2 所示；曲线 C_1 和曲线 C_2 的成本之和构成全生命周期成本曲线 C_0，而价值工程的目标则

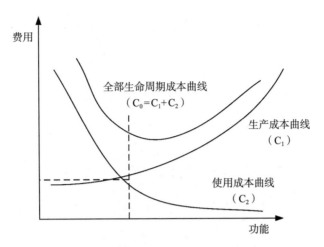

图 4-14　不同阶段功能与成本的关系图

是总成本的最低点。

（2）价值工程的核心是对项目进行功能分析。

价值工程的核心活动就是要分析项目的功能。其价值目的是正确地确定必备功能，消除产品过剩功能，把节约成本放在有效保证工程质量的基础之上。功能分析的一个重要内容是功能的数量化，把定性指标转化为定量指标。

（3）价值分析是一种依靠集体智慧所进行的有组织、有领导的系统活动。

基于 LCC 的价值工程考虑的成本不仅是前期的建设成本，更包括了后期的运营成本。设计阶段的价值工程综合考虑了建设成本和运营成本，从全生命周期成本分析角度，重新计算功能与成本之比，提高它们之间的比值，研究功能和成本的最佳配置，寻找两者的最佳结合点，力求用最低的全生命周期成本实现项目的最大价值，从而获得最大的经济效益。

在设计过程中，利用价值工程对设计方案进行经济比较，对不合理的设计提出意见，运用价值工程原理，对方案实行科学决策，对工程设计进行优化，使设计项目的产品质量，也就是产品最终价值体现在经济效益和社会效益中。由此可见，设计质量的优劣是价值工程应用的最好体现。在工程设计中应用价值工程，对资源进行合理配置，增加设计产品的科技含量和价值均具有重大的意义。价值工程运用一般可降低原工程造价的 20%～40%。

应用价值工程优化设计方案，价值工程以功能分析为核心，有一套完整的提出问题、分析问题、解决问题的科学分析过程，包括研究对象的选择、资料的收集整理、功能分析、方案评价等步骤，如图 4-15 所示。

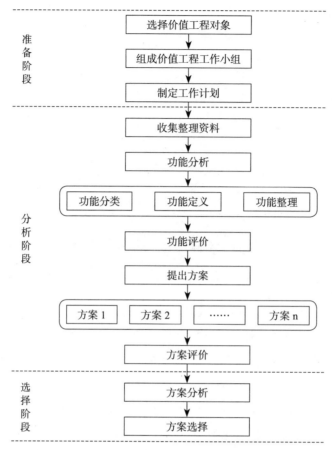

图 4-15 运用价值工程实现设计方案优化的应用程序

4.6.4 可施工性应用

进入正式的设计阶段后,施工人员发挥的作用就不再是建议性的而是建设性的。设计过程中,设计人员、施工人员、造价人员充分交流、沟通,可通过定期会议制度或组织制度来保证。在设计前,可施工性研究小组应参与制订项目总体进度计划和拟定出主要的施工方法,以保证设计方案与进度计划相匹配。

在设计中,重点审查总图方案,分析实现单项设计意图的施工方法,开展价值工程活动,推广应用标准化设计,尽可能多地采用工厂化生产的建筑部件,分析设计项目所需物资的可供性,提高设计对自然环境的适应性,对施工图的可施工性等,进行一次全方位审查,确保设计具有较高的可施工性。施工人员在设计人员方案设计过程中就要了解其设计思路和设计进展,并在其设计基础上提出自己的技术建议,一方面为以后的初步设计做准备;另一方面可以相互启发,让设计人员在实际进程中循序渐进地考虑可施工性进而完善图纸,减少设计人员返工修改图纸，从而减少后期的工时、人员及资金耗费。在初步设计过程中，施工人员可以把一些新的施工方法、工艺信息传递给设计人员，使设计图纸在实施中更具时效性，利用先进的技术成果促进项目目标实现，达到项目设计方案的优化。在初步设计完成后，再经过施工人员和设计人员对图纸进行确认，便可进入施工图设计阶段。在施工图设计过程中，由于前一阶段施工人员的全程参与会明显加快设计进度，增加设计的合理性，而且在整个设计过程中，通过双方人员的交流使得施工人员已经熟悉图纸内容，在施工图完成后就省去了在认识图纸、反馈问题、变更等所需花费的时间，真正做到专业工种搭配进行，消除了设计与施工相脱节的问题，用过程的优化替代了以往结果的优化。在施工中，重视并参加设计交底与图纸会审活动，加强对工程变更的管理，建立激励机制，鼓励承包商就设计文件提出合理化建议等。设计阶段开展可施工性研究的基本工作程序可分为七步，如图4-16所示。

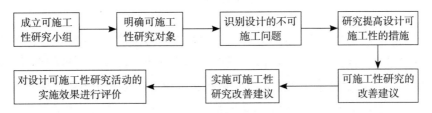

图4-16 设计阶段可施工性研究的流程图

（1）组建研究小组。随着建设项目的开展，项目经理应及时将研究人员扩大到施工单位、专业分包商和大型材料设备供应商。

（2）确定研究的项目目标，明确可施工性研究的对象。

（3）应用项目结构分解（WBS）方法，识别设计的不可施工问题。

（4）研究提高设计可施工性的措施。

（5）提出改善设计可施工性的建议，并对它们进行技术、经济评价，择优选择。

（6）应用设计可施工性研究的成果。

（7）对设计可施工性研究活动及其实施效果进行评价。

4.6.5 全生命周期成本LCC应用

影响建设项目可持续性的因素包括经济效益、资源利用情况、环境状况、可改造性、科技进步情况与可维护性，这些因素都影响建设项目的可持续性，并体现在能源、水、土地、材料的消耗和对环境的影响等方面。全生命周期成本与建筑的可持续性呈双曲线函数关系，即在其他条件不变的情况下，全生命周期成本越低，项目就越具有可持续性，所以本书将LCC与可持续设计结合在一起进行考虑，提出了基于LCC的可持续设计的具体实施框架及相关的技术措施。全生命周期成本与项目的可持续设计的关系如图4-17所示。

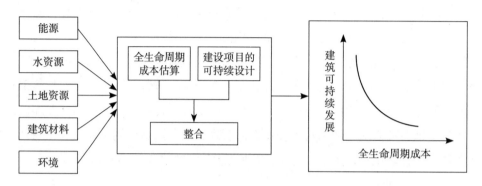

图4-17　全生命周期与可持续设计

在项目设计阶段的各部分工作中可以将LCC引入进来，即从影响全生命周期成本的因素出发进行方案设计，再利用LCC方法进行方案评价和选择，建立基于LCC的可持续设计包。基于LCC的可持续设计包的建立主要包括方案设计、方案评价、方案选择三个步骤（图4-18）。

（1）方案设计

明确项目的功能需求和可获资源状况，分析项目全生命周期成本的构成，并寻找影响项目全生命周期成本的主要因素，从这些因素出发，设计出能够有效降低项目LCC的方案。一般需要设计两个以上的基本方案，并对各基本方案的子系统分别进行优化设计，每个方案最终形成一个基本方案和一个子系统优化方案集的组合。基本方案的建筑特征应基本选定，包括建筑选址、朝向、结构形式、设备选型等；然后再对建筑的子系统进行优化设计，例如将单层窗改为双层窗，改善建筑的朝向，采用节能电器，增加太阳能系统，增加外墙保温隔热系统等。这些就构成了该方案的子系统优化方案集。子系统的优化应集思广益，本着降低建筑全生命周期成本，提高可持续性的原则进行设计。

在实际设计工作中，设计单位为避免繁杂的设计和分析工作，通常首先通过分析选定一个基本方案，再针对该方案进行优化。这种方法虽然节省了设计工作量，但是却存在缺陷，即仅对选定的最优基本方案进行优化，而没有对其他基本方案进行优化，这就有可能造成最优方案的遗漏——非最优基本方案经过优化后，有可能会优于最优基本方案的优化方案。因此，本框架提出对所有的基本方

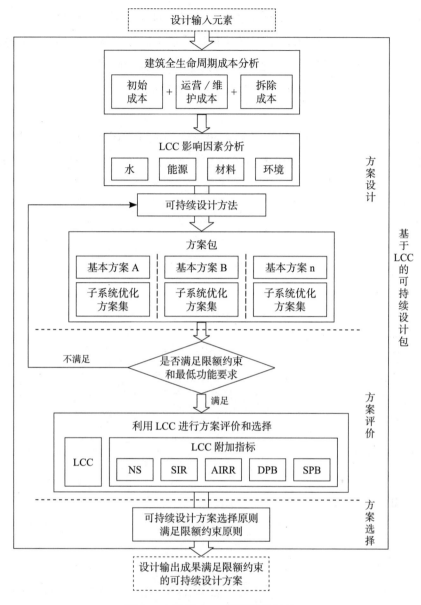

图 4-18 基于 LCC 的可持续设计

案都要进行优化,然后进行全面的比较。

(2)方案评价

利用 LCC 进行方案评价时,相同成本因子可以剔除,方案比较时不予以考虑,并计算 LCC 的附加指标。方案评价可分为以下三步。

1)评价各基本方案,分析其建造成本和全生命周期成本。

2)评价各子系统的生命周期费用效率。对子系统优化方案集进行 LCC 分析,在投资限额的约束下，尽可能多地选择各子系统优化方案，以降低该方案的生命周期成本。这需要采用LCC附加指标对各子系统优化方案进行排序，优先选择费用效率高的改进方案，直到建筑的建造成本达到投资限额为止。

3）分析各优化后的方案，计算其全生命周期成本。

（3）方案选择

方案选择的原则除了考虑一次性建设投资的比选，还应考虑项目运营过程中的费用比选。以全生命周期成本最低的方案为最优方案，要兼顾近期和远期的要求，要具有可持续性。

第 5 章　全过程工程咨询招标采购阶段

5.1　基本概述

招投标阶段是在前期阶段形成的咨询成果 [如可行性研究报告、业主需求书、相关专项研究报告、不同深度的勘察设计文件（含技术要求）、造价文件等] 基础上进行招标策划，通过招投标活动，选择具有相应能力和资质的承包人，通过合约进一步确定建设产品的功能、规模、标准、投资、完成时间等，并将投资人和承包人的责权利予以明确。对后续阶段都有着直接且重要的影响。

招投标阶段是在实现投资人前期决策、设计阶段的咨询成果基础上通过招标策划、合约规划等工作，对最优承包人进行选择，该阶段确定的承包人是将前期咨询服务成果到优质建筑产品的具体实施。最终形成招标文件、合同条款、工程量清单、招标控制价等咨询成果，为实施阶段顺利开展工程建设提供控制和管理的依据。

5.2　工作流程

（1）工作目标主要是通过招标策划等活动选择具有相应能力和资质的承包商，通过合约划分将建设单位与施工单位的权利责任予以明确。

（2）工作内容主要是招标采购阶段对工作任务的实施及管理，包括招标策划、合同条款策划、承包人选择、招投标过程管理等。

（3）参与主体主要是为实现招标采购阶段最终项目目标的实施主体，主要包括建设单位、全过程工程咨询单位、造价咨询单位、施工单位等。

建设项目招投标阶段的工作流程如图 5-1 所示。

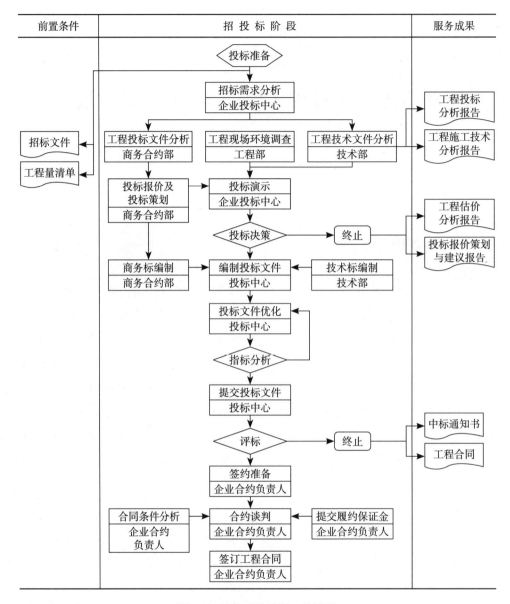

图 5-1 招投采购阶段工作流程

5.3 工作内容

招标策划主要工作内容包括投资人需求分析、标段划分、招标方式选择、合同策划、最佳承包人的选择等。充分做好这些工作的策划，并采取有针对性的预防措施，减少招标工作实施过程中的失误和被动局面，可以有效保证招投标质量（表5-1）。

全过程工程咨询招标采购阶段核心工作内容　　　　表 5-1

序号	阶段	工作项目	具体内容	参与单位	成果文件
1	发承包阶段	招标策划	招标策划工作的重点内容有：投资人需求分析、标段划分、招标方式选择、合同策划、时间安排等	业主方 全过程工程咨询单位	招标策划书
2		招标文件编制	资格预审文件编制、招标文件编审、工程量清单编制与审核、招标控制价编制与审核	业主方 全过程工程咨询单位 招标代理单位	资格预审文件 工程招标文件
3		招标过程管理	发布招标公告、投标、资格预审、开标、清标、评标、定标、公示、签约	业主方 全过程工程咨询单位 招标代理单位	签订承包合同
4		合同条款策划	合同条款拟定、要点分析	业主方 全过程工程咨询单位	合同条款策划书

5.4 核心内容

5.4.1 需求分析

招标策划工作的重点内容有：了解项目概况、投资人需求分析、合同策划、标段划分、招标方式选择、时间安排、最佳承包人的选择等。充分做好这些重点工作的策划、计划、组织、控制的研究分析，并采取有针对性的预防措施，减少招标工作实施过程中的失误和被动局面，保证招投标质量（图 5-2）。

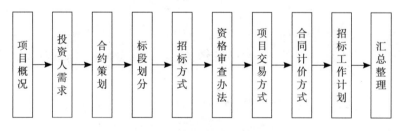

图 5-2　招标策划书编写程序

了解项目概况，确认项目建设内容，收集业主方对拟建项目质量控制、造价控制、进度控制、安全环境管理、风险控制、系统协调性和程序连续性等方面的需求信息，编制投资人需求分析报告（图 5-3）。

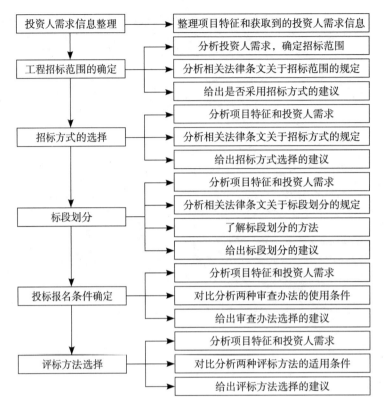

图 5-3 招标需求分析程序

5.4.2 合约策划

合约策划就是将未来要发生的成本支出以合同分类的原则建立，通过对开发过程中成本支出的项目个数，包括合同支出和无合同费用支出进行统筹，明确成本的具体流向，是目标成本对项目成本的指导和预控的重要手段。

（1）设立合约管理目标。梳理项目工程、采购类合同数量个数，合同总金额。以及对目标工程类成本重要合约包分解，设立目标成本和定标金额上限（表5-2）。

（2）对综合体合约包进行梳理。商业综合体项目专业分包较多，项目合同界面划分尤其重要。商业综合体合约包划分原则：以尽量减少合同为原则。对各专业分包的界面和做法进行清晰的划分。进行专业工程分包，专业化施工，将采购效益较低的合同进行合并，将采购效益度较高的项目分离出来单独采购。保证技能精简项目合同体系的同时又能保证项目成本效益最大化。

以××商业综合体项目为例，因公寓和商业涉及分期开发，对整体合约界

商业综合体项目合约策划管理信息卡示例　　　　表 5-2

		签约管理			变更管理		结算管理	
合约管理总体目标	合同总目标	包干率		补充合同上限	设计变更金额上限（元/m²）	150	结算金额偏差上限（%）	5
	合约包总份数（份）	—	金额包干率（%）	72	份数上限（份）	30	工程指令金额比例上限（元/m²）	100	结算及时率（%）	100
	合同总金额（万）	—	份数包干率（%）	77	金额上限（万元）	10	后补变更率上限	0	结算及时率（%）	100
目标工程类成本重要合约包分解		合约包名称（类别/数量固定）		目标成本（万元）	定标金额上限（万元）		计价模式	
	1	土建总包工程					单价包干	
	2	土方工程					单价包干	
	3	桩基及支护工程					单价包干	
	4	机电工程					单价包干	
	5	幕墙工程					单价包干	
	6	电梯供货及安装工程					总价包干	
	7	精装修工程					总价包干	
	8	景观工程					总价包干	
	9	电力外线高低压配电工程					总价包干	
	10	消防工程					总价包干	
	11	弱电工程					总价包干	
	12	其他工程/材料类合约包					总价包干/单价包干	
		合计						

面进行了划分，重点关注以下合约（表 5-3）。

①土方：统一签订合同，一次开挖。

②桩基、支护：一次签订合同，支护统一出方案。

③总包：分两个标段招标（公寓、商业分开招标）。

④供电：公寓、商业统一由公寓招标。

⑤自来水工程：整个项目一次报装，统建统管。

⑥燃气工程：整个项目统一报装，考虑商业街餐饮燃气用量。

某商业综合体合约界面划分　　　　　　表 5-3

序号	项目名称	全过程工程咨询单位（负责招标及管理）
1	精益策划	商业单独招标
2	监理	商业单独招标
3	土方工程	统一招标
4	桩基/支护工程	统一招标
5	基坑监测、桩基检测	统一招标
6	总包工程	商业单独招标
7	机电总包	商业单独招标
8	造价咨询顾问	商业单独招标
9	供电总包（统建）	商业单独招标
10	给水工程（统建）	商业单独招标
11	景观工程	商业单独招标
12	消防工程	商业单独招标
13	栏杆百叶	集中采购
14	电梯工程	集中采购
15	扶梯工程	集中采购
16	燃气工程（统建）	商业单独招标
17	防火门	集中采购
18	车库地坪	商业单独招标
19	车库划线	商业单独招标
20	幕墙工程	商业单独招标
21	精装修工程	商业单独招标
22	机电工程	商业单独招标
23	泛光照明	商业单独招标
24	弱电工程	商业单独招标
25	标识标牌	商业单独招标
26	广告公司	商业单独招标
27	擦窗机	商业单独招标
28	水泵采购	集中采购
29	锅炉采购	集中采购
30	电线、电缆采购	集中采购
31	防水材料采购	集中采购
32	配电箱采购	集中采购

续表

序号	项目名称	全过程工程咨询单位（负责招标及管理）
33	涂料采购	集中采购
34	PPR、PVC、UPVC管采购合同	集中采购
35	招商中心	商业单独招标
36	其余专业分包	商业单独招标

（3）建立标准的合同体系。包括分包合同、独立承包合同和甲供合同。综合考虑商业综合体涉及的酒店、办公、商业项目的复杂性及标段众多的特点，结合类似工程经验给出确定本工程合同体系，包括对合同文本的选择、合同条款的阐述，为高效的合约管理做好铺垫。以下是针对商业综合体项目整理的整体合约框架（图5-4）。

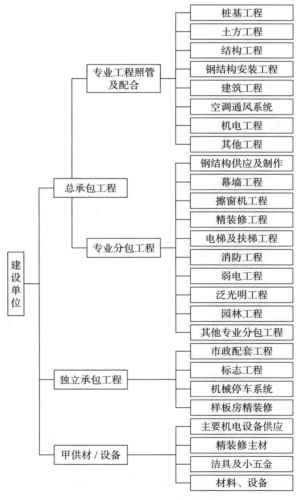

图5-4 商业综合体合约框架

5.4.3 模式策划

施工招标工作中,对于施工承发包模式选择,其核心是通过符合法律法规规定的招标活动,将工程建设任务发包给最具有实力的投标单位。在招标工作开展之前,全过程工程咨询单位首要任务是针对项目的特点、各专业性质、设计深度等内容,同招标人做好充分的沟通,向招标人提供施工招标的合理化建议,提供完整的项目施工发包模式、施工标段划分及招标工作计划书。

为了帮助业主对建设项目施工发包模式进行决策,在保证质量、进度目标的前提下,实行造价最低原则。

业主通过全过程工程咨询单位实施施工项目管理,商业综合体项目往往涉及多个专业工程,比较不同施工发包模式的优劣势,选择最合适的承发包模式。一般的商业综合体项目业主会选择的承发包模式:平行发包(土建总包+机电总包+其他专业分包;土建总包负责现场管理与协调,业主支付一定的管理费),总包单位负责进度管理、质量管理、安全管理、协调配合工作(表5-4)。

承发包模式比选　　　　表5-4

序号	对比要素	平行发包模式	施工总承包模式	EPC模式
1	概念比较	是指业主将建设工程的设计、施工以及材料设备采购的任务经过分解分别发包给若干个设计单位、施工单位和材料设备供应单位,并分别与各方签订合同	是指建筑工程发包方将施工任务发包给具有相应资质条件的施工总承包单位	是指承包人受业主委托,按照合同约定对工程建设项目的设计、采购、施工、试运行等实行全过程或若干阶段的承包
2	适用范围	一般用于时间急迫的房屋建筑工程、土木工程项目	一般房屋建筑工程、土木工程项目,适用范围广泛	规模较大的投资项目,如大规模住宅小区项目、石油、电站、工业项目等
3	主要特点	承包商之间在交接时会产生相互制约	设计、采购、施工交由不同的承包商按顺序进行	EPC总承包人承担设计、采购、施工,可合理交叉进行
4	设计主导作用	难以充分发挥	难以充分发挥	能充分发挥
5	单位间协调	由业主协调,属外部协调,协调难度大	由业主协调,属外部协调	由总承包人协调,属于内部协调
6	工程总成本	较高	较高	较低

续表

序号	对比要素	平行发包模式	施工总承包模式	EPC模式
7	设计成本比例	所占比例小	所占比例小	所占比例高
8	投资效益	一般	较差	较好
9	设计和施工进度	交叉较多，协调工作量大，能较好控制工期	协调和控制难度大	能实现深度交叉
10	招标形式	公开投标	公开招标	邀请招标或者议标
11	风险承担	双方承担，业主管理风险较大	双方承担，业主承担风险较大	主要由承包商承担风险
12	对承包商要求	一般不需要特殊的设备和技术，专业要求较低	一般不需要特殊的设备和技术	需要特殊的设备、技术，而且要求很高
13	承包商利润空间	较低	较低	较大
14	业主管理成本	较高	较高	较低
15	业主管理能力	较强	较强	一般

5.4.4 标段划分

标段划分指将若干同类或类似项目合并成一个项目或将一个项目拆分成不同项目实施招标采购。标段划分对潜在投标人参与投标竞争的意愿、投标报价、招标成本等有重要影响。

标段划分是决定招标结果的重要因素。合法合理的标段划分是实现招标结果质优价廉的有效方法。一个工程项目划分的标段数越多，业主招标成本就越高；参加的承包商越多，投标报价越接近成本，规模效益较差，其资源配置效益越差，成本也越高；各标段互相间的制约越大，工程实施过程中向业主索赔的费用也越高。一个工程建设项目随着标段数的减少，采购成本及交易会随之降低，工程总成本也会降低；承包商获得的合同标的额将会越大，也更会引起承包商领导重视并在资源配置等方面加强配合，有助于降低生产成本，保证工程项目的顺利实施。

建设方可以把设计施工合并为一个标段；也可以把设计、施工划分为两个标段；还可以把设计划分为数个标段，如勘察、设计各为一个标段，把施工划分为若干标段，如把主体工程划为一个标段，配套工程按专业划分为相应的标段。影响上述工程标段划分的主要因素为以下几个方面。

1）工程的资金来源。如果建设工程的资金通过向承包商融资的方式解决，例如BOT项目，宜采取把设计施工合并为一个标段的形式，并采用EPC合同形式。

2）工程的性质。一般来说，建设方能够准确全面地提出规模、功能、技术要求的项目，可以采用把设计施工合并为一个标段的形式，不具备上述条件的，宜采用设计、施工分别划分为不同标段的形式进行招标。

3）工程的技术要求。凡对工程的各个部分都没有特殊的技术要求且不涉及专利等知识产权的项目，施工宜不分标段地发包给一个总承包商。只有对工程的特定部分（包括生产设备、配套设施）有特别要求的项目或工程的特定部分涉及专利、专有技术等知识产权的项目，可以采用把这些部分单独划分标段招标的方式满足对这部分工程的特殊要求，然而也要在合同条款中特别明确承包商之间的责任范围。

4）对工程造价的期望。如果建设方希望以固定总价的方式锁定工程的造价风险，宜采用把设计和施工合并为一个标段，在承包商同时负责设计的情况下，设计变更并不能构成其增加工程价格的理由，只有由建设方提起的变更才可调整工程价格，这样就具备了采用固定总价的基本条件。如果建设方希望按实际发生的工程量支付工程价格，宜采用把设计和施工划分为两个标段的方法。任何设计的变更都构成调整工程施工价款的依据。

5）对工期的期望。如果建设方希望控制工期风险，宜采取把设计和施工并为一个标段的形式。在承包商同时负责设计的情况下，设计变更不能成为其延长工期的理由，因而合同工期相对于单纯施工合同有更大的确定性，同时总承包商集设计和施工责任于一身，也更有利于其控制工期。

6）对质量的期望。如果建设方希望对工程的质量责任有较大的确定性，可采用把设计和施工合并为一个标段的标段划分方式，因为承包商同时负责设计，对工程的质量责任没有推托的余地，同时，建设方也可以通过明确工程功能指标的方式确保承包方对工程运行指标负有完全的责任。如果建设方对设计单位有特殊的要求，以确保工程的质量，可采用把设计和施工划分为两个标段的做法。

7）资金的充裕程度。如果建设方的资金相对充裕，而且现金的供应链不会断裂，可采取把设计与施工合并为一个标段的做法，因为一般情况下总承包商的责任越大，其要价会相应提高，而且一旦总合同生效，建设方的付款义务是不容断裂的。如果建设方的资金较为紧张，或现金的供应有中断的可能，需进行阶段性的筹资，可采取设计与施工分为两个标段的做法，这样，施工部分的招标可与建设方资金实际到位的情况相匹配。

以上是通用的影响标段划分形成的因素，不同的工程还有其特殊的因素，就是上述通用的因素，应用到具体的工程中，各个因素应予以考虑的权重也是各不相同的，充分遵循上述标段划分的原则，才能客观地评价和平衡以上影响标段划分的因素，以达到合理划分工程标段的目的。

参考某商业综合体，对其主要施工合同进行了梳理。除幕墙及精装修工程考虑体量较大分标段外，其余合同均按一个标段考虑（表5-5）。

某商业综合体施工合约策划及标段划分　　　　表 5-5

序号	合同名称	合同类型	包干类型	标段划分
1	总承包工程合同	施工	单价包干	一个标段
2	土石方工程施工合同	施工	单价包干	一个标段
3	桩基及支护合同	施工	单价包干	一个标段
4	机电总包合同	施工	单价包干	一个标段
5	弱电合同	施工	总价包干	一个标段
6	栏杆百叶工程合同	施工	单价包干	一个标段
7	车库地坪工程合同	施工	单价包干	一个标段
8	幕墙工程供货及施工合同	施工	总价包干	两个标段
9	标识标牌及信报箱合同	施工	总价包干	一个标段
10	户外设施工合同	施工	总价包干	一个标段
11	楼体泛光照明合同	施工	总价包干	一个标段
12	擦窗机施工合同	施工	总价包干	一个标段
13	消防工程施工合同	施工	单价包干	一个标段
14	直梯供货及安装合同	施工	总价包干	一个标段
15	扶梯供货及安装合同	施工	总价包干	一个标段
16	精装修工程施工合同	施工	总价包干	三个标段
17	景观工程施工合同	施工	总价包干	一个标段
18	地面交通划线及设施采购施工合同	施工	总价包干	一个标段
19	LED显示用供应及安装合同	施工	总价包干	一个标段
20	给水合同	施工	总价包干	一个标段
21	燃气施工合同	施工	总价包干	一个标段
22	电话、网络接入合同	施工	总价包干	一个标段
23	有线电视安装合同	施工	总价包干	一个标段
24	其他临时设施合同	施工	总价包干	一个标段
25	高低压配电供货及安装工程合同	施工	总价包干	一个标段

续表

序号	合同名称	合同类型	包干类型	标段划分
26	外遮阳卷帘合同	施工	总价包干	一个标段
27	机械停车设备及安装合同	施工	单价包干	一个标段
28	临电工程合同	施工	总价包干	一个标段
29	开荒保洁合同	施工	总价包干	一个标段
30	营销设施建造费用合同	施工	总价包干	一个标段

5.4.5 时间策划

业主方委托全过程工程咨询单位根据项目的进展情况，推动招标工作顺利进行，开展并协助发包人选择最优的参建单位。因此，全过程工程咨询单位应协调各参建单位之间的关系，从全局出发，牵头组织开展各项工作。

（1）组织招标代理单位熟悉设计文件，制定初步招标工作计划。

（2）组织设计单位配合招标代理单位对所采用的主要材料、设备等情况进行市场调研，为设计提供支持。

（3）组织招标代理、造价咨询单位对项目进行梳理，并明确各标段划分和合同界面，明确各标段单项合同的招标方式。

（4）组织招标代理单位编制招标文件，造价咨询单位编制工程量清单，并进行审查。

（5）组织招标代理单位根据工程进度开展招标、评标工作。

（6）组织造价咨询单位进行清标工作。

（7）参与合同谈判并协助发包人确定中标人。

（8）资料归档、保管、移交。

制订招标工作计划既要和设计阶段计划、建设资金计划、征地拆迁计划、工期计划等相呼应，又要考虑合理的招标时间间隔，特别是有关法律法规对招标时间的规定，并且要结合招标项目规模和范围，合理安排招标时间。依据现行国家法律法规的规定，各阶段招标时限的规定总结如表5-6所示。各行业的部门规章或各地的地方性法规、规章有可能对部分事项时限有与此不一致的规定，可以根据各地政策和项目特点进行调整。

依法必须招标的工程建设项目招投标事项时限规定汇总　　　　表 5-6

序号	工作内容（事项）	时限
1	招标文件（资格预审文件）发售时间	最短不得少于 5 天
2	提交资格预审申请文件的时间	自资格预审文件停止发售之日起不得少于 5 日
3	递交投标文件的时间	自招标文件开始发出之日起至投标文件递交截止之日止最短不少于 20 天。大型公共建筑工程概念性方案设计投标文件编制时间一般不少于 40 日。建筑工程实施性方案设计投标文件编制时间一般不少于 45 日
4	对资格预审文件进行澄清或者修改的时间	澄清或者修改的内容可能影响资格预审申请文件编制的，应当在提交资格预审申请文件截止时间至少 3 日前发出
5	对资格预审文件异议与答复的时间	对资格预审文件有异议的，应当在提交资格预审申请文件截止时间 2 日前提出，投资人应当自收到异议之日起 3 日内作出答复，作出答复前，应当暂停招投标活动
6	对招标文件进行澄清或者修改的时间	澄清或者修改的内容可能影响投标文件编制的，应当在提交投标文件截止时间至少 15 日前发出
7	对招标文件异议与答复的时间	对招标文件有异议的，应当在提交投标文件截止时间 10 日前提出，投资人应当自收到异议之日起 3 日内作出答复，作出答复前，应当暂停招投标活动
8	对开标异议与答复时间	承包人对开标有异议的，应当在开标现场提出，投资人应当当场作出答复
9	评标时间	投资人应当根据项目规模和技术复杂程度等因素合理确定评标时间。超过 1/3 的评标委员会成员认为评标时间不够的，投资人应当适当延长
10	开始公示中标候选人时间	自收到评标报告之日起 3 日内
11	中标候选人公示时间	不得少于 3 日
12	对评标结果异议与答复时间	承包人对评标结果有异议的，应当在中标候选人公示期间提出，投资人应当自收到异议之日起 3 日内作出答复。作出答复前，应当暂停招投标活动
13	投诉人提起投诉的时间	自知道或者应当知道其权益受到侵害之日起 10 日内向有关行政监督部门投诉。异议为投诉前置条件的，异议答复期间不计算在投诉限制期内
14	对投诉审查决定是否受理的时间	收到投诉书 5 日内
15	对投诉作出处理决定的时间	受理投诉之日起 30 个工作日内；需要检验、检测、鉴定、专家评审的，所需时间不计算在内
16	投资人确定中标人时间	最迟应当在投标有效期满 30 日前确定
17	向监督部门提交招标投标情况书面报告备案的时间	自确定中标人之日起 15 日内
18	投资人与中标人签订合同时间	自中标通知书发出之日起 30 日内

续表

序号	工作内容（事项）	时限
19	退还投标保证金时间	招标终止并收取投标保证金的，应及时退还；承包人依法撤回投标文件的，自收到撤回通知之日起5日内退还；投资人与中标人签订合同后5个工作日内退还

5.4.6 承包人选择策划

招标投标，是在市场经济条件下进行的大宗货物的买卖、工程建设项目发包与承包，以及服务项目的采购与提供时所采用的一种交易方式。在这种交易方式下，通常是由项目采购（包括货物的购买、工程的发包和服务的采购）的采购方作为招标方，通过发布招标公告或者向一定数量的特定供应商、承包商发出招标邀请等方式发出招标采购的信息，提出所需采购的项目的性质及其数量、质量、技术要求，交货期、竣工期或提供服务的时间，以及其他供应商、承包商的资格要求等招标采购条件，表明将选择最能够满足采购要求的供应商、承包商与之签订采购合同的意向，由各有意提供采购所需货物、工程或服务的报价及其他响应招标要求的条件，参加投标竞争。经招标方对各投标者的报价及其他的条件进行审查比较后，从中择优选定中标者，并与其签订采购合同。

承包商的选择对项目的影响越来越大，在施工工期、产品质量、产品设计等方面都影响着项目的成功与否。业主方实现低成本、高质量、快速反应的柔性生产，选择合理的承包商是决定项目能否顺利进行的关键因素。如何按照规定程序科学、合理地选择一个合适的承包商或者供应商是招投标阶段的关键点。实现一个大型商业综合体项目、项目管理双成功，选择一个合适的承包人也是一个策划的过程（图5-5）。

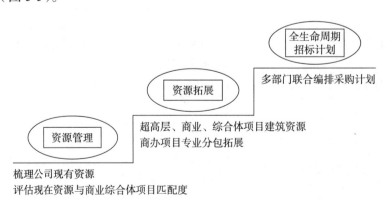

图5-5 招标采购策划管理

（1）资源管理

梳理业主方现有工程类合同，评估现有资源与商业综合体项目匹配度，实现共享资源（表5-7）。

供应商重点资源匹配分析示例　　　　表5-7

序号	资源品类	现有资源单位	资源数量	资源匹配分析	是否满足需求
1	总包				
2	监理				
3	景观				
4	供电				
5	消防				
6	机电总包				
7	桩基及基坑支护				
8	精装修				
9	幕墙				
10	弱电智能化				
11	电梯				

（2）资源拓展

商业、超高层、综合体项目建筑资源拓展；重点关注以往承接项目差异化较大的部分资源，如总包、机电、精装、幕墙、弱电等资源，进行商业中心分包拓展。

在原有资源库单位梳理的同时，对同类项目合作供应商进行调研、统计汇总，作为后续项目拓展资源库。通过以下方式对资源拓展进行有效的考察认证：

1）首先成立拓展小组。

2）确立拓展目标。

①重点资源要挑选全国行业靠前的口碑单位；

②有同类型工程案例及合作项目经理团队；

③考察及约谈过程中，组织答辩，判断配合能力水平。

3）资源拓展原则。

①针对战略、优质供应商，优先协调付款及配合过程中的其他问题，维护长期良好关系，确保优质资源不流失；

②对于新资源，重点关注其资信情况、企业规模、工程承接范围等情况，多纬度、多渠道横向对比；

③新资源考察形成书面考察报告及认证维度表（表5-8）。

商业综合体待跟踪资源单位库及资质考察标准　　　　　表 5-8

序号	项目名称	资质等级	待跟踪资源单位库
1	总包	1.1 本项目要求必须具备特级资质施工企业 1.2 企业注册资金 3 亿元以上 1.3 企业净资产 3.6 亿元以上 1.4 企业近三年平均工程结算收入 15 亿元以上 1.5 企业近三年财务状况 1.6 连续三年内无特大、重大伤亡事故 1.7 三年内同类项目业绩	
2	幕墙	1.1 本项目要求必须具备一级资质的幕墙施工企业，同时具备甲级设计资质 1.2 企业注册资金 1000 万元以上 1.3 企业净资产 1200 万元以上 1.4 企业近三年平均工程结算收入 4000 万元以上 1.5 连续三年内无特大、重大伤亡事故 1.6 三年内同类项目业绩	
3	精装	1.1 本项目要求必须具备建筑装修装饰工程专业承包企业一级资质证书 1.2 公司营业执照注册资本金不少于 1000 万元 1.3 企业近三年财务状况 1.4 连续三年内无特大、重大伤亡事故 1.5 三年内同类项目业绩	
4	机电	1.1 本项目要求必须具备机电安装一级资质 1.2 企业注册资本金 5000 万元以上 1.3 企业净资产 6000 万元以上 1.4 企业近三年最高年工程结算收入 2 亿元以上 1.5 企业近三年财务状况 1.6 连续三年内无特大、重大伤亡事故 1.7 三年内同类项目业绩	
5	消防	1.1 本项目要求必须具备机电安装一级资质 1.2 企业注册资本金 500 万元以上 1.3 企业净资产 600 万元以上 1.4 企业近三年最高年工程结算收入 2500 万元以上 1.5 企业近三年财务状况 1.6 连续三年内无特大、重大伤亡事故 1.7 三年内同类项目业绩	
6	智能化	1.1 本项目要求必须具备建筑智能化工程专业承包企业资质一级 1.2 企业注册资本金 1000 万元以上 1.3 企业净资产 1200 万元以上 1.4 企业近三年最高年工程结算收入 3000 万元以上 1.5 企业近三年财务状况 1.6 连续三年内无特大、重大伤亡事故 1.7 三年内同类项目业绩	

续表

序号	项目名称	资质等级	待跟踪资源单位库
7	景观	1.1 本项目要求必须具备市政公用工程施工总承包二级及以上 1.2 企业注册资本金 1000 万元以上 1.3 企业净资产 1200 万元以上 1.4 企业近三年最高年工程结算收入 1500 万元以上 1.5 企业具有与承包工程范围相适应的施工机械和质量检测设备 1.6 企业近五年承担过两项以上单位仿古建筑面积 600m² 以上或国家重点文物保护单位的主要古建筑或园林建筑修缮工程施工，且工程质量合格	

（3）全生命周期招采计划

多部门联合编排招采计划。从工程前期基础工程、主体工程（施工类、材料类）、装修工程、景观类工程、设备类工程进行全过程采购计划安排（表5-9）。

某商业综合体商业部分招标计划安排示例　　　表5-9

节点名称	持续时间（天）	开始时间	结束时间
土方开挖	180	2019/5/1	2019/10/27
清土、垫层	15	2019/9/30	2019/10/14
施工至正负零	120	2019/10/14	2020/3/14
主体结构封顶	180	2020/3/15	2020/9/10
屋面闭水（含幕墙天窗闭水）	150	2020/9/11	2021/3/9
幕墙工程（含外墙闭水）	210	2020/9/11	2020/5/8
重要设备用房土建条件移交	15	2020/12/10	2020/12/24
消防电梯转施工电梯	60	2020/9/10	2020/11/8
机电工程	415	2020/6/13	2021/8/31
精装修施工	240	2021/3/10	2021/11/4
室外管网	90	2021/6/23	2021/9/20
园林景观工程	90	2021/9/21	2021/12/19
正式供电	45	2021/4/15	2021/6/30
正式通水	45	2021/9/21	2021/11/4
机电联机调试	30	2021/10/1	2021/10/30
消防验收	30	2021/10/31	2021/11/29

续表

节点名称	持续时间（天）	开始时间	结束时间
主力店进场装修	150	2021/11/30	2022/5/28
燃气验收	30	2021/11/20	2021/12/19
规划验收	35	2021/11/20	2021/12/24
竣工验收及备案	35	2021/12/25	2022/1/28
开业	1	2022/6/18	2022/6/18

因此，选择最适合的承包商或者供应商，建议从以下几点展开。

（1）确定专业和资质。可以根据工程特点和关键工艺以及建设部规定的施工企业、监理企业的资质综合确定专业和资质要求。

首先，根据2017年9月4日国家发展改革委关于印发《标准设备采购招标文件》等五个标准招标文件的通知（发改法规〔2017〕1606号），将《标准设备采购招标文件》《标准材料采购招标文件》《标准勘察招标文件》《标准设计招标文件》《标准监理招标文件》进行整理对比，得出投标人应具备的承担本招标项目资质的条件、能力和信誉的规定，如表5-10所示。

工程项目招标投标人资格要求对比表　　　　表5-10

序号	设计招标投标人资格要求	勘察招标投标人资格要求	监理招标投标人资格要求	标准设备采购招标投标人资格要求	标准材料采购招标投标人资格要求
1	资质要求	资质要求	资质要求	资质要求	资质要求
2	财务要求	财务要求	财务要求	财务要求	财务要求
3	业绩要求	业绩要求	业绩要求	业绩要求	业绩要求
4	信誉要求	信誉要求	信誉要求	信誉要求	信誉要求
5	项目负责人的资格要求：应当具备工程设计类注册执业资格	项目负责人的资格要求：应当具备工程设计类注册执业资格	总监理工程师的资格要求：应当具备工程注册监理工程师执业资格	投标人为代理经销商的，对投标人的资质要求包含对制造商的资质要求，对投标人的业绩要求包含对投标设备的业绩要求	
6	其他主要人员要求	其他主要人员要求	其他主要人员要求	—	
7	其他要求	勘察设备要求	试验检测仪器设备要求	—	
8	—	其他要求	其他要求	其他要求	其他要求

第二,根据工程特点和关键工艺将设计、工程、成本、运营等多端口结合具体商业综合做法、建造标准及其他商业项目做法,整理出商业项目标准做法。

(2)明确业绩条件。要审慎确定业绩条件,遵循法律法规公平原则,在合规前提下确定最佳承包商的相关业绩。

商业项目业态复杂,对供应商有一定的要求。如何快速选择供应商成为招标难点。将供应商根据不同筛选条件进行业绩统计分类,最后设定筛选条件。例如,做过 10 万 m^2 以上的购物中心且 3 个 200m 以上超高层建筑就可以快速地寻找到合适的单位,实现招标过程中的价值创造。如表 5-11 所示,是承包商选择示例表。

承包商选择示例信息表　　　　表 5-11

供应商信息卡			
公司名称		供应商分类	总承包
项目团队数		可承接项目数	
可承接总金额		评定等级	
公司主要业绩			
业态	等级划分	个数	特殊说明项
购物中心	6 万～10 万 m^2		
购物中心	10 万～15 万 m^2		
超高层	200～300m		
超高层	300～400m		
超高层	400m 以上		
地下车库	逆作法		
项目经理(已合作)		主要履历及评分	

(3)合理制定评标条件。以施工、监理为例,要将施工组织设计或监理大纲作为评标重点,尤其是重难点解决方案的可行性;对同类商业项目资源调研,选取合适的承包商。

(4)重视潜在投标人的综合素质评价。应安排项目经理、总监、设计总师的资格条件,在合理前提下安排投标前面试环节。

团队选择时应按照公司要求对入选的每个公司安排多个团队供公司选择。并根据项目团队主要人员履历及现场面试答辩情况进行打分。最终综合选定最优团队作为合作单位。以下是施工单位考察评分表、评分标准,以及承包单位团队面试评定示例表(表 5-12～表 5-14)。

施工总包单位考察评分表　　　　　　表 5-12

施工单位名称:＿＿＿＿＿＿＿＿　　项目经理:＿＿＿＿＿　　考察时间:＿＿＿＿＿

在建项目:＿＿＿＿＿＿＿＿＿＿　　　　　　　　　　　　　已竣工项目:＿＿＿＿＿

		好 (×1.0)	较好 (×0.8)	一般 (×0.6)	较差 (×0.2)	差 (×0.0)
公司考察 (满分20分)	近年业绩和经营状况(4分)					
	企业和项目管理部之间的关系(4分)					
	对本项目的重视程度(4分)					
	经营管理体制(4分)					
	对项目经理部的管理和支持(4分)					
项目管理部和管理人员 (满分30分)	整体情况(5分)					
	项目经理(10分)					
	项目技术负责人/项目副经理(5分)					
	其他管理人员(5分)					
	主要技术工人(5分)					
在建综合体 (满分30分)	现场安全标化(10分)					
	土建质量(10分)					
	安装质量(8分)					
	工程资料(2分)					
已竣工综合体 (满分20分)	外部观感(6分)					
	内部观感(6分)					
	用户反映(8分)					

注:(1)考察总分达 70 分以上视为合格,90 分以上视为优秀。
　　(2)如以上部分内容无法进行考察,可以按实际完成的考察内容进行换算得分,但实际考察内容权重必须超过全部要求考察内容的 70%。

施工总承包单位考察评分标准　　　　　表 5-13

		好	较好	一般	较差	差
公司考察	近年业绩和经营状况	近两年获"白玉兰""扬子杯"次数（≥4次）符合入围标准，经营良好，无不良负债记录，并且每年在建住宅施工面积50万m²以上；国有施工企业且不存在不良记录	近两年获"白玉兰""扬子杯"次数（≥4次）符合入围标准，经营良好，无不良负债记录，每年在建住宅施工面积20万~50万m²	—	—	—
	企业和项目管理部之间的关系	不存在超规定的转包或分包和挂靠关系，项目管理部直接受公司管理（三级管理体系），能提供主要管理人员的社保缴纳证明文件及工资发放记录	不存在超规定的转包或分包和挂靠关系，项目管理部属于企业下属子公司	存在分包（甲方指定除外）、部分双包现象，但不存在挂靠关系	—	—
公司考察	对本工程的重视程度	完全理解本项目住宅工程检查制度、甲供材料、细部检查配合、保修服务保证等做法，并承诺做好且积极配合，指定公司管理层专人为本项目对接负责人	对本项目住宅工程的建设要求不能完全理解，但能承诺做好并积极配合，指定公司管理层专人为本项目对接负责人	能否满足本项目住宅工程的要求要看实际情况	市场竞争意识淡薄，不理解本项目公司的做法，勉强接受本项目的部分要求	没有市场竞争意识，不理解住宅工程质量要求的做法，并且不能接受
	经营管理体制	对于项目经理部有定期检查、考核的制度，能够做到对甲方能有效沟通，对项目部有明确的责权利划分，充分调动项目经理的工作积极性	对于项目经理部有定期检查、考核的制度，对于项目部有明确的责权利划分，能够调动项目经理的工作积极性	对于项目经理部有定期检查、考核的制度，对于项目部有明确的责权利划分，对项目经理的激励机制欠缺	对于项目经理部没有定期检查、考核的制度，仅在评奖、验收时出面，放任项目部管理	对于项目经理部没有定期检查、考核的制度，并且责权利关系不清
	对项目经理部的管理和支持	对项目部有奖罚措施，并与定期现场检查挂钩，公司能够对项目经理部提供技术及劳动力支持，并有长期稳定劳务分包和材料供应商，但项目经理部对于分包和材料选择有建议权或选择权	对项目部有奖罚措施，公司能够对项目经理部提供技术及劳动力支持，项目经理部可自主选择劳务分包和材料供应商	对项目部有奖罚措施，公司在项目经理部的要求下可提供技术及劳动力支持，主要劳务分包和材料供应商完全由公司指派	对项目部没有明确的奖罚措施，公司在项目经理部的要求下可提供技术及劳动力支持	全部由项目经理部自主管理，与公司无关

续表

		好	较好	一般	较差	差
项目管理和管理人员	整体情况	近年来人员未发生过重大调整，项目管理制度健全，管理人员数量能够满足本项目要求，以往合作项目甲方反映良好	近年来人员发生过部分调整，但项目管理制度健全，管理人员数量基本满足本项目要求，以往合作项目甲方反映良好	人员发生过部分调整，但能承诺70%以上原班人马能够参与到本项目，以往合作项目甲方反映良好	人员发生过部分调整，但能承诺70%以上原班人马能够参与到本项目，并承诺补充管理人员数量，以往合作项目甲方反映一般	人员不稳定，将重新组建项目班子，以往合作项目甲方反映不佳
项目管理和管理人员	项目经理	有丰富的创优经验，管理思路清晰，对质量、进度、安全文明施工有系统认识，对业主有良好的服务意识，能够充分调动下属积极性，自身专业素质好	有一定的创优经验，对质量、进度、安全文明施工有系统认识，服务意识一般，语言表达能力强，有管理能力，具备丰富施工经验	除优良外没有其他奖项，管理手段传统，具备基本的管理能力和施工经验	近年来没有突出业绩，与考察人员沟通有一定困难，现场管理缺乏力度	没有突出业绩，与甲方配合意识差，自身学历及专业素质低，管理手段落后
项目管理和管理人员	项目技术负责人/项目副经理	有获奖工程经历，有丰富的住宅施工经验，具有较高学历，能正确流利地回答考察人员提出的问题，有良好的配合意识和成品保护意识	施工经验丰富，有一定工作能力，熟悉规范，有良好的配合意识	能基本胜任自身工作，有类似工程经验，对规范有一定了解	语言表达能力差，对规范熟悉不够彻底，不能圆满地回答考察人员提出的问题	学历低，施工经验缺乏，对规范一知半解，不能正确回答考察人员提出的问题
项目管理和管理人员	其他管理人员	人员配备齐全，有较强团队合作能力，管理人员学历高，经验丰富，相关资质证书齐全且在本企业注册	有良好的业务水平，有较强的质量和进度意识	有一定的工作能力，语言表达能力不强，不善于总结	管理下属班组无具体措施，质量及进度要求不高	人员配备不齐，业务水平低，岗位职责不清
项目管理和管理人员	主要技术工人	人员来自正规渠道，能长期与项目部配合，操作手势规范，现场完成作业质量好	人员整齐规范，能回答出考察人员提出的问题，有类似工作经验	基本符合要求，操作无明显错误	现场质量较差，场地混乱，应知应会不熟悉	人员来源复杂，没有操作证
在建工程	现场安全标化	获省、市级文明工地和标化工地，现场规范整洁，安全管理制度落实，成品保护措施到位，用电安全、防火落实切实到位，无安全隐患	场地已达到区级文明工地和标化工地标准，现场材料堆放整齐，有标识牌，安全措施到位，生活区整洁干净，用电安全、防火基本落实	现场不能做到落手清，材料堆放整齐但无标识牌，生活区杂乱，门卫制度不严格，用电安全、防火中有个别项目未能落实	材料堆放混乱，存在人员进出不戴安全帽的现象，无安全施工标语，有部分用电安全、防火项目不能落实，有安全隐患	材料堆放混乱，存在较为明显的安全隐患，现场生活区卫生极差，用电安全很差，安全隐患很多

续表

		好	较好	一般	较差	差
在建工程	土建质量	混凝土及砌墙工程外部观感好，砂浆饱满，成品保护细致到位，获省、市级或区级优质奖，门窗安装、屋面防水施工满足规范要求	施工质量符合规范要求，基本落实成品保护工作，对门窗安装、屋面防水施工等专业分包有严格的检查制度	目测质量合格，但实测存在不符合规范要求之外，成品保护有盲点，对门窗安装、屋面防水施工等专业分包有严格的检查制度	存在漏浆现象，砌砖工程垂直度差，外观毛糙，目测结果不符合规范要求，门窗安装、屋面防水施工等存在渗漏隐患	混凝土存在大面积蜂窝麻面和露筋现象，存在质量问题，无成品保护，对门窗安装、屋面防水施工等专业分包等无控制手段
	安装质量	管道安装横平竖直，表面光洁，成品保护细致到位 管线、电缆、配电箱柜、灯具开关插座、避雷带接地线、上水管、排水管、煤气管及其接头、阀门等的安装均符合规范要求，达到优良标准，成品保护细致到位	安装符合规范要求，基本落实成品保护工作 各项安装质量均符合规范要求，基本能达到优良标准，成品保护落实较好	目测质量合格，但细部质量不能符合规范要求 基本符合规范要求，目测质量合格，但部分细部质量不能符合规范，成品保护一般	管道坡度不符合施工规范，部分受到污染，接头处有漏水，有部分项目不符合规范要求，成品保护较差	管道严重污染，接头处存在大面积漏水，较多项目不符合规范要求，成品保护很差，破损、污染情况严重
	工程资料	工程资料齐全，能够相互对应，并装订成册	能基本做到及时收集各类资料，与实际情况相吻合	资料未装订成册，收集工作不及时	现场施工资料缺损不齐，存在资料后补情况	材料复试报告、隐蔽工程验收等重要资料不齐
已建工程	外部观感	外墙粉刷无裂缝，面砖铺设规范，屋面防水卷材没有起泡和裂缝，油膏嵌缝密实，出屋面管道高度符合规范要求	外墙及女儿墙上无明显裂缝，出屋面管道防水处理得当，伸缩缝处理规范	阳台泛水部分存在不明显积水现象，女儿墙存在裂缝，细部处理有缺陷	屋面防水卷材存在大面积裂缝和起泡，外墙存在渗漏现象	房屋存在较多裂缝，外墙面砖脱落，窗台下有八字裂缝，油膏嵌缝脱落、开裂
	内部观感	阴阳角挺直，地面无裂缝，门窗开闭灵活，窗台下无裂缝，硅胶饱满顺直	地面无明显裂缝，管道铺设符合规范要求，卫生间无积水，硅胶槽细部处理不好	地面存在裂缝，内墙上有粉刷裂缝，塑钢窗不能灵活开闭	窗台有渗漏痕迹，管道接头有漏水痕迹，空调洞有倒泛水现象	顶层天花板有大面积渗漏现象，地下室有明显漏水痕迹
	用户反映	得到当地物业公司和业主的好评，竣工后不存在明显质量问题，有常住维修组	业主报修率较低，得到当地物业公司认可，保修能叫随到	存在一些质量问题，但尚能及时处理	房屋存在渗漏，不能按时保修	与物业公司沟通不顺，无专人负责保修

某承包单位项目团队面试评定表　　　　　　　表 5-14

序号	评审项目		1号施工单位项目经理：×××	2号施工单位项目经理：×××	3号施工单位项目经理：×××
1	团队人员	团队组织架构			
2		项目经理（已完/在建项目情况与管理经验、管理思路，下同）			
3		技术负责人			
4		生产经理			
5		机电经理			
6		其他管理人员			
7	专业经验交流	工程施工的特点和重难点保证措施			
8		施工总平面布置			
9		超高层或商业综合体项目施工组织			
10		质量管控及质量通病防治措施			
11		施工进度管理及工期保证措施			
12		安全文明施工管理措施			
13		施工总承包管理措施			
14		分包单位的配合协调			
15		其他			
16	项目实体	质量			
17		进度			
18		安全文明			
19		施工组织及协调			

（5）关注初始信任。最佳承包商（供应商）应为可信任的机构，至少应具备几点初始信任的基本要素，即市场声誉、技术能力、装备水平、管理能力、纠纷诉讼率、高管团队印象等条件（图5-6）。

对承包商进行选择评价，这是企业承接工程项目任务的必经之路。且承包商的选择评价是通过一系列赋予比重的指标对承包商所做的结论、决定与对策。它是信息搜集、决策分析选择众多承包商的结果。考查的指标越多，对承包商各方面情况的分析就越透彻、越准确。

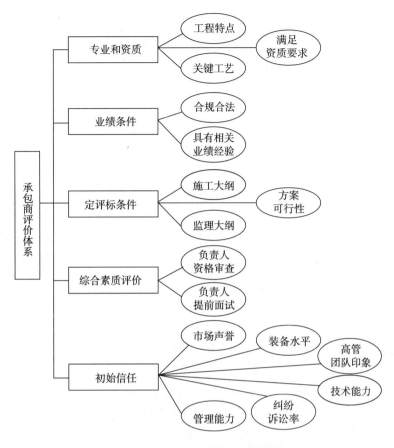

图 5-6 承包商评价体系树状图

5.4.7 招标审查

如表 5-15 所示。

招标审查要点　　　　　　　　表 5-15

招标对象	具体规定	主要内容	要点
勘察、设计（含建筑工程方案设计）招标	（1）招标人已依法成立； （2）按照国家有关规定应当履行项目审批、核准或者备案手续的，已经审批、核准或者备案； （3）勘察设计所需资金已经落实； （4）所必需的勘察设计基础资料已经收集完成； （5）法律法规规定的其他条件	（1）工程名称、地址、占地面积、建筑面积等； （2）投标须知。包括所有对投标要求的有关事项； （3）设计依据文件。包括已批准的项目建议书、可行性研究报告和其他设计要求	（1）设计文件的编制依据； （2）国家有关行政主管部门对规划方面的要求； （3）有关功能的要求； （4）技术经济指标要求； （5）平面布局要求； （6）建筑设计、结构设计、设备设计、特殊工程等方面的要求

续表

招标对象	具体规定	主要内容	要点
施工招标	(1)招标人已依法成立； (2)按照国家有关规定应当履行项目审批、核准或者备案手续的，已经审批、核准或者备案； (3)初步设计及概算应当履行审批手续的，已经批准； (4)建设工程所需资金已经落实； (5)有招标所需的设计图纸及技术资料。 某些地区根据相关法律法规的要求，在施工招标前还要求招标人提供以下资料： (1)国土资源行政审批部门核准的国土使用证（原有土地）或规划行政审批部门核准的建设用地规划许可证（新征地）； (2)规划局出具的红线图； (3)规划局出具的经审查符合规划要求的总平面图； (4)施工图审查合格意见书； (5)勘察设计依法应招标的应提供其已依法招标的证明材料	(1)投标邀请书； (2)投标人须知； (3)合同主要条款、合同协议书格式以及银行履约保函格式、履约担保书格式等； (4)采用工程量清单招标的，应当提供工程量清单； (5)技术规范和要求，包括工程建设地点的现场自然条件和施工条件，采用的规范和标准等； (6)设计图纸； (7)评标标准和方法； (8)投标文件格式，包括投标书及投标书附录、工程量清单与报价表、辅助资格审查表等	(1)工程施工合同条件； (2)投标人须知； (3)工程量清单
监理招标	(1)招标人已依法成立； (2)按照国家有关规定应当履行项目审批、核准或者备案手续的，已经审批、核准或者备案； (3)建设工程所需资金已经落实； (4)有满足监理要求的施工图纸和有关技术资料； (5)法律法规规定的其他条件	(1)投标人须知； (2)工程项目简介； (3)委托工程监理任务的范围和工作任务大纲； (4)合同条件； (5)评标原则、标准和评标方法； (6)招标人可以向工程监理人提供的条件，包括办公、住宿、生活、交通、通信条件等； (7)工程监理投标报价方式及费用构成； (8)项目有关资料； (9)投标书格式和有关表格	(1)委托工程监理任务大纲； (2)工程监理任务； (3)工程监理合同条件； (4)确定评标原则、标准和方法

续表

招标对象	具体规定	主要内容	要点
工程建设项目货物招标	(1)招标人已依法成立； (2)按照国家有关规定应当履行项目审批、核准或者备案手续的，已经审批、核准或者备案； (3)相应资金已经落实； (4)能够提出货物的使用与技术要求； (5)法律法规规定的其他条件	(1)招标书； (2)投标须知； (3)招标标的物的清单和技术要求、技术规范和图纸； (4)格式及主要合同条款，包括价格及付款方式、交货条件、质量验收标准以及违约处理等内容； (5)投标书格式、投标物质的数量以及价目表格式、投标保函格式等各种格式文本	(1)标的。对拟采购的货物进行清晰的定义，包括购销物资的名称、品种、型号、规格、等级、花色、技术标准或质量要求等； (2)技术规格和规范。明确货物或设备的技术要求和参数； (3)投标报价。报价应包括单价、总价及运费、保险费、仓储费、装卸费、手续费； (4)货物采购合同的主要内容。主要包括标的、数量、包装、交付及运输方式、交货期、价格、验收和保修、结算的时间方式和手续、违约责任

5.4.8 策划报告

招标策划成果是指经过认可的以书面形式固化的招标策划报告。策划报告编制完成后需经主管审批确认，如内容的深度或范围不满足要求，还需要进行补充。招标策划不仅是招标开展工作的作业指导书，其也涉及潜在投标人调研、标包划分等内容。

招标策划报告审批确认后，招标主管需要将其中内容落实到后续工作中。例如，严格按照进度计划推进招标活动；将明确的采购要求、评分办法等编写在招标文件中；发标时确保足够数量的潜在投标人获知招标信息；确保潜在投标人获得澄清或补遗；确保潜在投标人参与投标；确保评标委员会按照招标文件规定的评分办法进行评标；定标时注意区分自愿招标项目、国有资金占控股或者主导地位依法必须招标项目的不同规定等。招标策划的应用就是将审批后的策划成果应用到招标文件编制、发标、开评标、定标等招标工作中。以下是××工程招标策划报告（表5-16）。

××项目××工程招标策划报告　　　　　　表5-16

××项目××工程招标策划报告

一、招标范围、招标内容及标段划分
1. 招标内容：根据项目实际招标内容描述
2. 招标范围及标段划分
（1）招标范围及界面划分：根据工程招标的实际范围描述；若存在交叉作业还需进行界面划分描述，如总包施工单位与分包施工之间的界面划分。
（2）标段划分：本次招标分×个标段，具体划分详见表1。

标段划分　　　　　　　　　表1

标段划分	楼栋号	建筑面积	施工面积	施工进场时间	完工时间
一标段					
二标段					
三标段					

（3）项目总平面图（若无分期和标段划分，无需提供总平面图）

总平面图
（适用于总包、土方、总平、景观工程项目分期或标段划分；总平面图上需标注标段编号及楼栋编号）

二、预控目标
本工程需按表2控制成本，在限额内进行设计和报价。

成本指标表　　　　　　　　　表2

	事业部产品配置标准（元/m²）	集团产品配置标准（元/m²）	设计限额（元/m²）	目标成本（元/m²）	备注
地下室工程					含主体结构、粗装修
地上主体结构					含主体结构、二次结构、粗装修
室内水暖气管线设备					含室内给水排水、室内电气、弱电配管等
合计					

填表说明：上述成本需细分至三级科目，按实际实施面积单方造价指标填写。

续表

三、技术标准及要求

1. 设计技术标准及要求：须根据招标项目的实际情况如实填写、如定位、效果、采用材料的部品部件及特殊要求等。

2. 施工现场技术要求：须根据项目现场实际情况，提出质量、进度、安全、施工等要求及技术参数补充。

四、招标计划安排

本工程招标计划根据工期要求倒推招标计划，具体时间节点见表3。

招标工作计划表 表3

序号	招标工作计划		计划日期	
	主要工作	负责/协作人	开始日期	结束日期
1	工期要求	工程部		
2	设计方案、施工图、材料定板定样及其他技术资料提交	技术		
3	技术经济论证会	技术/工程、合约		
4	投标单位考察及投标入围审批	合约/工程、技术		
5	招标文件的编制及确定（含合同、招标清单）	合约/工程、技术		
6	招标文件审批（含合同、招标清单）	合约		
7	发标、回标	合约部		
8	开标、评标、询标	合约/工程、技术		
9	定标审批及中标通知书下发	合约部		
10	合同签订审批及盖章下发	合约部		

五、投标单位选择

对投标单位的要求：要求供方具备资质等级__级；计划需要__家投标单位，根据集团资信管理要求，需具备集团A级__家，A、B级__家；投标单位情况详见表4。

投标单位情况简介 表4

序号	单位名称	供方来源	与我司或其他公司合作业绩	资信评定等级	备注
1				集团A级	
2				集团B级	
3				事业部A级	
…					

说明：评定等级先按集团资信等级填写，再按事业部供方管理制度中等级划分来填写。

若已合作过的投标单位需对合作情况进行简要说明；未合作过的投标单位根据事业部新单位进驻管理办法对考察洽谈情况进行简要说明。

续表

六、合约分判 1. 招标方式：□邀请 □公开 □直接发包（此项需在方框内打"√"） 2. 计价方式：□总价包干 □固定单价 □模拟清单（此项需在方框内打"√"） 3. 工程价款支付原则 （1）预付或备料款：无 （2）进度款支付：按月或按完成相应节点进行支付 （3）支付比例：每月支付其完成产值不超70%，完工后竣工结算时支付至结算款的95%，留5%为质保金 4. 材料和设备的供应方式 （1）甲供材料种类 （2）甲指定乙供材料种类 （3）乙方自行确定品牌自行采购种类 5. 成本控制风险预判 根据工程的具体项目特征，分析成本控制关键点，并进行风险预判。 七、定标原则 定标原则：□最低价中标 □综合评分法，合理低价中标（此项需在方框内打"√"；基本原则采用最低价中标，若对施工技术要求较高，可选"综合评分法"）。 编制时间：

第6章 全过程工程咨询工程施工阶段

6.1 基本概述

施工阶段的项目管理是整个工程建设项目管理过程中的重要环节，也是实现建设项目价值和参与各方自身利益的关键。施工阶段根据前期设计、招投标阶段确定形成的设计图纸、技术要求、招投标文件的合同文件约定进行成本控制、质量控制、进度控制、合同管理和信息的管理、协调管理，最终完成建设项目实体[①]。为优质地完成项目建设，全过程工程咨询单位在施工阶段需要对建设项目进行全过程、全方位管理，为竣工阶段的验收、移交做准备。

商业综合体的建设是一项大型的工程，需要投入的资金数量庞大，建造也相当复杂，所以为项目的施工与管理带来了一定的难度。为实现工程项目的既定目标——优质建设项目，全过程工程咨询机构在建设项目实施阶段通过组织协调、合同管理等手段，对项目进行全方位管理。在该阶段，全过程工程咨询机构依据施工合同有效控制，并优化进度、质量、成本，是建设项目能否成功的关键。

6.2 工作流程

（1）工作目标主要是具体目标，包括项目投资目标、进度目标、质量目标、安全目标等。

（2）工作内容主要是工程施工阶段工作任务的实施及管理，主要内容包括进度管理、投资管理、质量管理、安全管理、合同管理、信息管理、参与方协调工作等。

---

① 金楠.从招标代理到全过程工程咨询[J].中国招标，2018（39）：24-26.

（3）参与主体主要是为实现前期决策阶段最终项目目标的实施主体，主要包括建设单位、施工单位、施工分包单位、监理单位、全过程工程咨询单位及设备材料供应商等。

建设项目工程施工阶段的工作流程如图6-1所示。

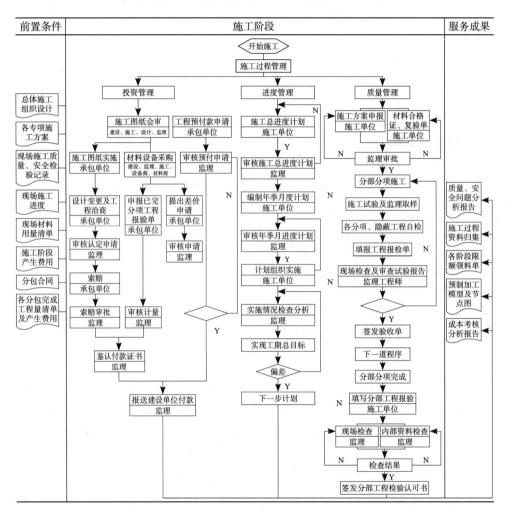

图6-1 工程施工阶段工作流程

6.3 工作内容

施工阶段是建设项目建设实施的重要阶段，全过程工程咨询单位应按业主建设需求和合同约定对工程成本、质量、进度、合同、信息进行有效的管理控制，并协调业主、承包单位、各参与单位关系，履行各方责任、权利，保证工程项目顺利实施（表6-1）。

工程施工阶段核心工作内容　　　　　表 6-1

阶段	序号	工作项目	具体内容	参与单位	成果文件
工程施工阶段	1	实施阶段勘察设计咨询	设计文件的资料咨询服务、勘察及设计的现场咨询服务、专项设计咨询服务、设计交底与图纸会审咨询服务	业主方 全过程工程咨询单位 设计单位	设计交底 图纸会审
	2	质量控制	质量管理体系和保证体系、质量控制、质量验收	业主方 全过程工程咨询单位 施工承包商	工程质量鉴定文件
	3	进度控制	进度计划跟踪与检查、进度控制、项目进度计划的调整	业主方 全过程工程咨询单位 施工承包商	施工进度计划报审表
	4	造价管控	资金使用计划、工程造价动态管理、工程计量与工程款、询价与核价、工程变更、工程索赔和工程签证、合同期中结算	业主方 全过程工程咨询单位 造价咨询单位	资金使用计划
	5	安全文明施工与环境保护	安全文明施工、环境保护	业主方 全过程工程咨询单位 施工承包商	安全技术措施计划 环境管理体系

6.4 核心内容

6.4.1 进度管理

（1）确立总进度目标计划

根据合同规定及项目安排，充分估计影响工程开工的必要条件，在项目施工之前制定好符合业主要求的工程总计划进度。列出计划开工时间及计划交付时间。确认施工过程中的控制节点、交付专业设备安装、装饰装修的进场节点，并加以控制。总进度计划要充分结合施工技术方案、各分包专业施工单位的进度要求，抓住关键线路上的重要节点工序，充分利用计划中的自由时差，确保施工最佳均衡和连续作业，并高度重视各专业施工单位间的相互关系，加以平衡协调。

全过程工程咨询单位应在施工全过程中建立工期保障体系，在进行建设工程总进度目标控制前，首先应分析和论证目标实现的可能性。若进度目标不可能实现，则项目管理者应提出调整项目总进度目标的建议，加强信息的传递和反馈，确保整个现场能在统一指挥、统一组织、统一调度、统一管理下有序作业。

整个工程遵循先地下，后地上；先主体，后装修；先土建后安装专业，地下结构采用分区流水方法施工，主体结构采用从下至上，装修施工采用分段从上至下的一般原则，但在主体结构分段验收后应及时插入装修施工，主体结构施工、装修施工、专业施工将穿插进行。相关专业与主体结构及装修施工同步进行，协调配合。原则上施工部署一般不考虑冬期进行室外湿作业施工。

（2）进度计划分解与编制

商业综合体项目一般规模较大，施工工艺技术复杂。在进行项目施工组织设计时，根据设计使用功能、结构形式等，结合地上建筑分布情况和施工组织需要，将整个项目精细化分解，施工时可在各大施工区域内部进行流水施工。

针对商业综合体项目，根据该项目各个施工工序和工艺，参考该项目的施工方案，结合工作结构分解（WBS）将综合体项目工作分解，编制进度计划进行进度管理（图 6-2）。

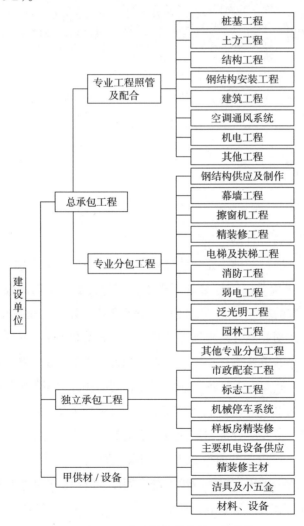

图 6-2 商业综合体项目工作分解

进度计划编制的主要程序如图 6-3 所示。

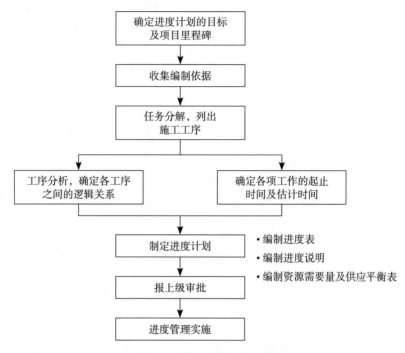

图 6-3 进度计划编制的程序图

（3）进度管理方法和措施

1）进度计划的实时监督

根据项目进度计划控制模式，要实现项目进度计划的全过程控制，对项目实际进度的监测十分重要。通过项目进度的全过程监测，在项目建设施工的全过程中实现项目进度的"PDCA"循环管理和控制。在商业综合体项目的建设施工过程中，全过程咨询单位应每天对现场的施工进度进行检查，并汇总相应的检查结果，以反映项目施工计划的执行情况。项目进度检查主要从工作完成比例、工作持续时间、相应于计划的实物工程量完成比例、用工数量四个方面进行。具体进行全过程监督检查要从以下几个方面进行。

①在计划实施过程中，应对承包单位实际进度进行跟踪监督，并对实施情况做记录；

②根据检查的结果对工程进度进行评价和分析；

③发现偏离，向项目监理部、承包单位发《工作联系单》，要求项目监理部、承包单位及时采取措施，实现进度计划的安排；

④在每个月份规定一个具体时间，要求承包单位上报月工、料、机动态表。

2）进度计划的审查审批

根据商业综合体项目施工组织和施工工艺流程的内容，针对该文化商业综合体项目精细化区域结构施工内容制定统一的进度计划，对项目的进度起到整体控制的作用。同时，项目的承包商应根据施工总承包合同、施工分包合同和施工大纲的要求，制定具体的施工进度计划，全过程咨询单位应对相应项目的总承包商、分包商的施工进度计划进行审核，使得项目的施工进度计划在各个专业系统领域能够得到有效的分解和落实。具体进度计划的审查审批要从以下几个方面进行。

①根据建设工程施工合同的约定按时编制施工总进度计划、季度进度计划、月度进度计划、周进度计划，并按时填写《施工进度计划报审表》，进行多部门审核；

②根据本工程的条件（工程的规模、质量标准、工艺复杂程度、施工的现场条件、施工队伍的条件等）全面分析承包单位编制的施工总进度计划的合理性、可行性；

③审查进度网络计划的关键线路并进行分析；

④对季度及年度进度计划，应分析承包单位主要工程材料及设备供应等方面的配套安排是否匹配。

3）调度进度工作的执行

在建筑工程项目的实施过程中，调度工作对进度控制主要起协调的作用，是项目进度"PDCA"循环控制的重要内容。针对商业综合体项目，为保证项目调度工作执行的效果，相应的做法有：针对项目进度计划实施情况，建立定期巡查制度，组织各分包商到现场巡查，检查现场的施工进度。根据巡查结果对项目进度计划的实施情况进行检查；一般主要采用对比法，通过实际进度和计划进度的对比，发现项目进度实施的偏差，以便调整和修改；检查是按计划图形的不同采用不同的检查方法，具体包括横道计划检查法、网络计划检查法等。建立监测、分析、反馈进度实施过程的信息流动程序和信息管理工作制度，如工期延误通知书制度、工期延误内部通知书制度、工期延误分包检讨会、工期进展通报会等一系列制度、例会。项目进度计划的编制方法主要有横道图法、网络图、计划评审技术（PERT），如表6-2所示。

4）进度计划的检查及调整措施

①施工进度监督检查的重点

从主动控制的角度出发，在检查前，对各类影响工程进度可能因素进行分

项目进度计划的编制方法   表 6-2

编制方法	特点	适应性
横道图法（条线图、甘特图）	（1）传统的进度计划方法； （2）二维的平面图，纵向表示工作内容，横向表示进度，每一横道显示每项工作的开始和结束时间，长度表示持续时间，时间单位可以用月、旬、周或天表示； （3）表述直观、简单、易操作，但各逻辑关系难以表达清楚	（1）广泛适用于项目前期计划，便于了解项目建设的各有关部位和进展情况； （2）适用于资源优化和编制资源及费用计划； （3）不适用于大的进度计划系统
网络图法	（1）最理想的工期计划方法和工期控制方法； （2）逻辑性、系统性、全面性； （3）提供清晰的关键线路，便于计划的调整与控制	普适性强，对复杂的大型项目更具优越性；绘制、分析、使用较为复杂，需要计算机作为工具
计划评审技术（PERT）	（1）非肯定型网络计划； （2）通过收集和处理的基础资料，将计划工期内完成的工程任务分别计算出某个给定期限前完工的概率，并加强控制具有较小概率的工作； （3）投入大、要求高	适用于不确定因素较多、复杂的项目

析，对可能性较大的影响因素，事先进行预控，并在检查过程中重点督查。

监督检查重点包括：

a. 工程建设相关单位的影响。在工程施工过程中，尤其是施工初始阶段，建设相关主管单位工作的滞后将对施工进度产生较大的影响。例如，地方政府部门专项审批工作滞后；设计单位图纸提供不及时；监理单位对施工组织设计审查、开工令下达拖延；道路、水、电不通等，都可能造成工地窝工，影响进度。因此，必须协调好各相关单位之间的进度关系，使各方的工作进度统一到项目的总体进度上来，同时对那些无法进行协调控制的进度关系，应在进度计划的安排中留有足够的机动时间。

b. 物资、设备供应及安装进度的影响。施工过程中需要的材料，构配件、机具和设备等如果不能按期运抵施工现场，到场后发现质量问题或构配件、设备安装质量达不到有关标准，都会影响施工进度。

c. 施工单位自身的影响。如果施工单位的施工方案不当，计划不周全，管理不善，解决问题不及时，施工机械、人员投入不够等，都会造成施工进度延误。因此，在检查过程中重点检查施工单位对进度工作的组织管理和机械、人员的投入情况，杜绝因施工单位自身原因造成项目工期延误。

d. 设计变更的影响。设计变更一般是设计单位对原设计中所存在的问题进行修改，或者由于建设单位提出了新的要求后必须对原设计进行修改。在工程实践中，设计变更是难以避免的，这必然给工程施工进度带来影响。为了减小影响程度，一方面要及时进行设计变更，这就要求设计单位提高施工图纸准确性，施工相关人员在施工前发现并提出图纸中存在的问题，反馈给设计单位，并要求在施工前及时修改，避免返工、窝工。另一方面，应事前对项目各方面的要求考虑周全，严格控制随意变更。

e.其他因素的影响。施工过程中还存在着许多因素，都可能直接造成工程进度的延误、延期。如自然条件的影响，各种风险因素的影响等。检查过程中应根据项目特点进行了解，分析其带来影响的可能性，督促参建各方及时采取预防或制定补救预案，尽可能降低影响程度。

②施工进度的检查方式

a.各专业在职责范围内工程进度计划的跟踪检查，发现进度偏差，及时查找原因，及时要求总承包及相应责任单位采取相应纠偏措施。

b.督促监理单位常态性地收集由施工单位提交的有关进度报表资料。工程项目施工进度报表资料不仅是专业工程师实施进度控制的依据，同时也是其核准工程进度款的依据，施工单位若能准确地填报进度报表，专业工程师就能从中了解到工程项目的实际进展情况。

c.由专业工程师现场跟踪检查工程项目的实际进展情况。为了避免工程项目施工单位超报已经完成的工程量，专业工程师有必要会同监理人员进行现场实地检查和监督。可以每周检查一次，如果在某一施工阶段出现不利情况，甚至需要每天检查。

d.坚持例会制度。项目工程部每周召开工作例会、参加监理例会，交流计划完成情况、相应措施和计划安排。

e.参加由监理工程师定期组织的现场施工负责人召开的现场会议。监理单位定期组织现场施工负责人召开现场会议，通过面对面的交谈，专业工程师可以从中了解到工程项目施工过程中的潜在问题，以便及时采取相应的措施加以预防。

③进度计划的偏差调整

当工程进度偏离计划时，对其进行原因分析、措施研究、提出建议。经过对进度的检查、比较、分析，最后根据偏差的程度确定对原计划进行调整，以确保进度控制目标的实现。不同程度的进度偏差应采取不同级别的应对措施：

a.出现日计划偏差时，在现场采用日常口头方式通知并制订方案即可；

b.出现周计划偏差时，由施工单位召开专题例会制订补救措施，并以书面形式通知。

c. 出现月计划偏差时，由项目部协同监理部共同制订措施，结合实施过程，分析可能出现的风险因素，并以书面形式通知施工单位负责人，以及提供相应的风险预防措施。必要时采取赶工措施确保项目整体进度。解决燃眉之急后，必须查清进度出现偏差的原因并进行总结整理。

施工过程中对施工进度计划进行调整。方法主要有两种：一是通过压缩关键工作的持续时间，缩短工期；二是通过组织搭接作业或平行作业缩短工期。

④解决进度拖延的措施和方法

进度拖延的原因有很多方面，工期及相关计划的失误；计划工期及进度计划超出现实的可能性；自然条件的影响；遇到更加不利的自然条件；管理过程中的失误，如计划部门与实施者之间，承包商之间缺少沟通，工作脱节；边界条件的变化，如设计变更，设计错误，外界对项目提出新的要求和限制；资金不到位，材料设备不按期到货等。

a. 进度管理事前管理

编制项目运营计划，锁定施工合同中施工总进度计划及总工期，同时以总工期为依据，要求总承包单位编制工程进度分阶段实施计划，包括施工准备计划、劳动力进场计划，施工材料、设备、机具进场计划，分包单位进场计划等。对关键过程或特殊过程编制相应的施工进度计划，要求制定相应的节点，编制节点控制计划。

在施工合同中明确进度奖惩措施，激励施工单位全力保证合同节点顺利实现。

b. 进度管理事中管理

审核施工（各供货、配合等）单位进度计划、季度计划、月计划，并监督施工单位按照已制定的施工进度计划实施。

每周定期与总、分包单位召开一次协调会，协调生产过程中发生的矛盾和存在的问题，按总承包每周施工进度要求检查完成情况，并落实下周施工生产进度。在施工高峰时，每日施工结束前，召开一次碰头会，协商解决当天生产过程中和第二天生产中将会发生的问题，总承包负责协调解决的问题绝不拖延。

根据施工现场的实际情况，及时修改和调整施工进度，并定期向参与各方通报施工进展情况。

c. 进度管理事后管理

对"计划"实施完毕后的绩效考核、总结、分析调整、备案等进行事后管理。

（4）进度计划实施与优化

1）进度计划的实施

在施工进行时落实计划中的每一项要求，即用施工进度计划指导施工活动、落实和完成计划。施工项目进度计划逐步实施的进程就是施工项目建设的逐步完成过程。为保证项目进度计划的实施并保证各进度目标的实现，在实施进度计划时主要开展以下工作：

①建立项目进度管理制度，制定进度管理目标。

②针对各专业、阶段、过程的执行者进行交底，落实各自职责。

③各项执行者应根据本项工作内容，制定实施计划措施。

④在实施计划过程中应进行管控工作：

a. 跟踪检查，收集数据；

b. 实际数据与计划对比；

c. 分析计划执行情况；

d. 对产生的变化，采取措施纠正或调整计划；

e. 检查措施调整的落实情况；

f. 进度计划的变更必须与相关部门沟通。

2）项目进度计划优化

项目进度的优化，就是在满足既定的约束条件下，按照某目标对项目的进度计划进行不断检查、评价、调整和完善，从而满足最优进度计划。项目进度的优化主要有工期优化、费用优化和资源优化三种。

①工期优化

工期优化的目的是通过相应的优化措施压缩项目的计算工期，以达到项目的工期目标或使项目的工期缩短。在项目进度管理中，工期优化一般通过压缩关键线路上工作的持续时间来优化目标。在通过关键工作缩短工期时，应优先选择对项目质量和安全影响不大的工作、有充足备用资源的项目、缩短持续时间所需增加资源最少的工作。

②费用优化

对于建筑工程项目，工程的成本主要包括直接费用和间接费用，工程的总成本是两者的叠加。根据对项目进度和成本的研究分析，项目总费用和总工期之间存在一定关系，通过项目的工期、费用优化，依次找出既能缩短工期又能使项目费用增加最少的工作，缩短其持续时间，从而求出工程成本最低时的项目最优成本或在相应工期要求下的最低工程成本。

③资源优化

建筑工程项目建设施工中所需的人力、材料、机械设备和资金等被称为资源。进行资源优化，主要是通过改变项目工作的开始时间，使得资源在时间分布上更加合理。资源优化主要分为"资源有限，工期最短"和"工期固定，资源均衡"两种。其中"资源有限，工期最短"是指针对项目进度计划进行调整，在满足资源限制条件的情况下使工期增加最少；"工期固定，资源均衡"是指在项目工期不变的情况下调整进度安排，使资源均衡。

（5）施工进度的保障措施

进度控制的关键是要确保项目按照进度计划进行和项目合同规定的工期要求实现，结合进度计划的内容，项目进度控制就是要确保关键线路工作的实现。通过对商业综合体项目结构的分解、项目活动排序、项目活动持续时间估计等工作编制项目进度计划。在项目实施过程中，通过对项目进度全过程跟踪和监控，对项目进度进行及时分析和调整，确保项目进度计划的实现。施工进度控制的措施主要包括组织措施、管理措施、经济措施和技术措施。

1）组织措施

①项目工程部内部组织分工。

组织是目标能否实现的决定性因素，为实现项目进度目标，应充分重视健全项目管理组织体系。全过程工程咨询单位应组织项目进度总控制计划的检查、落实，各专业人员职责范围内工程进度计划的跟踪检查，发现进度偏差，及时查找原因，及时要求各参建方采取相应纠偏措施。

②对项目工程部进行支持、服务和控制。

全过程工程咨询单位应对工程实施重点监控管理，并定期对项目进度进行检查监控，发现问题及时采取有效措施避免工期拖后，编制施工进度控制的工作流程。

③对各参建方加强组织协调管理

以召开项目定期协调会的方式，进行有关进度控制会议的组织协调。同时，要与项目各方建立并保持联系，互通情况，沟通信息，及时解决工程建设中出现的问题。通过对工程参建各方的管理、配合与协调，使施工中发生的任何问题都能够及时快捷地解决，为加快工程施工进度创造出良好的环境和条件。

2）技术措施

全过程工程咨询单位通过制定管理工作总计划，确定管理工作关键线路。专业工程师实行定期检查制度，对涉及工程管理的各环节进行督促检查，随时反馈信息，随时掌握工程动态，确保关键工作按时完成，避免非关键工作转化为关键工作，实现各阶段性工期控制目标，进而保证总工期目标的实现。

3）经济措施

施工进度控制的经济措施涉及工程资金需求计划和加快施工进度的经济激励措施。保证在与设计单位、工程承包单位签订合同时，明确合同条款中双方的权利义务与责任，特别在合同中规定几个重要阶段（或形象部位）的完成时间，针对承包人工期的提前或滞后，制定相应的奖罚措施，并明确奖罚数额。以采取经济手段保证项目管理工作总计划的实现。

①为确保进度目标的实现，应编制与进度计划相适应的资金、人力、物力需求计划，来实时反映施工期间所需资源。通过对资源需求分析进行进度的实施计划。

②在编制工程成本计划时，应考虑加快工程进度所需要的资金，针对具体施工进度制定相应的激励惩罚措施。

针对商业综合体项目，在项目进度控制中采用奖惩结合的激励制度主动引导项目施工参与人员去完成项目目标。长期以来，为实现项目进度控制目标，更多地采用罚款的方式对项目参与人员的进度行为进行制约，但有罚无赏的制度不能激励项目参与人员的积极性。因此，在商业综合体项目的进度控制中，每月项目总承包单位会根据项目上月要求完成的单向工程控制节点目标对项目的分包商进度进行检查，对未按计划完成的分包商予以处罚，对超额完成项目进度计划的分包商予以奖励。同时，项目进度管理制度对项目分包商引起的进度问题给出了具体的说明，由于分包商自身原因拖延工期而使后续单项工程施工受阻的，分包商必须承担由此而产生的损失，同时总包商有权保留对分包商的工期索赔权。

本工程的设计合同、地质勘查合同、监理合同、施工合同、设备及材料采购合同等均是施工过程中进行进度管理的重要依据。从编制招标文件开始，项目招标采购时对合同条款中关于进度、计划控制等相关内容进行明确。在工程进展过程中，对相关单位以合同条款为依据进行监督检查，以保证进度计划目标的实现。

6.4.2 造价管理

建设工程项目施工成本管理开始于招投标阶段，终止于竣工结算环节，此阶段的项目成本应进行全过程的动态控制。项目施工成本控制是项目成本管理的关键内容，项目的施工成本控制拥有全过程和全方位的双重属性。

建设工程的施工阶段是项目价值和使用价值实现的主要阶段，是依据设计图纸，将原材料、设备等变成工程实体的过程。这个阶段的工程造价管理是具体的、繁杂的，也会在一定程度上影响工程造价。这一阶段对工程造价的影响程度可达 5%～10%。由于在施工阶段所进行的造价控制拥有更直观的经济结果和更多样化的控制手法，使得该阶段仍是现今商业综合体项目建设领域中的工程成本控制的工作重点。在保证工期和质量满足要求的前提下，在施工阶段动态收集项目的成本，通过采取相应的措施对费用进行控制，根据对实际成本与计划成本的比较进行成本分析，促进施工阶段成本管理。

（1）施工成本影响因素

通过大量文献查阅以及实际案例调研，施工阶段影响项目施工成本的因素共有 5 个方面：施工方案、施工进度、施工质量、物资采购及供应管理、资金的筹集和管理使用（图 6-4）。

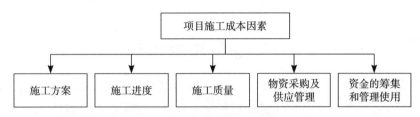

图 6-4　项目施工成本影响因素的划分

1）施工方案

施工方案是根据一个施工项目指定的实施方案，是指工、料、机等生产要素的有效结合方式，施工方案的优劣在一定程度上会对项目的施工成本产生影响。

2）施工进度

施工进度是施工组织设计在时间上的体现。施工进度与建设工程项目的资源投入量呈正相关，即随着投入资源的增多，施工进度会加快。反之，则减慢。

3）施工质量

施工质量成本包括预防成本和故障成本，预防成本属于质量保证费用，和质量水平成正比，工程质量越高，预防成本越大；故障成本属于损失性费用，和质量水平成反比，即质量越高，故障成本就越低。

4）物资采购及供应管理

在建设工程项目实施过程中，对建筑材料的控制是施工成本控制的关键内容。为了进行投资控制，应制定具有针对性的方法和制度进行主动控制。

5）资金的管理、使用和筹集

在建设工程项目的实施阶段，资金的筹集工作是保证项目按照进度进行的基础。此外，对施工过程中的资金进行有效的利用和资金周转，可提高资金的使用效率。

（2）施工成本控制程序

在建设工程项目施工阶段，对项目施工成本的控制应采取动态的控制手段。其核心内容是对施工阶段成本控制的管理行为是否符合相应的要求和规定。建设工程项目施工成本控制流程如图6-5所示。

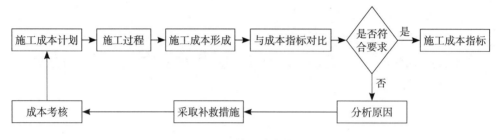

图6-5 项目施工成本控制程序

对购物中心进行成本指标对比，地下室、结构及初装修、机电、公共区域装修、外立面、基础土石方、弱电、景观成本占建安成本总比例约80%，因此，应对购物中心的前期成本占比进行重点策划及对标。以某商业综合体购物中心为例，如表6-3所示。

购物中心成本占标对比　　　　　　　　　　　　　表6-3

序号	成本项目	××万象城		××购物中心		××广场	
		单方成本（万元）	占比	单方成本（万元）	占比	单方成本（万元）	占比
1	地下室	1816	21.13%	1212.00	16.37%	678.97	9.17%
2	结构及初装修	1723	20.03%	2162.2	29.234	1849.59	24.98%
3	机电	1525	17.74%	1591.00	21.49%	1427.90	19.26%
3.1	通风及空调	1478	5.56%	500.50	6.76%	450.00	6.08%
3.2	消防	254	2.95%	176.00	2.384	231.00	3.12%
3.3	电梯	247	2.87%	242.00	3.27%	170.13	2.00%
4	公共区域装修（含后勤区）	750	8.72%	755.00	10.20%	698.36	9.43%
5	外立面	522	6.07%	834.00	11.27%	628.00	8.48%

续表

序号	成本项目	××万象城 单方成本（万元）	占比	××购物中心 单方成本（万元）	占比	××广场 单方成本（万元）	占比
6	基础土石方	266	3.10%	794.00	10.73%	405.84	5.48%
7	弱电	233	2.71%	165.00	2.23%	166.00	2.24%
8	景观	105	1.22%	112.00	1.51%	81.00	1.09%
9	其他	1658	19.28%	1616.78	21.84	1469.34	19.85%
	合计	8598	100.00%	9244.00	100.00%	7424 80	100.00%

（3）施工成本控制审查

施工过程中发生的洽商变更，实行工程、成本、监理、施工四方现场核量，及时核价的制度，有效地控制了结算时洽商费超报、冒报现象的发生。将工程管理与成本管理相结合，对设计不合理的节点进行修改及成本控制。施工阶段成本控制审查要点如表6-4所示。

施工阶段成本控制审查要点　　　表6-4

工程变更	①工程变更应按其变更的内容、性质、金额和影响程度划分相应的类别、履行相应的审批流程； ②变更资料应齐全、完整并具有可追溯性； ③工程变更的价款调整计算应准确无误； ④工程变更引起的其他相应费用调整（例如，措施费项目）应合法、合理、有依据
工程量清单缺项	①工程变更应按其变更的内容、性质、金额和影响程度划分相应的类别，履行相应的审批流程； ②变更资料应齐全、完整并具有可追溯性； ③工程变更的价款调整计算应准确无误； ④工程变更引起的其他相应费用调整（例如，措施费项目）应合法、合理、有依据
现场签证	应按相应程序办理相关手续，做到各种资料齐全，审核与批准程序资料完整、有效
物价变化	因材料价格上涨进行合同价款调整应在合同及规范规定的范围和幅度内，应以政府公布的相应价格指数作为依据
暂估价	材料暂估价应按合同约定的程序及时进行价格确认，相关资料应齐全完整
不可抗力	按相关规定区分在不可抗力发生时相关各方应承担的责任风险范围，及时对产生的损失进行确认
提前竣工（赶工补偿）	提前竣工一定是在合同约定的情况下，并由发包人提出的提前竣工给承包人带来费用成本上涨的一种补偿。在办理价款结算时，应有合同约定及补偿标准，也要同时按相应程序办理确认手续

续表

误期赔偿	按合同之规定,由于承包人原因延误合同工期,给发包人带来经济及其他损失的,发包人应按相关条款约定的方式及赔偿标准,给予承包人赔偿,并应由发包人、承包人双方进行确认
工程索赔	工程索赔是双向的,包括承包人向发包人提出的索赔,也包括发包人向承包人提出的索赔要求,有经济性的也有工期性的,索赔应本着实事求是的原则进行,及时办理索赔的确认手续。 ①工程索赔成功的必要条件: a.与合同对照,事件造成了承包人工程项目成本的额外支出,或直接工期损失; b.造成费用增加或工期损失的原因,按合同约定不属于承包人的行为责任或风险责任; c.承包人按合同规定的程序和时间提交索赔意向通知和索赔报告。 ②索赔处理的原则: a.必须以合同为依据; b.及时、合理地处理索赔,以完整、真实的索赔证据为基础; c.加强主动控制,减少索赔。 ③工程索赔处理的相关依据: a.建设工程施工承包合同; b.工程招标工程量清单; c.招投标文件; d.施工图纸技术及技术规范文件; e.工程变更、施工签证、双方往来文件及会议纪要等; f.施工进度计划和实际施工进度记录、施工现场的有关文件(施工记录、备忘录、施工月报、施工日志等)及工程照片; g.气象资料、工程检查验收报告和各种技术鉴定报告; h.工程中送停电、送停水、道路开通及封闭的记录和证明; i.国家法律、法规及相关政策性文件; j.其他相关资料。 ④工程索赔的申请程序 a.索赔报告的起草; b.索赔的申请程序按以下步骤进行:递交索赔意向通知书→正式递交索赔报告→递交延续索赔通知→递交最终索赔报告。 ⑤处理工程索赔事件的方法及关键点: a.对索赔事件处理的方式与方法:加强对索赔事件发生事前、事中和事后的现场调查,收集相关证据材料;对索赔事件的形成进行原因分析;对事件发生的责任主体进行判断;加强工期索赔中网络计划技术的运用;对索赔结果进行分析。 b.处理好索赔事件的关键:加强合同管理与施工过程管理;合理划分承包人、发包人及各参与主体的合同责任;索赔事件要做到及时、客观、公正、有理有据、准确无误、程序及时有效合规;采取群策群议的方针,对于较大索赔事件必须成立由各部门各专业专家组成的索赔事件理赔小组。索赔事件有关资料应齐全有效、有追溯性,全面反映事件整个过程;事件处理完毕后,要对事件进行总结汇总。 ⑥工程索赔审核的要点: 审查工程索赔的要求是否合理、客观、真实、有效、合规;审查工程索赔发生的原因是否明确;审查工程索赔的程序是否合规有效;审查工程索赔的金额是否合理有据,支付是否及时到位

	续表
材料询价工作	商业综合体工程因配置标准较高，新材料、新工艺较多，对材料询价需求较大。全过程咨询单位应协调配置询价小组，通过网站询价平台、电话询价、市场考察等方式进行集中询价 询价工作注意事项：询价渠道要贴近市场；要有数据留存：如传真、扫描件、邮件等以备审查，并可体现材料价格信息权威性；注意询价产品的价格组成，即运输费、营改增后税金以及产品需求量等细节对询价结果的影响；新项目周边价格调研；每种材料价格询问3家以上；对于重要设备价格，要求材料供应商报价时加盖公章

（4）施工投资管控措施

1）管变更，变更是经批准的改变，包括增项、减项、改尺寸、改形状、改材料及作法。因为变更赋予了承包商在没有竞争形势下的重新定价权，所以变更是引起"三超"的罪魁祸首。

工程变更作为合同管理中的重要内容之一，加强工程变更价款的管理与控制对建设工程项目合同管理目标的实现具有重要的意义。工程变更作为建设工程项目投资失控及施工工期延误的主要原因，在工程变更发生后势必会造成合同价款与施工工期的相应调整，这种现象对结算的影响不但表现在工程变更本身直接发生的费用和施工工期的补偿，而且还间接地影响其他没有工程变更的工序或工作的顺利实施。工程变更对项目的直接影响是指工程变更导致的施工工期的延长引起的费用增加以及工程变更价款的增加；间接影响指由工程变更引起的工程索赔，以及由于索赔久拖不决进而发展为合同纠纷和争端。

在建设项目施工过程中，由于各种原因，经常出现工程变更和合同争执等许多问题。由于工程变更所引起的工程量变化、承包人索赔等，都有可能使建设项目投资超出投资控制目标，全过程工程咨询机构必须重视工程变更及其价款的管理。

建设工程项目不同的参与方的不同行为都有可能会诱发工程变更，这些来源于业主方、设计方、咨询方以及承包商等方面的行为既可以是他们的主观意识，也可以是独立于意识形态而存在的客观原因。研究诱发工程变更的因素，有助于确定建设工程项目过程中的责权利问题，对合理确定工程变更价款并进行有效的控制具有非常重要的作用（图6-6）。

商业综合体项目不同类型工程变更对项目结算的影响情况。通过对诱发工程变更的因素进行分类，进而确定工程变更的具体表现形式，加之利用合同对工程变更处理流程的分析，可以找出工程变更对项目目标实现的影响。全过程工程咨询机构在进行工程变更管理过程中，建立严格的审批制度和审批程序，防止任意

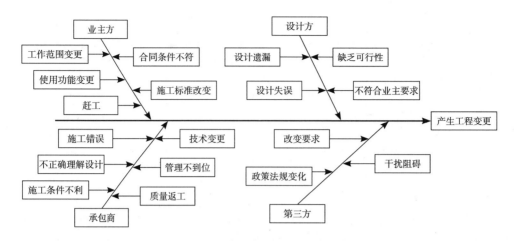

图 6-6　识别诱发工程变更的因素

提高设计标准，改变工程规模，增加工程投资，切实把投资控制在目标范围内。全过程工程咨询机构进行工程变更管理的主要工作：

①审查变更理由的充分性

全过程工程咨询机构对承包人提出的变更，应严格审查变更的理由是否充分，防止承包人利用变更增加工程造价，减少自己应承担的风险和责任。

②审查变更程序的正确性

全过程工程咨询机构审查承包人提出变更程序的正确性，应按照双方签订的合同对变更程序的要求进行审查。

③审查变更估价的准确性

在工程变更管理过程中，全过程工程咨询机构对工程变更的估价的处理应遵循以下原则：

a. 工程变更计量应按合同约定方法计算工程变更增减工程量，合同没约定的按国家和地方现行的工程量计算规则计算。

b. 工程变更计价应按合同约定条款计算工程变更价款，合同没约定的，按照《建设工程工程量清单计价规范》进行。

c. 合同中另有约定的，按约定执行。

④提出审核意见、签认变更报价书

a. 全过程工程咨询机构审查同意承包人的要求，若投资人授权全过程工程咨询机构，则可以直接签认；若投资人未授权，则需报投资人签认。

b. 全过程工程咨询机构审查未同意承包人的要求，则需要注明变更报价书上的错误、未同意的原因、提出的变更价款调整方案，并抄送专业咨询工程师（监理）审阅。

2）管调价，物价上涨5%以内（含）由承包商自己承担；5%以上部分由业主承担。

根据《建设工程工程量清单计价规范》GB 50500—2013，合同履行期间，因人工、材料、工程设备、机械台班价格波动影响合同价格时，应根据合同约定调整合同价款。工程价款调整其根源仍然是双方的风险分担问题——在承包商承担的风险范围内，工程价款不作调整；在业主承担的风险范围内，按规定调整工程价款。

①主要由市场价格波动导致的风险，对此类风险的范围和幅度予以明确约定，进行合理分摊。条文说明中提出承包人可承担5%以内的材料价格风险，10%以内的施工机械使用费的风险。

②工程量增减在约定工程量10%之内的，风险由承包人承担。

③对承包人据自身技术水平、管理、经营状况能自主控制的风险，应结合市场情况，根据企业自身实际合理确定、自主报价，该部分风险由承包人全部承担。

3）管索赔，非承包人原因的延误、不利现场、业主或工程师违约构成索赔原因，可以支持承包人索赔。

工程索赔是指在合同履行过程中，对于非己方的过错导致，而应该由对方承担相应责任的情况造成的损失，应向对方提出相应的经济或工期方面的赔偿。工程索赔是工程项目中经常发生的现象，由于图纸的变更、差异或者延误、气候的变化、物价变化、施工现场情况以及合同条款的变化等，使得工程施工过程中不可避免地出现索赔。对2017版建设工程施工合同进行分析，提炼出承包人可索赔内容如表6-5所示。

承包人可索赔内容　　　　　表6-5

序号	条款号	主要内容	承包人可索赔的内容		
			工期	费用	利润
1	1.6.1	延迟提供图纸	√	√	
2	1.9	施工过程发现文物、古迹以及其他遗迹、化石、钱币或物品	√	√	
3	2.1	因发包人原因未能及时办理完毕前述许可、批准或备案	√	√	√
4	4.3	监理人指令延迟或错误	√	√	

续表

序号	条款号	主要内容	承包人可索赔的内容		
			工期	费用	利润
5	5.1.2	发包人原因造成工程质量达不到合同约定验收标准的	√	√	√
6	5.3.3	监理人对隐蔽工程重新检查，经检验证明工程质量符合合同要求的	√	√	√
7	5.4.2	因发包人提供的材料、工程设备造成工程不合格	√	√	√
8	6.1.6	发包人延期支付安全文明施工费		√	
9	7.3.2	开工通知下达延迟	√	√	
10	7.5.1	发包人的原因造成工期延误	√	√	
11	7.6	承包人遇到不利物质条件	√	√	
12	7.7	异常恶劣的气候条件	√		
13	7.8.1	发包人原因引起的暂停施工	√	√	√
14	7.8.5	发包人原因造成暂停施工后无法按时复工	√	√	
15	7.9.1	发包人要求承包人提前竣工		√	
16	8.5.1	发包人提供的材料和工程设备的规格、数量、质量不符合合同要求	√	√	√
17	10.6	变更引起的工程调整	√	√	√
18	10.7	因发包人原因导致暂估价合同订立和履行迟延的	√	√	√
19	11.2	基准日期后，法律变化引起的调整		√	
20	12.2.1	发包人未能按合同约定日期支付工程预付款	√	√	
21	12.4.4	发包人未能按合同约定日期支付工程进度款	√	√	
22	13.3.2	因设计原因导致试车失败的		√	
23	15.4	保修期内，因发包人使用不当造成工程的缺陷、损坏及因其他原因造成工程的缺陷、损坏	√	√	
24	16.1	发包人违约	√	√	√
25	17.3.2	不可抗力	√		

4）管支付，从量支付、承包商正确履行合同义务形成的工程量应予支付、签证形成的工程量应予支付，历次计量支付的累计形成结算工程量。

《建设工程工程量清单计价规范》GB 50500—2013 规定：工程计量是发承包双发根据合同约定，对承包人完成合同工程的数量进行的计算和确认。

工程量必须按照相关工程现行国家计量规范规定的工程量计算规则计算。工程计量可选择按月或按工程形象进度分段计量，具体计量周期在合同中约定。因承包人原因造成的超出合同工程范围施工或返工的工程量,发包人不予计量。成本加酬金合同按照单价合同的计量规定进行计量。

由于商业综合体项目具有建设周期长、投资额大等特点,因此应在施工过程中进行期中付款,即工程进度款的支付。《建设工程工程量清单计价规范》GB 50500—2013规定:发包人在合同工程施工过程中,按照合同约定对付款周期内承包人完成的合同价款给予支付的款项,也是合同价款期中结算支付。

全过程工程咨询单位应组织专业监理工程师对承包人在工程款支付报审表中提交的工程量和支付金额进行复核,确定实际完成的工程量,提出到期应支付给承包人的金额,并提出相应的支持性材料。

5)管结算,历次计量支付的累计形成结算工程量,加上变更价款、调价部分、索赔金额、暂估价等构成结算,结算的最大难点是工程量共识,全过程咨询单位一定要坚持期中支付累积构成结算工程量的原则,不能采用竣工图重算办法。

6.4.3 质量管理

质量管理在项目施工阶段管控至关重要,是通过主动的、动态的、全方位的控制,在满足工程造价和进度要求的前提下,做好质量管理规划、管理范围、质量保证体系工作,保障项目质量目标的实现。针对整个项目、各单项工程、单位工程、分部工程、分项工程制定出明确的质量目标,质量目标分为项目总体的质量目标及各分部分项工程质量目标。

商业综合体项目施工阶段的质量目标:工程质量达到工程验收合格标准。通过确定完整的质量目标体系、可行的质量保证措施,执行可靠的质量控制流程,履行严格的质量验收程序;通过主动的、动态的、全方位的控制,达到质量、投资、进度之间的完美结合。在工程质量控制中起到主导作用,其工作重点应该放在工程全面质量控制的策划与检查,以及为工程质量达到甚至超越原策划效果而进行的质量、技术管理,对工程质量实施监督,并对施工质量承担监理责任。

(1)建立施工阶段工程质量目标体系

坚持以业主和使用者关注的焦点为原则,在工程项目策划与工程实施阶段总质量目标的指引下,协调设计、监理、总承包、专业承包单位建立专门质量管理部门,明确和落实各参与单位和负责人的质量责任,通过组织保证、工作保证和制度保证来开展全面质量管理活动并建立施工阶段工程质量目标体系。

(2)建立施工阶段工程质量管理体系

依据法律法规、合同约定及业主需求,明确各参与单位的责任。对工程质量实行多层次、全方位的质量控制和管理,参与单位在项目实施过程中通力合作、各司其职。全过程工程咨询单位协助业主行使质量监管和决策的职能,工作重点应放在工程全面质量控制的策划与检查,确保质量目标的实现;总承包商和专业承包商进行工程的质量控制,在现场施工操作上实行质量的自检、互检及交接检;材料设备供应商所提供的材料设备必须符合产品标准和合同约定;设计单位负责提出完善的设计方案和技术保证措施;监理单位进行质量的实时监督。

(3)识别施工质量管理重点

质量控制为工程控制的重点。针对商业综合体项目首先要梳理质量管理重点清单。以土建、幕墙、机电为例,如表6-6、表6-7所示。

土建、幕墙质量管理重点及控制措施　　　　表6-6

质量重点项(土建+幕墙)	控制措施
塔楼采用钻孔灌注桩+筏板的结构形式,筏板厚度约3m,属大体积混凝土结构施工,混凝土浇筑后易出现大面积收缩裂缝	制定大体积混凝土专项施工方案,通过混凝土材料试配实验控制混凝土材料水化热,通过热工计算测算混凝土内外温差,施工过程中采取测温措施密切关注,采取必要的混凝土表面保温措施
本项目两栋塔楼及裙楼计划均采用木模,相比较铝模或钢模,木模条件下的混凝土浇筑平整度、垂直度等实测实量数据相对较差	(1)选用新模板,木模的周转次数在合同中明确 (2)制定模板专项施工方案,施工过程中做好模板安装及脚手架搭设的检查工作
型钢柱与钢筋连接节点受现场实际情况影响较大,不能严格按照图纸施工	提前进行钢筋放样,遇到冲突问题及时与设计进行沟通,形成书面文件记录以指导施工,必要时采取BIM技术进行优化
幕墙的垂直度及平整度偏差控制	编制偏位预埋件补强处理方案,确保补强方案正确。实施编制专项测量方案,严格执行过程质量控制,特别加强幕墙板块垂直度、平整度、缝宽偏差及接缝高低差等实测实量工作

机电质量管理重点及控制措施　　　　表6-7

质量重点项(机电)	控制措施
专业接口多,协调量大,与综合布线、三网运营商、机房数据中心、机房空调、供配电、园林景观等专业分包均存在专业接口,与总包单位、装修存在工作面交接问题。工程整体协调量大	(1)明确交接协调的责任人。其中,生产经理负责协调工作面交接的问题,总工程师负责协调各专业问题 (2)明确交接协调的时间。按照施工进度计划中各专业分包介入的时间,提前落实各专业接口做法,理顺接口处的施工工序

续表

质量重点项（机电）	控制措施
管线综合排布难度大，需对机电各专业管线进行综合排布，保证楼层净高	（1）使用BIM技术，使排布结果更可靠 （2）综合排布初稿内部评审，对不满足使用功能、不利于施工质量控制的区域进行讨论与解决 （3）施工时严格监督各专业管线的标高、返水弯处理，并严格控制安装质量
设备选型、机房内各专业管道走向进行统筹，布置难度大	（1）运用BIM技术，模拟布置机房设备与管线 （2）提前明确设备机房内的各种做法及重要节点施工标准，必要时做专项培训 （3）机房安装前，先选典型机房作为样板，待该样板经三方验收后，方可大面积开展施工
机电系统调试，直接关系机电各系统最终使用功能的实现与集成，同时会影响本工程整体使用的可靠性	（1）编制机电系统调试专项方案，对机电系统的调试步骤、调试方法、用于调试的资源配置、调试的进度、质量、安全管理措施进行明确规定 （2）调试前，复核调试的环境是否满足调试要求，如管道系统的阀门状态、控制箱的手自动状态、电源的稳定性、动力设备的润滑等 （3）调试中，严格按批准的调试方案进行，严守调试操作程序，详细记录调试过程与各项参数
主要设备机房及管线综合排布	（1）设备选型确定后对设备机房进行BIM管线综合排布，满足美观及功能、检修要求 （2）各相关专业参与
机电质量通病管理	针对电气工程、给水排水工程、暖通、空调工程制定专项质量通病防治措施，做好成品保护

（4）施工质量控制措施

①审查、确定施工质量控制重难点。针对商业综合体项目，首先要梳理土建、幕墙、机电等质量管理重点清单，审查控制措施是否具有针对性，是否掌握了施工质量控制的难点和重点，质量控制重难点的确定是否合理、准确，所采取的措施是否有效。

②严格审核分包单位及设备材料供应商。依照《建设工程质量管理条例》规定，当施工合同约定某些专业工程由建设单位直接发包时，应执行该规定，特别当某些设备、构配件由产品生产单位到施工现场安装施工时，应审查其是否具备施工资质，且资质等级是否符合要求。

③引入"PDCA"理念对质量把控。工程质量控制的重点是对工程进行全面的循环的质量控制策划、检查、监督工作，质量控制工作由被动变为主动，并且在全面质量管理"PDCA"循环质量管理流程中，引入持续改进理论，对施工质

量承担监理责任，保障业主利益。基于质量持续改进的质量管理"PDCA"循环模型示意图如图6-7所示。

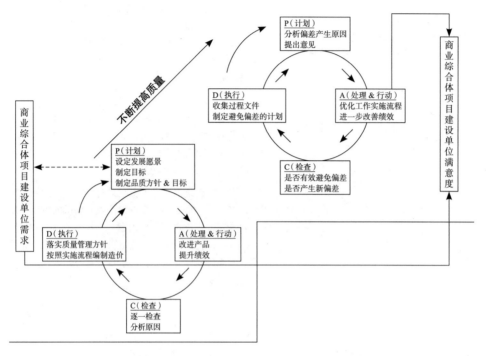

图6-7 质量管理"PDCA"循环模型示意图

（5）施工质量管理程序

①工程开工前，应严格按照开工程序、严格进场材料的报审、严格各项方案措施的落实。

②工程施工过程中，在每道工序完成后，严格检查验收程序的执行。承包人应进行自检，自检合格后，填报报验申请表交由全过程工程咨询机构的专业咨询工程师（监理）检验。检验批、隐蔽验收、分项、分部工程完成后的检查验收，承包人首先对报检、报验的工程进行自检，填报相应质量验收检查记录资料，确认工程质量符合要求，然后向专业咨询工程师（监理）提交报检申请表并附上自检的相关资料，经现场检查及对相关资料审核后，符合要求予以签认验收；反之，则指令承包人进行整改或返工处理。只有上一道工序被确认质量合格后，方能进行下道工序施工。

③在施工质量验收过程中，涉及结构安全的试块、试件以及有关材料，应按规定进行见证取样检测；对涉及结构安全和使用功能的重要分部工程，应进行抽样检测。承担试验检测的单位应具有相应资质和资格。对施工过程中出现的质

量问题,经过返工整改或加固处理仍不能满足结构安全使用要求的分部、分项工程和构件严禁验收。

工程施工阶段质量控制程序如图6-8所示。

(6)施工质量保证措施

1)成立组织机构和质量保证体系

在工程建设的各个层次各个专业(设计、监理、总承包、专业承包单位、工

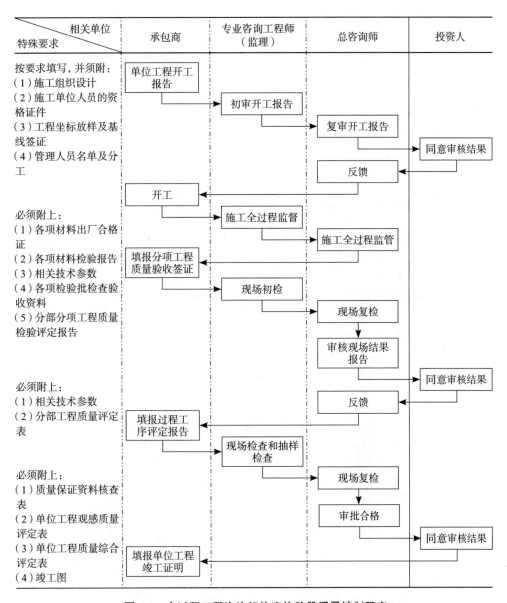

图6-8 全过程工程咨询机构实施阶段质量控制程序

程部、招采部），建立专门质量管理组织机构，明确各级机构的质量责任和负责人，落实每个人的质量职责。开展全面质量管理活动，通过全体参加人员的共同努力，实现最终的质量目标。

2）质量的分级管理

为确保质量，由项目工程部、技术部、招采部及设计层、监理层、总承包管理层、专业承包管理层，对工程质量实行多层次、全方位的质量控制和管理，参与项目建设的单位和机构在项目实施过程中通力合作、各司其职。建设单位行使工程质量监管职能，总承包商和专业承包商（直接承包商）进行工程的质量控制，在现场施工操作层实行质量的自检、互检及交接检；设计单位负责提出完善的设计方案和技术保证措施；监理公司进行质量的平行检验；确保质量目标的实现。

3）编制质量控制大纲（表6-8、表6-9）

施工阶段质量控制大纲　　表6-8

		控制项目	主要控制点	工作依据	工作见证
施工准备阶段	1	设计交底（图纸会审）	了解设计意图，对设计中的问题提出质询	施工图及相关文件、图集规范、规程	设计交底记录（或图纸会审纪要）
	2	审查施工组织设计（施工方案）	审查施工部署，主要项目施工方法、计划安排、平面布置及各项管理措施	施工图、规范、规程相关文件及已掌握的现场有关资料	经审批的施工组织设计、方案、作业指导书
	3	采购材料	审查物资承包方的资质，材料的质量等级、适用范围等	施工图、分承包方资料、质量体系文件、采购计划	合格分、承包方名单，分、承包方评审报告
	4	材料复试	监督按规定需进行复验的项目	国家、地方规范、标准及其他有关文件	材料试验报告单
	5	施工组织设计交底	审查施工组织设计的主要内容和施工中应注意的问题	已经审批的施工组织设计	交底记录
工程实施阶段	6	审查外部劳务队伍	劳务队伍管理人员、技术人员、技术工人的综合素质	质量体系文件	合格劳务队伍名单，外部施工队伍评审表
	7	材料、机具进场	按计划和要求进场，分类存放、标识	合格分承包方名单、采购计划表	进货检验记录，可追溯性材料、设备产品记录
	8	人员审核及培训	按要求需凭证上岗的工人及管理人员	建设行政主管部门下发的有关文件	职工培训花名册，上岗证（复印件）

续表

	控制项目	主要控制点	工作依据	工作见证
工程实施阶段	9 试验工作	砂浆、混凝土配合比等	国家、地方规范、标准及其他有关文件	砂浆、混凝土配合比申请单、通知单、混凝土浇灌申请书、开盘鉴定
	10 监督测量放线	各种控制点	施工图纸、规范	测量放线记录
	11 砌体工程	组砌方法，灰浆强度及饱满度	施工图、规范、规程	技术交底文件、砂浆抗压强度试验报告、分项工程验收记录
	12 屋面工程	基层、防水层	施工规范、技术交底文件	蓄水检查记录、隐蔽验收记录
	13 顶棚	吊杆位置、高度，吊顶板安装，涂料	施工规范、操作规程、技术交底	技术交底文件、分项工程验收记录
	14 墙面	基层材料、腻子、涂料、石材等	施工规范、操作规程、技术交底	技术交底文件、分项工程验收记录
	15 楼地面工程	地面50cm控制线，基层与面层结合，面层施工，卫生间地面防水	施工图及相关图集、规程、规范、技术交底	"三检"记录、蓄水检查记录、预检记录
	16 门窗工程	门窗尺寸、材质及安装工艺	施工规范、技术交底	"三检"记录、三性试验报告
	17 装修装饰工程	装饰效果要体现建筑艺术和建筑物外形的美观及使用功能的要求，使用材料的绿色环保性能	有关设计要求及标准	材料进场记录、检测报告、复试报告
验收交付阶段	18 分项、分部工程验收	分项、分部质量检验评定	建筑安装工程质量检验评定统一标准	质量检验评定表、工程验收记录
	19 工程维护	成品保护	质量体系程序文件	成品保护措施
	20 竣工验收	单位工程质量检验评定	建筑安装工程质量检验评定统一标准	单位工程验收记录
	21 交付使用	办理移交手续，移交技术资料	公司有关文件、规定	竣工资料、施工技术资料移交明细表
	22 交付后服务	交付后工程维护	维保合同、公司有关规定	工程回访记录表、工程保修记录

机电、设备工程项目质量控制要点大纲　　　　表 6-9

控制项目		主要控制点	工作依据	工作见证
电气系统	1 防雷接地系统	接地装置安装,避雷引下线和变配电室接地干线敷设,建筑物等电位连接,接闪器安装	施工图、规范、作业指导书	"三检"记录、试验检查记录
	2 电气照明安装工程	设备安装、线路敷设、电缆头制作、线路连接和线路电气试验、灯具等安装,建筑照明通电试运行	施工图、规范、作业指导书	"三检"记录、试验检查记录
	3 电气动力工程	设备安装、设备及材料检测、空载试运行、电缆及桥架敷设、电线导管等制作安装	施工图、规范、作业指导书	"三检"记录、试验检查记录
	4 智能建筑及安防	设备及辅材的选购,设备安装,管线的预埋、敷设,设备调试,电气试验	施工图、规范、作业指导书	"三检"记录、试验检查记录
给水排水系统	5 室内给水系统	给水管及配件安装、室内消火栓系统安装、给水设备安装及试压管道防腐、绝热	施工图、规范、作业指导书	"三检"记录、试验检查记录
	6 室内排水系统	排水管道及配件安装、雨水管道及配件安装	施工图、规范、作业指导书	"三检"记录、试验检查记录
	7 卫生器具安装	卫生器具安装、卫生器具给水配件安装、卫生器具排水管道安装	施工图、规范、作业指导书	"三检"记录、试验检查记录
通风空调系统	8 空调系统	空调水系统管道及配件安装,系统水压试验及调试,辅助设备及空调机组安装,风管漏光,漏风量检验,防腐,绝热	施工图、规范、作业指导书	"三检"记录、试验检查记录
	9 送排风系统	风管与配件制作,风管系统安装,消声设备制作与安装,风管与设备防腐,风机安装,系统调试	施工图、规范、作业指导书	"三检"记录、试验检查记录
	10 防排烟系统	风管与配件制作,风管系统安装,防排烟风口、常闭正压风口与设备安装,风管与设备防腐,风机安装,系统调试	施工图、规范、作业指导书	"三检"记录、试验检查记录

6.4.4 安全管理

（1）安全管理程序

坚持"以人为本"的理念,贯彻"安全第一、预防为主"的方针,做好安全预防、预控,实施全过程、全员安全管理,确保工程无重伤、死亡事故,杜绝重大质量安全事故,实现"零死亡事故"的安全目标（图 6-9）。

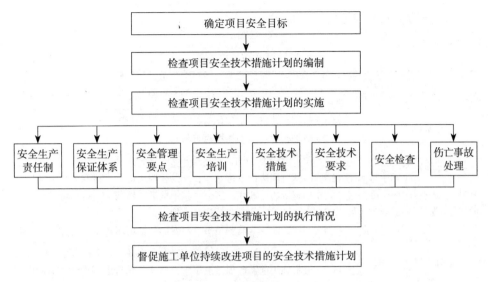

图 6-9 安全管理的程序

（2）安全管理审查内容

全过程工程咨询机构对安全管理审查重点：

1）承包人资质与施工人员资格是否合法。

全过程工程咨询机构应审查承包人、技术负责人、专职安全生产管理人员的执业资格、职称、安全生产考核合格证等是否符合相关文件的规定；审查特种作业人员是否持有特种作业操作资格证书等。

2）审核承包人报送的施工组织设计与施工方案。

3）执行有关安全施工管理的各项程序，全过程工程咨询机构应掌握并认真执行法律法规与规范性文件规定的安全施工管理的各项程序。

4）掌握并执行有关安全施工的强制性标准。

5）全过程工程咨询机构应按经审批同意的专项施工方案实施监理，特别对超过一定规模的危险性较大的分部分项工程，必须切实检查承包人是否按照经专家论证通过的专项施工方案实施。

6）全过程工程咨询机构发现存在安全事故隐患时，应要求承包人整改；情况严重的，应要求承包人暂停施工，并及时报告投资人。承包人如不整改或者不停止施工的，应当及时向有关主管部门报告。

7）抽查全过程工程咨询机构实施施工安全管理监理工作形成的记录，全过程工程咨询机构在实施施工安全管理的监理工作中应及时形成完整、准确的记录。

（3）危险源及防控措施（表6-10）

危险源及防控措施表　　　　表6-10

分属阶段	部位	高危风险源	防控措施
基础阶段	深基坑临边	高坠	（1）基坑周边安装定型化防护栏板进行全封闭； （2）防护栏板周边不得堆靠材料； （3）如因施工需要打开须有明显警示标志，并及时恢复
基础阶段	边坡支护	雨季排水不畅、临边过载导致边坡坍塌	（1）沿基坑周边设置排水沟，并结合周边标高进行有组织引排； （2）划定坑边警戒线，区分严禁堆载区、堆载区、行车路线； （3）土方开挖时及时进行边坡支护； （4）密切关注基坑监测结果，对变形部位坍塌隐患早发现、早排除
基础阶段	坑内桩基施工	施工机械伤害	（1）持证上岗、施工区做好警戒，专人指挥，安全员旁站、监督； （2）桩基施工前需确保基底平整、坚实，结合混凝土路、铺钢板等方式，防止机械倾斜
主体装饰阶段	主体临边洞口	高坠	临边洞口按照底线标准及时设置，防护设施工具化以方便及时恢复，临边防护设置专项交接记录以备先后工序交接
主体装饰阶段	爬架	高坠	（1）须有专项方案且经专家论证； （2）必须安装非人工操作的机械防坠装置； （3）架体超出作业面1.5m； （4）找平辅助架水平兜网封闭； （5）底部满铺脚手板，与建筑物墙面之间设置脚手板全封闭
主体装饰阶段	塔吊	群塔作业、高坠、倾覆	（1）做好塔吊基础处理，防止倾覆； （2）制定群塔作业防碰撞方案，塔吊布置时充分考虑各地块各施工工况下塔吊运行情况； （3）严格遵照"十不吊"作业； （4）塔吊安拆由具备资质的单位进行，定期做好复检工作； （5）针对塔吊覆盖展示区及市政道路情况，做好限位措施、安全防护措施，加强日常巡视
主体装饰阶段	施工电梯	高坠	（1）安拆单位资质齐全，告知手续完善； （2）安全装置齐全有效； （3）电梯基础满足设计要求，排水措施齐全； （4）专职司机持证上岗； （5）楼层防护门严禁内开
主体装饰阶段	吊篮	高坠	（1）定期检查配重块、支架、钢丝绳、吊篮结构，不得带病作业； （2）作业人员安全帽、安全带齐备，且安全带单独固定在生命绳上； （3）作业人员严禁在悬空状态下进出吊篮，无作业时，吊篮落地； （4）爬架提升时严禁吊篮施工

6.4.5 施工审查

施工阶段重点审查的内容，如表 6-11 所示。

施工阶段重点审查内容　　　　　　　表 6-11

序号	审查内容	相应标准	是否完成
1	施工重难点	通常商业综合体地下一层为钢筋混凝土结构，塔楼及裙楼下为整体地下室，面积较大，故地下室的结构施工的快慢直接影响周边管线以及主楼的施工	
		地下室底板为大体积混凝土，必须采取相应措施，做好温度控制，避免裂纹渗漏且通常设置后浇带。后浇带长度较长，涉及多道工序时，应保证后浇带与先施工的混凝土结构紧密结合，保证底板和外墙混凝土刚性防水的完整性	
		规划要求项目需与地铁站点接驳时，设计阶段之前做好沟通接驳方案；施工前制定地铁接驳口专项施工组织设计及施工方案，重点关注标高控制、接驳处防水处理	
		工程塔楼及裙楼下为整体地下室，且周围多商业楼。给施工造成一定难度	
		地下室面积较大，场地狭小，增加了施工难度及材料二次倒运费用	
		基坑外边线距主楼较近，在塔吊基础布置时，需局部开挖基坑，周边道路需支护	
		涉及多个独立部分，同时施工，将会增大周转材料的使用量，周转材料投入较大	
		商业综合体涉及高层建筑，核心筒及框架柱的混凝土强度等级高，而梁、板的混凝土强度等级低，在梁板混凝土浇筑时，梁柱核心区必须按柱子的混凝土强度等级进行浇筑。框架柱的梁柱节点区内的混凝土强度等级相差 2 个等级（C10）之内时，可按低等级施工；当等级差异 3 个等级（含）以上时按高等级施工	
		空调系统，消防水、电报警系统，智能化系统，变配电等工程，分包项目较多且场地狭小，平面布置难度较大、协调困难，不利因素较多	
		在平面上多个专业队伍作业，给安全防护带来一定难度。在施工全过程中必须重视和加强安全技术措施，防患于未然	
		总承包管理与协调。商业综合体项目所涉及的分项工程多，参加施工的分承包商多，质量管理、进度管理、现场协调等方面对总承包商的要求高。应在前期采购中明确总包管理责任。在各专业分包招标文件及合同中明确专业分包必须服从总包管理	

续表

序号	审查内容	相应标准	是否完成
1	施工重难点	项目业态较多，不同业态的交付标准存在差异，交付时间存在先后，需清晰各业态项目的验收标准。三种业态（公寓、写字楼及购物中心）在办理施工许可证时分开办理，后期可单独竣工验收备案	
2	编制项目进度计划	项目进度计划包含里程碑计划和主要参建单位作业的形象进度，即控制性一级进度或里程碑进度，通过工程项目的关键部位（节点）分析该具体项目的进度路线和周期	
3	编制资金使用计划	资金使用计划主要包括项目名称、合同总价、完成程度、累计支付金额、本月计划使用金额等内容	
	工程计量审核	重点审核计量的项目名称、项目特征描述、计量规则及计量数据	
	工程价款审核	审核的内容主要包括分部分项工程综合单价、形象进度或分阶段工程量、进度款支付比例、计日工金额等事项	
	工程价款支付	发承包双方按照合同约定的时间、程序和方法，根据工程计量的结果和已确认的综合单价进行结算，并支付工程价款	
	工程变更	对工程变更资料的审查，审查的重点包括审查变更理由的充分性、变更程序的正确性、变更估价的准确性	
	现场签证	事前做好预控措施，及时监督监理单位催促各方办理签证手续，加强现场签证的审核及规范现场签证	
	费用索赔	建立严格的索赔审批程序，监督专业工程师进行有效的日常管理工作，切实认真做好工程施工的记录等；当索赔发生后，需迅速妥当处理	
4	质量管理	以质量计划文件的编制为质量管理的起点，通过施工阶段质量计划的实施，控制施工阶段的质量目标，对工程质量从始至终的预控与从下到上的过程控制结合，按照预控、实施、检查、处置、验收、再检查、再验收的循环方式进行施工阶段质量管理	

第7章 全过程工程咨询竣工移交阶段

7.1 基本概述

竣工阶段是建设项目实施过程的最后阶段,检验工程是否按照合同约定完成。最后将验收合格的建设项目以及相关资料移交给运营单位,为运营阶段提供保障。

全过程工程咨询机构在本阶段主要以工程资料整理、竣工验收、竣工结算为主。一方面需要整理和收集从决策、设计、发承包、实施等阶段中形成的过程文件、图纸、批复等资料,同时,协助投资人完成竣工验收、结算、移交等工作;另一方面,把经过检验合格的建设项目及工程资料完整移交给运营人进入运营阶段。

竣工阶段完成后,项目建设过程基本结束,各方集合对项目组织竣工验收并收集竣工资料。全过程工程咨询机构以此为基础进行项目结算或项目决算审核。竣工验收合格后,项目进入保修期,在全过程咨询机构的监管协调下进行项目移交工作。

依据《建设工程项目管理规范》GB/T 50326—2017,项目竣工管理包括竣工收尾、竣工验收、竣工结算、竣工决算、回访保修及管理考核评价等。在此基础上本书将建设项目竣工管理的内容概括为竣工验收、竣工结算、竣工资料管理、竣工移交、竣工决算、保修期管理,具体工作内容如图7-1所示。

7.2 工作流程

(1)工作目标主要是整理和收集各个阶段中形成的过程文件、图纸等资料,协助业主完成竣工验收、结算、移交等工作,实现竣工移交目标。

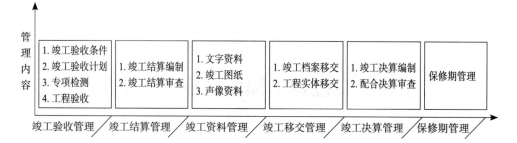

图 7-1　建设项目竣工移交阶段工作内容

（2）参与主体主要是对工作任务的实施及管理，主要包括竣工策划、竣工验收、竣工资料管理、竣工结算、竣工移交、竣工决算、质量缺陷期管理等。

（3）参与主体主要为实现竣工验收阶段项目目标的实施主体，包括业主、全过程工程咨询单位、施工单位、勘察设计单位、造价咨询单位、政府相关职能部门。

建设项目竣工验收阶段的工作流程如图 7-2 所示。

7.3　工作内容

竣工验收阶段按照设计文件所规定的内容和施工图纸的要求全部建成后进行组织验收。项目竣工阶段主要工作内容包括竣工验收、竣工结算、竣工决算、竣工资料移交等。具体工作内容如表 7-1 所示。

7.4　核心内容

核心内容为竣工结算审核与决算。工程项目的竣工结算是承包人按照合同约定的内容完成全部工作，经发包人和有关机构验收合格后，发承包双方依据约定的合同价款的确定和调整以及索赔等事项，最终计算和确定竣工项目工程价款的文件。它是竣工验收报告的主要组成部分，是发包人向主管部门汇报建设项目竣工文件的内容之一。竣工结算审查是全过程工程咨询在施工阶段投资控制中严守的最后关，一经审定，便是项目工程竣工结算款支付的依据。

（1）审核竣工结算编制依据。审核是否符合国家有关规定，资料是否齐全，手续是否完备，对遗留问题处理是否合规。

（2）审查工程结算的项目范围、内容与合同约定的项目范围、内容的一致

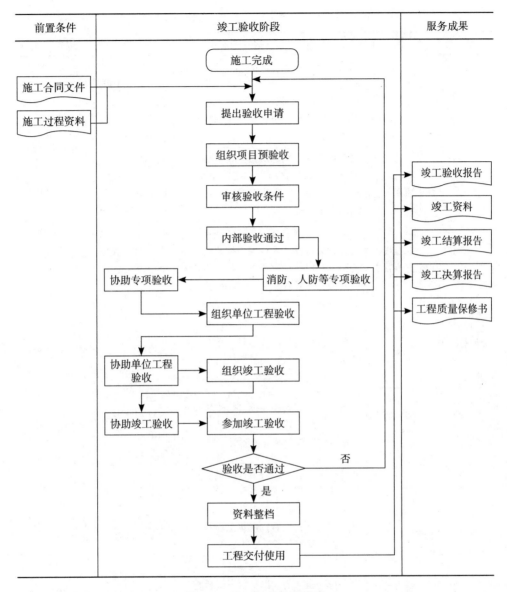

图 7-2 竣工验收阶段流程

性。双方在合同约定中不予计算的工程量应予以扣除,在竣工结算审查时应审查所列项目及其工作内容是否完成,并应有验收记录。

(3)审核工程量。一是要重点审核投资比例较大的分项工程,如基础工程、混凝土及钢筋混凝土工程、钢结构以及高级装饰项目等;二是要重点审核容易混

工程竣工阶段核心工作内容　　　　表 7-1

阶段	序号	工作项目	具体内容	参与单位	成果文件
阶段项目竣工阶段	1	项目竣工验收	查看项目有没有完成图纸和合同约定的各项工作，以及所完成的工作符不符合相关的法律法规和验收标准，是对项目的工程资料和实体全面检查的一个过程	业主方 全过程工程咨询单位 政府相关行政管理部门	竣工验收计划 竣工验收记录 竣工图
	2	项目竣工结算	建设项目竣工结算应按准备、编制和定稿三个阶段进行，并实行编制人、校对人和审核人分别署名盖章确认的内部审核制度	业主方 全过程工程咨询单位 造价咨询单位	竣工结算报告
	3	项目竣工资料管理	各单位应按国家有关文件的规定进行整理，全过程工程咨询机构提交竣工资料验收申请，投资人审核合格后做好向城建档案馆归档的相关准备工作	业主方 全过程工程咨询单位 施工承包商	竣工资料
	4	项目竣工移交	竣工档案移交、项目工程实体移交。全过程工程咨询机构应组织监理、施工单位按承包的建设项目名称和合同约定的交工方式，向投资人移交，然后由投资人再移交给使用单位	业主方 全过程工程咨询单位 施工承包商	勘察设计、监理、施工文件
	5	项目竣工决算	项目竣工决算编制、项目竣工决算审查，全过程工程咨询机构应协助投资人接受审计部门的审计监督	业主方 全过程工程咨询单位 施工承包商	竣工决算报告
	6	项目竣工备案	城建档案管理部门对工程档案资料按国家法律法规要求进行预验收，并签署验收意见。备案机关在验证竣工验收备案文件齐全后，在竣工验收备案表上签署验收备案意见并签章	业主方 全过程工程咨询单位 施工承包商	工程竣工验收备案表 工程竣工验收报告
	7	项目保修期管理	建设工程在保修范围和保修期限内发生质量问题，全过程工程咨询机构应督促监理立即分析原因，找出责任单位，并要求相关责任单位在规定时间内完成修补工作	业主方 全过程工程咨询单位 施工承包商	工程质量保修书

淆或出现漏洞的项目[①]；三是要重点审核容易重复列项的项目；四是重点审核容易重复计算的项目。

（4）审核分部分项工程、措施项目清单计价。一是审核结算所列项目的合理

---

① 李笑梅.浅谈工程结算审计工作[J].广东建材，2011，27（7）：192-193.

性；二是审核综合单价的正确性；三是审核计算的准确性。

（5）审核变更及隐蔽工程的签证。一是审查变更的真实性、有效性，核准工程变更费用；二是审核变更签证的手续是否齐全，书写内容是否清楚、合理。

（6）审查索赔。索赔是否依据合同约定的索赔处理原则、程序和计算方法，审查索赔的真实性、合法性、准确性。

（7）审核规费、税金及其他费用。一是审核计算费率是否正确，计算基础是否符合规定，有无错套费率等情况；二是审核费率的采用是否正确；三是审查各项独立费的计取是否正确。

第8章 全过程工程咨询运营维护阶段

8.1 基本概述

运营阶段对建设项目进行评价，评价其是否是优质建设项目。通过运营使其建设项目体现优质建设项目的价值，实现决策阶段设定的建设目标[①]。最后把运营人的运营需求进行总结，在工程项目运营前期对项目的经营管理过程进行全方位的构思，通过对项目本身及项目的各种相关资源进行合理分析与统筹安排，使项目在经营使用过程中发挥其最大价值。

8.2 工作流程

（1）工作目标是对建设项目的决策和实施进行评价和总结，对建设项目进行运营管理，通过运营管理检验决策是否科学有效。

（2）工作内容主要是指运营维护阶段对工作任务的实施及管理，运营维护阶段包括但不限于项目后评价、运营管理、项目绩效评价、设施管理、资产管理等。

（3）参与主体主要是指为实现运营维护阶段项目目标的参与主体。运营维护阶段参与主体主要包括建设单位、发展与改革部门、项目主管部门、使用单位、全过程咨询单位。

建设项目运营维护阶段的工作流程如图 8-1 所示。

---

① 金楠. 从招标代理到全过程工程咨询 [J]. 中国招标，2018（39）：24-26.

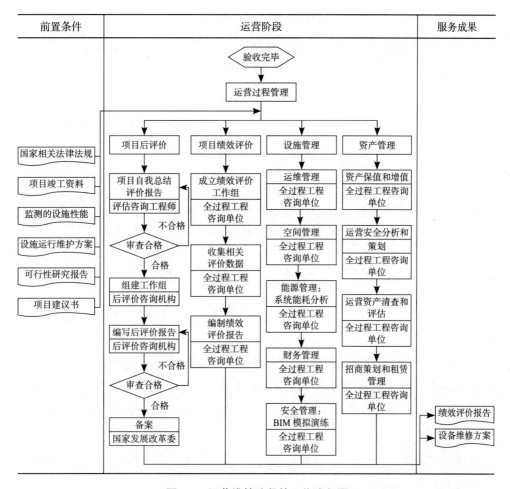

图 8-1 运营维护阶段的工作流程图

8.3 工作内容

运营阶段涉及服务内容众多,在建设项目完成移交后,需要对其进行项目后评价、项目绩效评价等。本书主要从项目后评价、项目绩效评价、设施管理和资产管理进行阐述,其余工作内容暂不研究(表 8-1)。

8.4 核心内容

核心内容为项目后评价。它指在项目竣工验收并投入使用或运营一定时间后,运用规范、科学、系统的评价方法与指标,将项目建成后所达到的实际效果与项目的可行性研究报告、初步设计(含概算)文件及其审批文件的主要内容进

运营维护阶段核心工作内容　　　　表 8-1

序号	阶段	核心工作	工作内容	成果文件
1	运营阶段	项目后评价	在项目竣工验收并投入使用或运营一定时间后，运用规范、科学、系统的评价方法与指标，将项目建成后所达到的实际效果与项目的可行性研究报告、初步设计（含概算）文件及其审批文件的主要内容进行对比分析，找出差距及原因，总结经验教训、提出相应对策建议，并反馈到项目参与各方，形成良性项目决策机制	项目自我总结评价报告 项目后评价报告
2	运营阶段	项目绩效评价	评估机构（以下称全过程工程咨询机构）接受财政部门、预算部门（单位）委托，根据设定的绩效目标，运用科学、合理的绩效评价指标、评价标准和评价方法，对财政支出（项目支出）的经济性、效率性和效益性进行客观、公正地评价①	绩效评价报告
3	运营阶段	设施管理	运维管理、空间管理、能源管理、财务管理、安全管理	设施管理方案
4	运营阶段	资产管理	资产的保值和增值、运营安全分析和策划、建设项目的运营资产清查和评估、建设项目的招商策划和租赁管理	资产管理方案

行对比分析，找出差距及原因，总结经验教训、提出相应对策建议，并反馈到项目参与各方，形成良性项目决策机制。后评价报告编制内容主要包括项目概况、项目过程评价、项目效果评价、项目目标及可持续性评价、项目总结五个部分。

（1）项目概况

项目概况主要是对项目的情况、建设内容、实施进度、总投资、运营及效益现状等内容进行概括简述。

（2）项目过程评价

项目过程评价的内容包括：项目决策阶段、设计阶段、招投标阶段、实施阶段、竣工阶段、运营阶段评价。各阶段过程评价的主要要点汇总如表 8-2 所示。

项目过程评价主要要点　　　　表 8-2

序号	阶段	内容	评价要点
1	决策阶段	项目立项	立项理由是否充分、依据是否可靠，建设目标与目的是否明确；项目是否符合经济社会发展规划和部门年度工作计划；是否根据需要制定中长期实施规划等
1	决策阶段	项目决策过程和程序	决策程序是否合规；决策方法是否科学；决策内容是否完整；决策手续是否齐全

---

① 赵轲. 基于 BIM 的全过程工程咨询集成管理研究 [D]. 天津理工大学，2019.

续表

序号	阶段	内容	评价要点
1	决策阶段	项目评估	项目评估格式是否规范；报告内容是否完整；引用数据与参数是否可靠；分析方式是否科学；论证结论是否合理；项目评估深度是否满足决策者的需要等
		可行性研究报告	报告收费水平是否合理；可研阶段的目标是否明确、合理；项目建设规模是否合理；计算方法是否科学；内容深度是否符合国家有关要求；项目风险分析是否充分等
2	设计阶段	勘察工作	承担勘察任务单位的资质、信誉状况是否满足项目建设的需要；勘察时是否遵循国家、相关部委的依据、标准、定额、规范等；是否与规定的勘察任务书一致；工程测绘和勘察深度及资料是否满足工程设计和建设的需要；质量水平是否符合要求及水平高低等
		设计工作	承担设计任务单位的资质、信誉状况是否满足项目建设的需要；设计时是否遵循国家、相关部委的依据、标准、定额、规范等，是否与规定的设计任务书一致；项目设计方案是否切合实际、技术先进、经济合理、安全适用；设计图纸的质量是否满足要求及水平高低等
		合同签订	合同签订的依据和程序是否合规；合同谈判、签订过程中的监督机制是否健全；合同条款是否合理和合法；合同文本是否完善等
		征地拆迁	征地拆迁安置计划、安置率、生计水平、发展机会等
		资金筹措	资金来源是否按预想方案实现；资金结构、融资方式、融资成本是否合理；风险分析是否到位；融资担保手续是否齐全等
		开工准备	劳动组织准备工作质量、技术准备工作质量、物资准备工作质量、施工现场准备工作质量等
3	招投标阶段	采购招标	是否按国家招投标法规定进行了政府投资项目的招标；招标文件的编制质量是否满足要求及水平的合理性；投标单位是否有串通投标和不正当的投标行为；投标书的编制质量是否满足要求及水平的高低等
4	实施阶段	合同执行与管理情况	合同执行情况是否正常；合同管理措施及各阶段合同管理办法是否达到应有效果
		质量、进度、投资和安全的管理情况	质量、进度、投资和安全管理采取的措施与效果，分析产生差异的原因及对预期目标的影响，各目标的实现程度等
		项目设计变更情况	设计变更增加或减少投资额占变更引起投资额变化比率；其他变更增加或减少投资额占变更引起投资额变化比率；重大设计变更发生的原因分析等
		资金支付与管理	基建财务管理机构和制度是否健全；资金实际来源，成本与预测、计划产生差异的原因；资金到位情况与供应的匹配程度、资金支付管理程序与制度严谨性、流动资金的供应及运用状况等

续表

序号	阶段	内容	评价要点
4	实施阶段	工程质量控制情况	施工队伍及各分包商资质是否符合招标要求；相关合同及技术文件是否完善；质量保证体系是否完善；质量检查是否到位；相关质量检查文件是否齐全；相关材料、半成品是否经过质量检验；新工艺、新材料、新技术、新结构是否经过技术鉴定
		工程监理情况	业主委托工程监理的规范性和合法性、管理方式的适应性；监理组织机构、人员到位及人员变动情况；监理旁站、巡察工作情况；质量问题处理及监理指令落实和复查情况等
		组织与管理	建设管理体制的先进性、管理模式的适应性、管理机构的安全性和有效性、管理机制的灵活性、管理规章制度的完善状况和管理工作运行程序的规范性等
5	竣工阶段	生产准备	各项工程生产准备内容、试车调试、生产试运行与试生产考核，生产准备工作充分性情况等
		竣工验收情况	各专项工程是否均通过验收；相关验收记录文件是否齐全等
		资料档案管理	工程资料档案收集是否完整、准确；管理制度是否完善等
6	运营阶段	项目设计能力实现情况	项目主要能力的实现情况，如建设规模、功能实现、生产能力等
		能源管理	能源计量设备安装情况、能源消耗情况
		项目运营情况	项目运营模式、劳动定额、产品生产能力、产品销售情况等
		项目运营成本	项目运营成本的组成、比例等情况
		财务状况	项目的营业收入、营业成本、利润总额等情况
		产品结构与市场情况	产品的种类、生产能力、市场现状、行业发展状况等情况

（3）项目效果评价

项目效果评价的内容包括：项目技术水平评价、财务经济效益评价、经营管理评价、环境效益评价、社会效益评价。项目效果评价主要要点汇总如表8-3所示。

项目效果评价主要要点　　表8-3

序号	内容	指标	评价要点
1	项目技术水平	设备、工艺及辅助配套技术水平	对项目所使用的新技术、新工艺、新设备、新材料等的水平进行评价

续表

序号	内容	指标	评价要点
1	项目技术水平	国产化水平	采用国产化设备与进口设备的情况,并对采用进口设备的原因进行分析
		技术效果	对技术的适用性、经济性及安全性进行评价
		资源与资源利用状况	对项目的排放情况、能耗水平及能源利用情况进行评价
2	项目财务经济效益评价	资产及债务状况	包括项目总投资、资本金比例、项目资产、项目负债、项目所有者权益等
		偿债能力指标	借款偿还期、利息备付率、偿债备付率、资产负债率等
		财务效益分析指标	内部收益率、净现值率、投资回收期、总投资报酬率、权益资金净利润率、投资利润率等
		运营能力指标	应收账款周转率、存货周转率、流动资产周转率、流动资产周转期、固定资产周转率、固定资产周转期等
		其他指标	单位费用效能、资金利用率等
3	项目经营管理评价	管理机构及领导班子	对现行管理机构设置情况及领导班子成员情况进行评价
		管理体制及规章制度	对现行管理制度及规章制度的合理性、合规性、完整性进行评价,还应对包括安全生产应急预案、消防应急预案等生产项目的文件情况进行评价
		经营管理策略	项目运营管理模式、营销策略、推广计划等评价
		项目技术人员培训情况	项目技术人员在岗人数、比例及培训等情况
4	项目环境效益评价	环境管理	对项目环保达标情况、项目环保设施及制度的建设和执行情况进行评价
		污染控制	项目的废气、废水和废渣及噪声是否在总量和浓度上均达到了国家和地方政府颁布的标准
		对地区环境质量的影响	分析主要以对当地环境影响较大的若干种污染物为对象,这些物质与环境背景值相关,并与项目的三废排放有关
		自然资源的利用和保护	对节约能源、节约水资源、土地利用和资源的综合利用率、能耗总量等情况进行分析
		对生态平衡的影响	主要是指人类活动对自然环境的影响
5	项目社会效益评价	对项目主要利益群体的影响	项目在施工期和运营期对各个不同利益群体产生的实际影响,特别是对受益、受损、弱势群体的影响和态度

续表

序号	内容	指标	评价要点
5	项目社会效益评价	项目建设实施对地区发展的影响	建设项目对地区经济、文化、医疗、教育等方面的影响
		对当地就业和人民生活水平提高的影响	建设项目提供的就业机会情况及薪酬水平,对人民生活水平的影响
		投资项目拆迁安置的影响	涉及拆迁安置的,应了解相关群体的受影响程度,以及采取的减缓措施和有关工作的管理质量和水平
		对所在地区少数民族风俗习惯和宗教的影响	涉及少数民族的,应考虑建设项目对少数民族在文化方面的影响

（4）项目目标及可持续性评价

目标及可持续性评价的评价要点由质量目标、投资（费用）目标、时间目标、职业健康安全目标、各方满意度、与环境相协调、对地区和城市可持续发展、项目自身具有可持续发展等八个一级指标构成。项目目标及可持续性评价要点如表8-4所示。

项目目标及可持续评价主要要点 表8-4

序号	内容	指标	评价要点或说明
1	质量目标	设计质量	设计标准及功能、设计工作质量、技术标准或工艺路线、可施工性、可运营性等
		工程质量	材料质量、设备质量、建筑质量等
		运营质量	项目的整体使用功能、产品或服务质量、运营的安全性、运营和服务的可靠性、可维修性及方便拆除情况等
2	投资（费用）目标	全生命周期费用	建设总投资、运营（服务）成本、维护成本、单位生产能力投资、社会和环境成本等
		收益	运营收益、年净收益、总净收益、投资回报率等
3	时间目标	项目基本时间	建设期、投资回收期、维修或更新改造周期等
		工程寿命	工程的设计寿命、物理服务寿命、经济服务寿命等
		产品的市场周期	市场发展周期、高峰期、衰败期等
4	职业健康安全目标	卫生指标	废弃物处理能力及标准,排污、排尘、排噪标准等
		健康指标	平均寿命、增加的寿命年限、质量调整的寿命年限等
		安全生产指标	有毒有害气体泄漏标准、易燃易爆物体存放标准、消防标准、危险源辨识标准及应急措施、劳动保护用品配置标准等

续表

序号	内容	指标	评价要点或说明
5	各方满意目标	用户满意	产品或服务价格、产品或服务的安全性、产品或服务的人性化等[①]
		投资者	投资额、投资回报率、降低投资风险等
		业主满意	项目的整体目标、工程目标、经济目标、质量目标等
		承包人和供应商满意	工程价格、工期、企业形象等
		政府满意	繁荣与发展地区经济、增加地方财力、改善地方形象、政绩、就业和其他社会问题等
		生产者满意	工作环境（安全、舒适、人性化）、工作待遇、工作的稳定性等
		项目周边组织满意	保护环境、保护景观和文物、工作安置、拆迁安置或赔偿、对项目的使用要求等
6	与环境协调目标	与政治环境的协调	可按环境系统结构进一步分解： 1. 项目与生态环境的协调 2. 建筑造型、空间布置与环境整体和谐 3. 建设规模应与当时、当地的经济能力相匹配，应具有先进性和适度的前瞻性 4. 节约使用自然资源，特别是不可再生资源 5. 继承民族优秀文化，不破坏当地的社会文化 6. 在项目的建设和运行过程中行为合法 7. 项目应符合上层系统的需求
		与经济环境的协调	
		与市场环境的协调	
		与法律环境的协调	
		与自然环境的协调	
		与周边环境的协调	
		与上层组织的协调	
		与其他方面的协调	
7	对地区和城市可持续发展的贡献目标	政策环境	行业现行政策环境
		社会经济发展指标	人口、就业结构、教育、基础设施、物流条件、社会服务和保障、GDP、地方经济等
		市场环境	现有市场环境、未来市场发展趋势等
		环境指标	环境治理状况、生态指标、环保投资等
		资源指标	资源存量、资源消耗指标等
8	项目自身具有可持续发展能力的目标	财务状况	成本管理分析、盈利能力分析、营运能力分析、增长能力分析等
		产品竞争能力	产品市场地位、市场占有率、生产效率、销售增长率等
		技术水平	技术先进性、技术更新可行性等
		能长期地适合需求	功能的稳定性、可持续性、可维护性、低成本运行等
		污染控制	污染控制成本、污染控制设备寿命等
		防灾的能力	监测预报、灾害防御、应急反应、风险融资措施等

[①] 马振东. 建设项目后评价指标体系框架构想 [J]. 建筑经济，2006(11)：25-28.

（5）项目总结

通过项目全过程回顾与评价，对实施过程中遇到的问题与困难，以及采用的解决方法进行整理归纳，并在此基础上进行分析，得出启示和对策建议。项目后评价的经验教训和对策建议应从项目、企业、行业、宏观四个层面分别进行说明，对执行中的项目提出改善对策与建议，对企业投资和运营管理提出完善对策与建议，对国家和行业政策制定提出改进对策与建议。对策建议应具有借鉴和指导意义，并具有可操作性。

附录1 标杆商业综合体经济技术指标

标杆项目交房应用,如附表 1-1、附表 1-2 所示。

12 万～20 万 m² 商业综合体设计　　　　　　附表 1-1

业态		商业面积	楼层建议	备注
百货（不包括娱乐、餐饮等）		4 万～6 万 m²	不超过七层	0.5 万～0.6 万 m²/层为佳,不超过 0.8 万 m²/层
超市		1.2 万～2 万 m²	地下一层至地上一层,地面不超过三层	0.6 万 m²/层
次主力店		0.5 万～1 万 m²	服饰类低楼层、家居类较高楼层	0.1 万～0.2 万 m²/家,3～5 家
室内商业街零售店铺		2 万～3 万 m²	沿商业分布在各个楼层	100～120 m²/家,若干家
家电		0.3 万～0.5 万 m²	高楼层或地下楼层	
娱乐（1.61 万～3.16 万 m²）	电影院	0.5 万～0.8 万 m²	高楼层	具体楼层需要与消防部门沟通
	KTV	0.25 万～0.5 万 m²	高楼层	
	儿童游乐场	0.3 万～0.5 万 m²	建议高楼层	
	电玩城	0.2 万～0.5 万 m²	高楼层或地下楼层	
	旱冰场	0.16 万～0.36 万 m²	高楼层或地下楼层	根据城市和商圈情况确定
	健身房	0.2 万～0.5 万 m²	高楼层	
餐饮（1.7 万～2.95 万 m²）	大型餐饮、美食广场等	0.5 万～1 万 m²	高楼层或地下楼层	0.15 万～0.4 万 m²/家,1～3 家
	商务餐饮、自助餐厅等	0.3 万～0.5 万 m²	高楼层	0.1 万～0.15 万 m²/家,2～3 家
	异国料理、火锅等	0.3 万～0.5 万 m²	高楼层	500～1000 m²/家,3～5 家

续表

业态		商业面积	楼层建议	备注
餐饮（1.7万～2.95万 m²）	茶餐厅、休闲餐厅、简餐厅等	0.3万～0.5万 m²	多楼层分布	300～500m²/家，5～10家
	著名快餐	0.2万～0.3万 m²	高楼层或低楼层	300～400m²/家，2～3家
	咖啡、冰淇淋等	0.1万～0.15万 m²	较低楼层分布	100～200m²/家，若干
配套	培训、银行、干洗、美发等	0.5万～0.6万 m²	低或较高楼层分布	
合计		约12万～20万 m²		

10万～12万 m² 商业综合体设计　　　　　　附表1-2

业态		商业面积	楼层建议	备注
百货（不包括娱乐、餐饮等）		3万～4万 m²	不超过五层	0.5万～0.6万 m²/层为佳
超市		1.2万～1.5万 m²	地下一层至地上一层，地面不超过三层	0.5 m²/层
室内商业街零售店铺		1.5万～2万 m²	各个楼层	60～100m²/家，若干家
家电		0.3万～0.4万 m²	高楼层或地下楼层	
娱乐（1.07万～1.51万 m²）	电影院	0.3万～0.4万 m²	高楼层	具体楼层需要与消防部门沟通
	KTV	0.25万～0.4万 m²	高楼层	
	儿童游乐场	0.2万～0.3万 m²	建议高楼层	
	电玩城	0.15万～0.2万 m²	高楼层或地下楼层	
	旱冰场	500～600m²	地下楼层	
	桌球	400～500m²	高楼层或地下楼层	
	网吧	0.08万～0.1万 m²	高楼层或地下楼层	
餐饮(1.5万～2万 m²)	大众餐饮	0.5万～0.6万 m²	高楼层或地下楼层	0.15万～0.5万 m²/家，1～3家
	美食广场	0.2万～0.3万 m²	高楼层或地下楼层	0.05万～0.15万 m²/家，3～5家
	高档餐饮	0.3万～0.4万 m²	高楼层	500～1000m²/家，3～5家

续表

业态		商业面积	楼层建议	备注
餐饮(1.5万~2万 m²)	时尚餐饮	0.3万~0.4万 m²	多楼层分布	100~200m²/家,10~15家
	著名快餐	0.2万~0.3万 m²	低楼层	300~400m²/家,2~3家
健身房		0.2万~0.3万 m²	高楼层	
配套(0.5万~0.62万 m²)	婚纱摄影	0.2万~0.25万 m²		
	教育培训	0.2万~0.25万 m²	高楼层	
	美容美发	0.05万~0.06万 m²	地下或高楼层	
	银行	0.05万~0.06万 m²	地下或低楼层	
合计		10万~12万 m²		

附录 2 标杆商业综合体运营进度计划

第一阶段工作时间进度推进表（1 个月）　　　　　附表 2-1

工作项目	完成日期	工作内容	工作成果
1.完成主体计划、概念性设计建议	1 个月	规划项目整体布局方案 建筑设计概念方案图稿 建筑设计及面积与功能安排 职业配比计划 分区域主题与楼层配置计划 面积与业种的量体分配 各区域及餐饮部分平面与垂直动线规划	参与对商业空间规划设计所有工作，以图稿、报告及图片说明本集团的意见
2.定性定量市场调查及可行性分析	1 个月	分析项目及商业市场，包括建材家居批发市场、精品小商品市场以及专业市场等各类业态的商业。研究商圈范围内高、中、低档消费力/消费模式，品牌偏好，娱乐休闲习惯，餐饮偏好，建议开发方案各区域内容、量体、定位等	以书面报告及简报会形式说明
3.完成扩初设计及报审图	1 个月	各类业种面积及楼层、位置详细分配 商店街形象及布局 广场的形象及功能建议 各楼层商铺及公共空间详细安排 各类商铺面积建议 室外广场活动范围规划 顾客动线（全局性、区域性及残障步道） 车辆动线（贵宾车、顾客车、厂商车、员工车、垃圾车、运钞车） 员工动线（一般员工、清洁员工、保全员工、施工员工、收银员工） 垃圾处理动线 紧急事故动线 商场部分水平及垂直动线规划 外观形象、整体照明形象建议	参与商业空间规划设计的所有工作，以图稿、报告及图片说明本集团的意见

续表

工作项目	完成日期	工作内容	工作成果
4.财务分析及投资回报率计算	1个月	根据投资额度与营运收支，建立财务试算模型进行投资评估分析，此部分开发成本与效益分析将持续反复进行仿真，以供业主作最后决策参考 工程总预算 经营模式比较（联营/出租或综合方案） 开发筹备期内资金需求及每月现金流 不同销售状况对资金需求分析 售后回租条款对项目综合获利影响 各项变数、敏感度分析 建立各情况现金流模型及建议最佳开发及经营方式	以书面报告及现金流量表说明本集团的意见
5.成立内部工作团队架构及协助评选专业分包商	1个月	拟定开发公司各部门的职能及权责分工 建立项目指挥系统及运作程序 建议顾问公司与业主间的报告程序及业主的决策程序 建立文书及图纸档案系统	以书面报告及会议形式说明本集团的建议
6.主力租户租赁计划初步执行	2个月	建议各项租赁条款 编定招商手册介绍本项目 计算招商推广预算及各项用途的分配 向江浙商户及其他地区前十强业者推介本案，确定其承租意愿 协助业主编定租约条款 代表业主评估承租人提出的商务及其他条款	以书面报告及会议形式说明每星期的进度

第二阶段工作时间进度推进表（2个月） 附表2-2

工作项目	完成日期	工作内容	工作成果
1.正式执行主力租户招商计划	2个月	建议各项租赁条款 编定招商手册介绍本项目 计算招商推广预算及各项用途的分配 地区前十强推介本项目，确定其承租意愿 协助业主编定租约条款 统筹招商代理工作，确保按预计进度推行 代表业主评估承租人提出的商务及其他条款 代表业主评估承租人提出的机电及其他改动建筑硬件的要求	以书面报告及定期会议形式参与业主与租户间的谈判，随时提供市场信息及相关资料供业主作最具效益的决定
2.协助销售公司拟定店街销售策略	2个月	提供面积、布局及动线意见 提供景观、店面外观及灯光意见 提供形象、市场定位及目标客户群，建议作为销售策略依据 建议租金及销售价格水平	以会议及书面报告形式提供意见

续表

工作项目	完成日期	工作内容	工作成果
3. 商场内装设计概念建议	1个月	协助业主委派的内装设计公司完成相关设计 环境形象计划 基础材质计划 视觉基本计划 店铺形象计划 定点形象计划 指示标识基本计划	以会议、书面报告及图片形式提供意见
4. 检讨商场部分机电设施规划	1个月	就机电工程单位的设计方案提出营运角度意见,范围包括:空调、电力、进排水、排烟、消防分区等	以会议及书面报告形式提供意见
5. 落实应用商场的企业识别系统(CIS)	1个月	将广告设计公司制作的企业识别系统(CIS)落实应用至各种文宣资料、平面及电子媒体、制服及商场各类营运手册	以会议形式提供意见

第三阶段工作时间进度推进表(1个月)　　　　　附表2-3

工作项目	完成日期	工作内容	工作成果
1. 全面招商	3个月	依据定下的业种、商品组合及已确定的主力租户定位形象,选定目标租户 调整租赁条件反映当时实际市场行情 直接向目标租户管理层推介本项目 与目标租户谈判商业条款 与目标租户谈判各项机电、广告牌及其他营运要求 与目标租户谈判租赁合约条款 签订合约	以会议及书面报告形式提供意见
2. 拟定及落实营运架构	3个月	拟定人事策略及招聘相关干部 进行各阶层员工教育培训 制定顾客服务软件策略 制定提升员工士气的制度	参与各项实际工作及以书面报告说明本集团的意见
3. 编定年度营业计划	3个月	编定年度营运计划 制定行销/促销策略 按市场反应制定季度商品策略	参与各项实际工作及以书面报告说明本集团的意见
4. 安排及协调	约3个月	举办说明会并借此造势 谈判商业条款及签订合约 审批品牌厂商内装设计图 统筹品牌厂商进场装修一切事宜 协助办理营业执照及税务安排	参与各项实际工作及每星期以例会形式向业主报告进度
5. 制定及执行	2个月	制定开幕策划案 选择广告媒体商 选择赠品供应商 执行开幕前计划案	参与各项实际工作及每星期以例会形式向业主报告进度

附录3 标杆全过程工程咨询服务清单

全过程工程咨询服务清单一览表　　　　　　附表3-1

服务内容	工程建设阶段					
	项目决策阶段	勘察设计阶段	招标采购阶段	工程施工阶段	竣工验收阶段	运营维护阶段
全过程工程项目管理	项目策划管理、项目报批、勘察管理、设计管理、合同管理、进度管理、投资管理、招标采购管理、组织协调管理、质量管理、安全生产管理、信息管理、风险管理、收尾管理、后评价、运营维护管理等					
决策咨询	1. 项目建议书 2. 规划决策 3. 环境影响评价 4. 节能评估 5. 可行性研究 6. 安全评价 7. 社会稳定风险评价 8. 水土保持评价 9. 地质灾害危险性评估 10. 交通影响评价	绿色建筑评价	—	—	—	—
工程勘察	初步勘察	1. 勘察方案编制、审查 2. 初步勘察 3. 详细勘察 4. 勘察报告编制、审查	—	补充勘察	参与项目地基与基础分部工程和单位工程验收	
工程设计		1. 方案设计及优化、评审 2. 初步设计及优化、评审 3. 施工图设计及优化评审 4. 施工图设计技术审查		1. 设计交底和图纸会审 2. 现场重大和关键工序施工方案的合理化建议 3. 设计变更管理 4. 现场施工的配合工作	参与项目地基与基础分部工程、主体结构和单位工程验收	

续表

服务内容	工程建设阶段					
	项目决策阶段	勘察设计阶段	招标采购阶段	工程施工阶段	竣工验收阶段	运营维护阶段
招标采购	招标采购策划，编制招标文件（含工程量清单、招标控制价、合同条款等），发布招标（资格预审）公告，组织招标文件答疑和澄清，组织开标、评标工作，编制评标报告报投资人确认，发送中标通知书，协助合同签订等					
造价咨询	1.投资估算编制与审核 2.项目经济评价报告编制与审核	1.设计概算的编制与审核 2.确定项目限额设计指标 3.对设计文件进行造价测算与经济优化建议 4.施工图预算的编制与审核 5.分析项目投资风险，提出管控措施	1.工程量清单的编制与审核 2.招标控制价的编制与审核 3.制定项目合约规划 4.清标 5.拟定合同文本，协助合同谈判 6.编制项目资金使用计划	1.合同价款咨询（包括合同分析、合同交底、合同变更管理工作） 2.施工阶段造价风险分析及建议 3.计算及审核工程预付款和进度款 4.变更、签证及索赔管理 5.材料、设备的询价，提供核价建议 6.施工现场造价管理 7.项目动态造价分析 8.审核及汇总分阶段工程结算	1.竣工结算审核 2.工程技术经济指标分析 3.竣工决算报告的编制或审核 4.配合完成竣工结算的政府审计 5.根据审计结果，对工程的最终结算价款进行审定	项目维护与更新造价管控
工程监理	—	—	—	1.建立项目监理规划和实施方案 2.进度管理 3.质量管理 4.职业健康安全与环境管理 5.工程变更、索赔及施工合同争议处理 6.信息和合同管理 7.协调有关单位之间的工作关系	1.工程验收策划与组织 2.分部分项工程、单位工程验收 3.竣工资料收集与整理 4.工程质量缺陷管理	—
运营维护咨询	—	—	—	—	—	1.项目后评价 2.项目绩效评价 3.设施管理 4.资产管理

续表

服务内容	工程建设阶段					
	项目决策阶段	勘察设计阶段	招标采购阶段	工程施工阶段	竣工验收阶段	运营维护阶段
BIM咨询	1.采用BIM使方案与财务分析工具集成 2.修改相应参数，实时获得项目各方案投资收益指标	1.编制BIM实施规划 2.编制BIM模型深度标准 3.编制BIM协同平台操作手册 4.制定BIM考核办法 5.参与设计BIM模型审核工作 6.投资控制	1.采用BIM进行自动化算量及错漏处理 2.基于BIM的快速询价	1.审核BIM进度计划和BIM模型 2.参与BIM模型复核工作 3.审核重点施工方案模拟 4.参与三维技术交底 5.基于BIM平台的质量、安全、进度、成本管理 6.BIM模型辅助变更管理 7.BIM模型更新维护	1.采用BIM进行竣工结算审核 2.项目BIM工作总结	采用BIM进行运营信息的管理、修改、查询、调用工作

附录4 标杆项目服务合同示范文本

商业综合体全过程工程咨询服务合同示范文本

二〇一九年十二月

使 用 说 明

（1）本示范文本适用于工程项目建设中由工程咨询人（受托人）向委托人提供全过程工程咨询服务的合同签订。

（2）本示范文本由协议书、通用条件、专用条件及附录、全过程工程咨询服务要求组成，通用条件内容不应修改，专用条件可由合同双方依据项目需求进行完善及补充。

（3）全过程工程咨询服务项目管理工作要求详见后附相关内容。对于专业咨询服务，可依据相关专业咨询服务合同示范文本[如《建设工程监理合同（示范文本）》（GF—2012—0202）、《建设工程招标代理合同（示范文本）》（GF—2005—0215）、《建设工程造价咨询合同（示范文本）》（GF—2015—0212）等]签订专业咨询服务合同作为本合同附件补充，无示范文本的，双方协商自行签订。

各专业咨询服务合同价格应当在本合同中列出并包含在总价中。

（4）本示范文本使用时应当注意：

1）有□前缀的内容，双方当事人应当协商确定。需要选择的内容，在□中以划 √ 方式表示选定；确定不选择的内容，在□中以划 × 方式表示删除。

2）下划线和附录中空格部分，依据需要填写。确实不需要填写具体内容的，以"/"表示。

第一部分　协议书

委托人（全称）：
受托人（全称）：

根据《中华人民共和国合同法》《中华人民共和国建筑法》及陕西省有关法律、行政法规，遵循平等、自愿、公平和诚信的原则，双方就下述建设项目委托全过程工程咨询服务事项协商一致，订立本合同。

一、工程概况

1. 项目名称：＿＿＿＿＿＿＿＿＿＿
2. 项目地点：＿＿＿＿＿＿＿＿＿＿
3. 项目规模：＿＿＿＿＿＿＿＿＿＿
4. 项目投资额：＿＿＿＿＿＿＿＿＿＿

二、词语限定

协议书中相关词语的含义与通用条件中的定义与解释相同。

三、全过程工程咨询服务目标

＿＿＿＿＿＿＿＿＿＿＿＿＿＿＿＿

四、全过程工程咨询服务范围和内容

本项目全过程工程咨询范围包括（根据委托人的招标范围和实际需求进行勾选）：

☐ 全过程工程咨询服务项目管理

☐ 决策咨询

☐ 工程勘察

☐ 工程设计

☐ 招标采购咨询

☐ 造价咨询

☐ 工程监理

☐ 运营维护咨询

☐ BIM 咨询

□ 其他专业咨询

咨询服务内容详见专用条件约定和相关专业咨询服务合同。

五、组成本合同的文件

1. 协议书

2. 中标通知书

3. 投标文件

4. 专用条件及其附录

5. 全过程工程咨询服务要求

6. 专业咨询服务合同及其附录

7. 通用条件

本合同签订后，双方依法签订的补充协议也是本合同文件的组成部分。

六、全过程工程咨询项目负责人或专业咨询项目负责人

□ 全过程工程咨询项目负责人：_____，身份证号码：_____，注册证书及编号：_____。

□ 决策咨询项目负责人：_____，身份证号码：_____，注册证书及编号：_____。

□ 工程勘察项目负责人：_____，身份证号码：_____，注册证书及编号：_____。

□ 工程设计项目负责人：_____，身份证号码：_____，注册证书及编号：_____。

□ 总监理工程师：_____，身份证号码：_____，注册证书及编号：_____。

□ 招标采购咨询项目负责人：_____，身份证号码：_____，注册证书及编号：_____。

□ 造价咨询项目负责人：_____，身份证号码：_____，注册证书及编号：_____。

□ 运营维护咨询项目负责人：_____，身份证号码：_____，注册证书及编号：_____。

□ BIM 咨询项目负责人：_____，身份证号码：_____，注册证书及编号：_____。

七、酬金

全过程工程咨询服务酬金总价（大写）：_____（暂定）

（¥_____），费率为（%）：_____。

总价包括：

☐ 全过程工程咨询项目管理酬金金额或费率（%）：_____。

☐ 决策咨询服务酬金金额或费率（%）：_____。

☐ 工程勘察酬金金额或费率（%）：_____。

☐ 工程设计酬金金额或费率（%）：_____。

☐ 工程监理酬金金额或费率（%）：_____。

☐ 招标采购咨询服务酬金金额或费率（%）：_____。

☐ 造价咨询服务酬金金额或费率（%）：_____。

☐ 运营维护咨询服务酬金金额或费率（%）：_____。

☐ BIM咨询服务酬金金额或费率（%）：_____。

☐ 其他专业咨询服务酬金金额或费率（%）：_____。

八、服务期限

☐ 全过程工程咨询服务期限：自___年_月_日始，至___年_月_日止。

☐ 全过程工程咨询服务项目管理期限：自_年_月_日始，至___年_月_日止。

☐ 决策咨询服务期限：自___年_月_日始，至___年_月_日止。

☐ 工程勘察期限：自___年_月_日始，至___年_月_日止。

☐ 工程设计期限：自___年_月_日始，至___年_月_日止。

☐ 工程监理期限：自___年_月_日始，至___年_月_日止。

☐ 招标采购咨询服务期限：自___年_月_日始，至___年_月_日止。

☐ 造价咨询服务期限：自___年_月_日始，至___年_月_日止。

☐ 运营维护咨询服务期限：自___年_月_日始，至___年_月_日止。

☐ BIM咨询服务期限：自___年_月_日始，至___年_月_日止。

☐ 其他专业咨询服务期限：自___年_月_日始，至___年_月_日止。

九、双方承诺

受托人向委托人承诺，按照本合同约定提供全过程工程咨询服务。

委托人向受托人承诺，按照本合同约定派遣相应的人员，提供房屋、资料、设备，并按本合同约定支付酬金。

十、合同订立及生效

合同订立时间：_____年___月___日

合同订立地点：_____

本合同一式＿＿份，其中正本＿＿份，副本＿＿份，双方各执正本＿＿份，副本＿＿份，正本和副本具有同等法律效力。

本合同双方约定：<u>委托人和受托人的法定代表人或其授权受托人在协议书上签字并加盖单位公章或合同专用章后本合同生效。</u>

委托人：（签章）	受托人：（签章）
住所：	住所：
邮政编码：	邮政编码：
法定代表人或 其授权人：（签字）	法定代表人或 其授权人：（签字）
开户银行：	开户银行：
账号：	账号：
电话：	电话：
传真：	传真：

第二部分　通用条件

1 定义与解释

1.1 定义

除根据上下文另有其意义外，组成本合同的全部文件中的下列名词和用语应具有本款所赋予的含义：

1.1.1 "工程"是指按照本合同约定实施全过程工程咨询服务的建设工程。

1.1.2 "委托人"是指本合同中委托全过程工程咨询的一方，及其合法的继承人。

1.1.3 "受托人"指本合同中提供全过程工程咨询服务的一方，包括其合法继承人。

1.1.4 "其他参建方"是指在工程范围内与委托人签订勘察、专业设计、施工总承包、材料和设备供应及安装、试验检测、专业咨询与服务等有关合同的当事人，及其合法的继承人。

1.1.5 "正常工作"指本合同约定的受托人的工作。

1.1.6 "附加工作"是指本合同约定的正常工作以外委托人另行委托受托人的工作及非受托人原因造成的延期服务。

1.1.7 "全过程工程咨询服务机构"是指受托人派驻工程负责履行本合同的咨询机构。

1.1.8 "全过程工程咨询项目负责人"及"专业咨询项目负责人"指《陕西省全过程工程咨询服务导则》2.2及2.3条中规定的人员。

1.1.9 "酬金"是指受托人履行本合同义务，委托人按照本合同约定给付受托人的报酬金额。

1.1.10 "正常工作酬金"是指受托人完成正常工作，委托人应给付受托人并在协议书中载明的酬金金额。

1.1.11 "附加工作酬金"是指受托人完成附加工作，委托人应给付受托人的酬金金额。

1.1.12 "一方"是指委托人或受托人；"双方"是指委托人和受托人；"第三方"是指除委托人和受托人以外的有关参建方。

1.1.13 "书面形式"是指合同书、信件和数据电文（包括电报、电传、传真、电子数据交换和电子邮件）等可以有形地表现所载内容的形式。

1.1.14 "天"是指第一天零时至第二天零时的时间。

1.1.15 "月"是指按公历从一个月中任何一天开始的一个公历月时间。

1.1.16 "不可抗力"是指委托人和受托人在订立本合同时不可预见，在工程建设过程中不可避免发生并不能克服的自然灾害和社会性突发事件，如地震、海啸、瘟疫、水灾、骚乱、暴动、战争和专用条件约定的其他情形。

1.2 解释

1.2.1 本合同使用中文书写、解释和说明。如专用条件约定使用两种及以上语言文字时，应以中文为准。

1.2.2 组成本合同的下列文件彼此应能相互解释、互为说明。除专用条件另有约定外，本合同文件的解释顺序如下：

（1）协议书；

（2）中标通知书；

（3）投标文件；

（4）全过程工程咨询服务要求；

（5）专业咨询服务合同及其附录；

（6）专用条件及其附录；

（7）通用条件。

双方签订的补充协议与其他文件发生矛盾或歧义时，属于同一类内容的文件，应以最新签署的为准。

2 受托人的权利和义务

2.1 受托人义务

2.1.1 受托人在履行本合同义务期间，应当遵守国家有关法律、法规，积极维护委托人的合法权益。

2.1.2 受托人应当按合同约定的具体工作范围及工作内容为委托人提供全过程工程咨询服务并尽到勤勉之责。

2.1.3 受托人应当在委托人的授权范围内编制工程管理制度和流程并在得到委托人确认后书面通知各参建方，且该制度和流程不得与委托方的相关制度发生冲突。

2.1.4 受托人应当组建全过程工程咨询服务机构。

受托人应组建满足工作需要的全过程工程咨询机构并向委托人报备，配备必要的办公与咨询服务所需的仪器设备。全过程工程咨询机构的主要人员应具有相应的资格条件。

2.1.5 全过程工程咨询服务机构人员，受托人应当指派全过程工程咨询项目负责人并配备相关人力资源。

（1）本合同履行过程中，全过程工程咨询项目负责人及重要岗位受托人员应保持相对稳定，以保证全过程工程咨询服务工作正常进行。

（2）受托人可根据工程进展和工作需要调整全过程工程咨询服务机构人员。受托人更换全过程工程咨询项目负责人时，应提前7天向委托人书面报告，经委托人同意后方可更换，并告知施工总承包单位和其他参建单位；受托人更换全过程工程咨询服务机构其他受托人员，应以相当资格与能力的人员替换，并通知委托人。

（3）受托人应及时更换有下列情形之一的受托人员：

1）严重过失行为的；

2）有违法行为不能履行职责的；

3）涉嫌犯罪的；

4）不能胜任岗位职责的；

5）严重违反职业道德的；

6）专用条件约定的其他情形。

（4）委托人可要求受托人更换不能胜任本职工作的全过程工程咨询机构人员。

2.2 履行职责

2.2.1 受托人应遵循职业道德准则和行为规范，严格按照法律法规、工程建设有关标准及本合同履行职责。

2.2.2 受托人应当在合同签订后28天内编制《全过程工程咨询服务规划大纲》和《全过程工程咨询服务实施规划》。

2.2.3 受托人应当及时就工程相关重要事项向委托人报告。定期向委托人汇报工程进度、质量、造价和安全情况。

2.2.4 受托人应当在管理文件、资料和约定的成果文件上加盖公章并由项目负责人签字。

2.2.5 受托人应当建立资料和信息的汇聚交换及管理平台。

2.2.6 受托人应当按时提交约定的成果文件。

2.3 受托人权利

受托人在委托人委托的全过程工程咨询服务范围内，享有以下权利：

（1）受托人有权在委托人授权范围内管理工程项目和管理协调各参建方工作

关系。

（2）受托人有权知晓项目建设资金筹措等相关情况。

（3）受托人有权按工程咨询合同取得相应酬金及奖励，或参与项目投资节余的提成。

（4）受托人有权就工程事项提出建议。

（5）受托人有权对其他参建方的工作进行评价并向委托方提出建议更换其不称职人员。

2.4 提交报告

受托人应按合同约定的种类、时间和份数向委托人提交全过程工程咨询服务管理文件和专项报告。

2.5 文件资料

在本合同履行期内，受托人应在现场保留工作所用的图纸、报告及记录全过程工程咨询工作的相关文件。工程竣工后，应当按照档案管理规定将有关文件归档。

2.6 使用委托人的财产

受托人无偿使用由委托人派遣的人员和提供的房屋、资料、设备。除专用条件另有约定外，委托人提供的房屋、设备属于委托人的财产，受托人应妥善使用和保管，在本合同终止时将这些房屋、设备的清单提交委托人，并按专用条件约定的时间和方式移交。

3 委托人的权利和义务

3.1 委托人义务

3.1.1 委托人应按照合同约定，无偿向受托人提供工程有关的资料。在本合同履行过程中，委托人应及时向受托人提供最新的与工程有关的资料。

3.1.2 委托人应当书面明确受托人及委托人代表的管理范围和权限并告知各参建方。

3.1.3 委托人应当及时确认相关的往来文件、通知和申请。

3.1.4 委托人应当书面将其工程相关管理制度告知受托人。

3.1.5 委托人应按照合同约定，派遣相应的人员，提供房屋、设备等必要的工作条件，供受托人无偿使用。

3.1.6 委托人应协调工程建设中必要的外部关系，为受托人履行本合同提供必要的外部条件。

3.1.7 委托人应当及时支付服务酬金及奖励，按时缴纳各项建设审批、报批费用。

3.2 委托人代表

委托人应授权一名熟悉工程情况的代表，负责与受托人联系。委托人应在双方签订本合同后 7 天内，将委托人代表的姓名和职责书面告知受托人。当委托人更换委托人代表时，应提前 7 天通知受托人。

3.3 审核与答复

3.3.1 委托人应在专用条件约定的时间内，对受托人以书面形式提交并要求审核或做出决定的事宜，给予书面答复。逾期未答复的，视为委托人认可。

3.3.2 委托人应及时审批受托人提交的相关文件，协调并解决在工程建设过程中由受托人提出的重大问题。

3.4 支付

委托人应按本合同约定，向受托人支付酬金和奖励。

3.5 组织、配合、参与和监督

委托人应当根据建设程序的要求，组织、参与工程建设相关的汇报、检查、验收等活动。

3.6 委托人权利

3.6.1 委托人有权对建设规模、建设标准、投资、设计使用功能等项目建设相关事项进行认定，以及确定相关设备材料价格和审批工程相关合同、支付和设计变更签证等。

3.6.2 委托人有权得到约定的服务。

3.6.3 委托人有权随时了解工程相关情况，随时检查受托人工作并对其审查监督。

3.6.4 委托人有权决定是否同意受托人调换项目负责人及要求受托人更换不称职的工程咨询人员。

4 管理及文档

4.1 全过程工程咨询服务应约定管理主要内容和目标。

4.1.1 本合同受托人应当在授权范围内管理各专业咨询服务合同的履行，管理协调所涉工程事项。

4.1.2 各专业咨询服务合同应当约定专业咨询服务的主要内容和目标。

4.1.3 各专业咨询服务合同的咨询人应当承诺接受本合同受托人对履约及涉及工程事项的管理并遵守相关工作制度。

4.2 全过程工程咨询服务文件档案资料的管理应做到：注意时效、及时整理、真实可靠、内容齐全、分类有序。

4.3 在工程项目实施前，受托人应对文件档案的编码、格式、份数等作统一规定；对各类文档归档建立相应的制度。

4.4 全过程工程咨询服务文件档案资料的收集、整理、归档，由全过程工程咨询项目负责人落实专人具体实施。归档资料的管理应符合当地建设行政主管部门和委托人的资料归档要求，要求由委托人于工程建设开始前书面提出。

4.5 在全过程工程咨询服务工作完成后将工程档案及相关资料向委托人和有关部门移交。未征得委托人同意，不得泄露与本工程有关的保密资料。

4.6 委托人应当在专用条件约定的时间内免费向受托人提供与项目建设有关的技术资料、政府有关批准文件以及该工程有关的其他资料，并保证上述资料的准确性、可靠性和完整性。

4.7 委托人有权要求受托人提交按专用条件约定的各类全过程工程咨询服务文档，并对受托人在项目实施过程中形成的文档有查阅权。

5 违约责任

5.1 受托人的违约责任

受托人未履行本合同义务的，应承担相应的责任。

5.1.1 因受托人违反本合同约定给委托人造成损失的，受托人应当赔偿委托人损失。赔偿金额的确定方法在专用条件中约定。受托人承担部分赔偿责任的，其承担赔偿金额由双方协商确定。

5.1.2 未经委托人同意，受托人擅自更换全过程工程咨询项目负责人，或者全过程工程咨询项目负责人长期不在岗的。

5.1.3 受托人不履行合同义务或不按合同约定履行义务的其他情况，并给委托人造成直接经济损失的。

5.2 委托人的违约责任

委托人未履行本合同义务的，应承担相应的责任。

5.2.1 委托人违反本合同约定造成受托人损失的，委托人应予以赔偿。

5.2.2 委托人向受托人的索赔不成立时，应赔偿受托人由此引起的费用。

5.2.3 委托人未能按期支付酬金超过 28 天，应按专用条件约定支付逾期付款利息。

5.3 除外责任

5.3.1 因非受托人的原因，且受托人无过错，发生工程质量事故、安全事故、工期延误等造成的损失，受托人不承担赔偿责任。

5.3.2 受托人对委托人决策（该决策非受托人提供错误咨询意见引起）不承担责任。

5.3.3 因不可抗力对工程项目建设造成的影响，受托人不承担责任。因不可抗力导致本合同全部或部分不能履行时，双方各自承担其因此而造成的损失、损害。

5.3.4 受托人的其他免责条款，由双方另行约定。

6 支付

6.1 支付货币

除专用条件另有约定外，酬金均以人民币支付。涉及外币支付的，所采用的货币种类和汇率在专用条件中约定。

6.2 支付申请

受托人应在本合同约定的每次应付款时间的 7 天前，向委托人提交支付申请书。支付申请书应当说明当期应付款总额，并列出当期应支付的酬金种类及其金额。

6.3 酬金支付应当按照业务完成情况按月支付，专业咨询服务合同中另有约定的，按约定支付。

6.4 支付酬金

支付的酬金包括正常工作酬金、附加工作酬金、合理化建议奖励金额及费用。委托人应当在收到受托人支付申请的 28 天内及时支付。附加工作的价款应当在双方确认酬金金额的次月支付。

6.5 有争议部分的付款

委托人对受托人提交的支付申请书有异议时，应当在收到受托人提交的支付申请书后 7 天内，以书面形式向受托人发出异议通知。无异议部分的款项应按期支付，有异议部分的款项按合同约定办理。

7 合同生效、变更、暂停、解除与终止

7.1 生效

除法律另有规定或者专用条件另有约定外，委托人和受托人的法定代表人或其授权受托人在协议书上签字并加盖单位公章或合同专用章后本合同生效。

7.2 变更

7.2.1 合同任何一方提出变更请求时，双方经协商一致后可进行变更。

7.2.2 除不可抗力外，因非受托人原因导致受托人履行合同期限延长、内容增加时，受托人应当将此情况与可能产生的影响及时通知委托人。增加的全过程工程咨询服务工作时间、工作内容应视为附加工作。附加工作酬金的确定方法在专用条件中约定。

7.2.3 合同生效后,如果实际情况发生变化(非受托人原因),使得受托人不能完成全部或部分工作时,受托人应立即通知委托人。除不可抗力外,其善后工作以及恢复服务的准备工作应为附加工作,附加工作酬金的确定方法在专用条件中约定。受托人用于恢复服务的准备时间不应超过28天。

7.2.4 合同签订后,遇有与工程相关的法律法规、标准颁布或修订的,双方应遵照执行。由此引起全过程工程咨询服务范围、时间、酬金变化的,双方应通过协商进行相应调整。

7.2.5 因非受托人原因造成工程概算投资额或建筑安装工程费增加时,正常工作酬金应作相应调整。调整方法在专用条件中约定。

7.2.6 因工程规模、全过程工程咨询范围的变化导致受托人的正常工作量减少时,正常工作酬金应作相应调整。调整方法在专用条件中约定。

7.3 暂停与解除

除双方协商一致可以解除本合同外,当一方无正当理由未履行本合同约定的义务时,另一方可以根据本合同约定暂停履行本合同直至解除本合同。

7.3.1 在本合同有效期内,由于双方无法预见和控制的原因导致本合同全部或部分无法继续履行或继续履行已无意义,经双方协商一致,可以解除本合同或受托人的部分义务。在解除之前,受托人应做出合理安排,使开支减至最小。

因解除本合同或解除受托人的部分义务导致受托人遭受的损失,除依法可以免除责任的情况外,应由委托人予以补偿,补偿金额由双方协商确定。

解除本合同的协议必须采取书面形式,协议未达成之前,本合同仍然有效。

7.3.2 在本合同有效期内,因非受托人的原因导致工程全部或部分暂停,委托人可通知受托人要求暂停全部或部分工作。受托人应立即安排停止工作,并将开支减至最小。除不可抗力外,由此导致受托人遭受的损失应由委托人予以补偿。

7.3.3 当受托人无正当理由未履行本合同约定的义务时,委托人应通知受托人限期改正。若委托人在受托人接到通知后的7天内未收到受托人书面形式的合理解释,则可在7天内发出解除本合同的通知,自通知到达受托人时本合同解除。委托人应将全过程工程咨询的酬金支付至限期改正通知到达受托人之日,但受托人应承担第5.1款约定的责任。

7.3.4 受托人在专用条件6.3中约定的支付之日起28天后仍未收到委托人按本合同约定应付的款项,可向委托人发出催付通知。委托人接到通知14天后仍未支付或未提出受托人可以接受的延期支付安排,受托人可向委托人发出暂停工作的通知并可自行暂停全部或部分工作。暂停工作后 14 天内受托人仍未获得委托人应付酬金或委托人的合理答复，受托人可向委托人发出解除本合同的通知，自通知到达委托人时本合同解除。委托人应承担第 5.2.3 款约定的责任。

7.3.5 因不可抗力致使本合同部分或全部不能履行时，一方应立即通知另一方，可暂停或解除本合同。

7.3.6 本合同解除后，本合同约定的有关结算、清理、争议解决方式的条款仍然有效。

7.4 终止

以下条件全部满足时，本合同即告终止：

1. 受托人完成本合同约定的全部工作；

2. 委托人与受托人结清并支付全部酬金。

8 争议解决

8.1 协商

双方应本着诚信原则协商解决彼此间的争议。

8.2 调解

如果双方不能在 14 天内或双方商定的其他时间内解决本合同争议，可以将其提交给专用条件约定的或事后达成协议的调解人进行调解。

8.3 仲裁或诉讼

双方均有权不经过调解直接向专用条件约定的仲裁机构申请仲裁或向有管辖权的人民法院提起诉讼。

9 其他

9.1 外出考察费用

由委托人提出的外出考察，要求受托人参加或负责的，相应费用由委托人支付。

9.2 检测费用

委托人要求受托人进行的材料和设备检测所发生的费用，由委托人支付，支付时间在专用条件中约定。

9.3 咨询费用

经委托人同意，根据工程需要由受托人组织的相关评审、咨询和论证等会议以及聘请相关专家等发生的费用由委托人支付，支付时间在专用条件中约定。

9.4 奖励

受托人在服务过程中提出的合理化建议，使委托人获得经济效益的，双方在专用条件中约定奖励金额的确定方法。奖励金额在合理化建议被采纳后,与最近一期的正常工作酬金同期支付。

9.5 守法诚信

受托人及其相关人员不得从其他参建方获得任何经济利益。

9.6 保密

双方不得泄露对方申明的保密资料,亦不得泄露其他参建方所提供的保密资料。保密事项的具体约定见专用条件。

9.7 通知

本合同涉及的通知均应当采用书面形式,并在送达对方时生效,收件人应书面签收。

9.8 知识产权

9.8.1 委托人提供给受托人的图纸、委托人为实施工程自行编制或委托编制的技术规格书以及反映委托人要求的或其他类似性质的文件的著作权属于委托人,受托人可以为实现合同目的而复制、使用此类文件,但不能用于与合同无关的其他事项。未经委托人书面同意,受托人不得为了合同以外的目的而复制、使用上述文件或将之提供给任何第三方。

9.8.2 受托人为实施咨询服务所编制的文件的著作权属于受托人,委托人可因实施工程的运行、调试、维修、改造等目的而复制、使用此类文件,但不能擅自修改或用于与合同无关的其他事项。未经受托人书面同意,委托人不得为了合同以外的目的而复制、使用上述文件或将之提供给任何第三方。

9.8.3 合同当事人保证在履行合同过程中不侵犯对方及第三方的知识产权。受托人在实施全过程工程咨询服务时,因侵犯他人的专利权或其他知识产权所引起的责任,由受托人承担;因委托人提供的工程资料导致侵权的,由委托人承担责任。

9.8.4 合同当事人双方均有权在不损害对方利益和保密约定的前提下,在自己宣传用的印刷品或其他出版物上,或申报奖项时的情形下公布有关项目的文字和图片材料。

9.8.5 受托人在合同签订前和签订时已确定采用的专利、专有技术的使用费应包含在酬金中。

9.9 联合体

9.9.1 联合体各方应共同与委托人签订合同协议书。联合体各方应为履行合同向委托人承担连带责任。

9.9.2 联合体各方应签订联合体协议，应当约定联合体牵头人及各成员工作责任义务，经委托人确认后作为合同附件。在履行合同过程中，未经委托人同意，不得修改联合体协议。

9.9.3 联合体牵头人负责与委托人联系，并接受指示，负责管理、组织协调联合体各成员全面履行合同。

第三部分 专用条件

1 定义与解释
1.1 解释
本合同文件除使用中文外，还可用＿＿＿＿＿＿＿＿＿＿＿＿＿＿＿＿
1.2 全过程工程咨询服务范围和服务内容：

＿＿＿＿＿＿＿＿＿＿＿＿＿＿＿＿＿＿＿＿＿＿＿＿＿＿＿＿＿＿
＿＿＿＿＿＿＿＿＿＿＿＿＿＿＿＿＿＿＿＿＿＿＿＿＿＿＿＿＿＿
＿＿＿＿＿＿＿＿＿＿＿＿＿＿＿＿＿＿＿＿＿＿＿＿＿＿＿＿＿＿
＿＿＿＿＿＿＿＿＿＿＿＿＿＿＿＿＿＿＿＿＿＿＿＿＿＿＿＿＿＿

1.3 全过程工程咨询服务依据
1.3.1 双方根据工程的行业和地域特点，在专用条件中具体约定工作依据。
1.3.2 委托人要求使用其他国家和地区技术标准的，应在专用条件中约定所使用技术标准的名称及提供方，并约定技术标准原文版、中文译本的份数、时间及费用承担等事项。

2 受托人的义务
2.1 全过程工程咨询服务依据及使用标准
依据包括：
1. 全过程工程咨询服务依据包括：＿＿＿＿＿＿＿＿＿＿＿＿＿＿
2. 使用其他国家和地区技术标准的名称、提供方、原文版、中文译本的份数、时间及费用承担：＿＿＿＿＿＿＿＿＿＿＿＿＿＿＿＿＿＿
2.2 全过程工程咨询服务机构和人员
2.2.1 全过程工程咨询服务机构人员配备详见附录1。
2.2.2 更换受托人员的其他情形：＿＿＿＿＿＿＿＿＿＿＿＿＿＿
2.3 提交报告
受托人应提交报告的种类、时间和份数：＿＿＿＿＿＿＿＿＿＿＿
＿＿＿＿＿＿＿＿＿＿＿＿＿＿＿＿＿＿＿＿＿＿＿＿＿＿＿＿＿＿
2.4 使用委托人的财产
由委托人无偿提供的房屋、设备的所有权属于：＿＿＿＿＿＿＿＿

受托人应在本合同终止后_____天内移交委托人无偿提供的房屋、设备，移交的时间和方式为：_____

3 委托人的义务

3.1 提供资料

签订合同生效时，委托人应按照下表无偿向受托人提供工程有关的资料：

委托人提供的资料

名称	份数	提供时间	备注
☐			
☐			
☐			

注：资料如有保密要求，应在相关保密条款中注明。

3.2 提供工作条件

委托人应按照下表约定，派遣相应的人员：

委托人派遣的人员

名称	数量	工作要求	提供时间
1.			
2.			
3.			

提供房屋、设备，供受托人无偿使用的参照下表。

委托人提供的房屋

名称	数量	面积	提供时间
1.办公用房及网络接入			
2.生活用房及用品			
3.试验用房			
4.样品用房			
5.其他用房			
6.用餐及其他生活条件			

委托人提供的设备

名称	数量	型号与规格	提供时间
1.通信设备			
2.办公设备			
3.交通工具			
4.检测和试验设备			

3.3 委托人代表

委托人代表为：_____

3.4 服务开始日期：合同签订后以受托方收到委托方书面通知5日内开始。

3.5 审核与答复

委托人同意在_____天内，对受托人书面提交并要求做出决定的事宜给予书面答复。

4 管理及目标

4.1 进度管理

4.1.1 受托人按照本合同约定的进度目标，编制项目总体控制计划，并报委托人审批，以经委托人审批的总进度计划作为整个项目进度管理的依据。

本合同进度目标：_____

4.1.2 受托人有权审核其他各参建方的进度计划，对进度计划进行分级管理，通过不断的检查、调整、预测，提出相应的控制措施，确保实现工期目标。

4.1.3 在项目实施过程中，受托人应进行进度计划值与实际值的比较，及时向委托人汇报进度控制情况。

4.1.4 工期延期

（1）工期延期包括下列情况：

1）委托方原因；

2）不可抗力；

3）根据项目实施过程中的具体情况，由委托方批准的工期顺延。

（2）发生工期延期，委托方按照本合同专用条件约定的附加工作酬金计算标准向受托方支付报酬。同时受托方有权就因工期延期对受托方造成的其他损失索赔。

4.1.5 工期延误

（1）工期延误包括下列情况：

1）受托人原因；

2）其他参建方原因。

（2）发生工期延误，受托人必须积极有效地进行进度控制。由于受托人原因造成的工期延误，受托人承担违约责任。

由于受托人原因造成的工期延误，受托人承担违约责任：_____

4.2 质量管理

4.2.1 按照本合同约定的质量管理目标，编制相应的质量管理实施计划，并报送委托人认定。由于受托人原因造成质量管理目标不能实现的，受托人按照专用条件的约定承担违约责任。

本工程质量管理目标：_____

4.2.2 受托人应参加设计交底会议，分析、确定质量控制重点、难点；安排其他参建方负责工程实施过程中的质量控制工作。

4.2.3 受托人在征得委托人认可后，有对工程上使用的材料的决定权。有权会同监理对施工质量进行检验。对不符合设计要求及国家质量标准的材料、构配件、设备，有权通知监理单位组织更换；对不符合规范和质量标准的工序、分部分项工程和不安全的施工作业，有权通知监理单位组织整改、返工。

4.2.4 受托人负责组织质量事故的调查。

4.2.5 受托人应组织定期或不定期的质量检测会和分析会，分析、通报施工质量情况，协调有关单位间的施工活动以消除影响质量的各种外部干扰因素。

4.3 安全、文明管理

4.3.1 受托人应按照本合同约定的项目安全文明目标，组织编制安全文明管理实施计划及安全应急预案，并报送委托人审核。

本工程安全文明管理目标：_____

由于受托人原因造成项目安全文明目标不能实现的，受托人承担违约责任：_____

4.3.2 受托人应根据项目施工安全目标的要求配置必要的资源，确保施工安全，保证目标实现。

4.3.3 受托人应当督促其他参建方落实安全保证体系，不定期协同委托人组织工地安全文明检查，会同委托人、其他参建方处理工地各种纠纷。

4.4 投资管理

4.4.1 受托人根据本合同约定的项目投资控制目标，编制相应的投资管理实施计划。

本工程投资管理目标：_____

由于受托人原因造成项目投资目标不能实现的，受托人承担违约责任：_____

4.4.2 受托人负责编制年度、季度、月度资金使用计划，报送委托人审批。按照委托人对资金使用计划的审批意见，修正资金使用计划。根据委托人认可的资金使用计划，进行投资计划值与实际值的比较，控制项目投资。

4.4.3 受托人负责在招投标、合同谈判、合同拟定过程中，对建设资金有关内容进行审核、分析。

4.4.4 受托人负责审核其他参建方合同与建设资金有关的条款。

4.5 竣工验收

4.5.1 委托人有权组织竣工验收，对受托人的工程竣工结算和财务决算进行监督，有权委托第三方对受托人的结算、付款及其他工程管理情况进行抽查和审计。

4.5.2 委托人应在项目建成、竣工验收合格后，在规定时间内办理项目移交手续。

4.5.3 工程竣工结算后 28 个工作日内，如有履约保证金，委托人应退还受托人提交的全部履约保证金。

4.5.4 受托人有权签认工程实际竣工日期，提前或超过施工合同规定的竣工期限。

4.5.5 受托人组织或协助委托人及时组织竣工验收，并将验收合格的项目在规定时间内协助办理权属登记，并协助委托人办理固定资产移交手续。

4.6 突发事件处理

受托人在分析工程具体情况的基础上，编制各类突发事件及不可抗力事件的处理预案，积极应对建设过程中发生的各类突发事件及不可抗力事件，并及时通知委托人妥善处理。由于不可抗力造成的工期延期，按照合同约定的相关条款处理。

4.7 资金拨付管理

4.7.1 受托人在合同签订后 30 天内，提交整个项目的资金使用计划。委托人结合项目具体情况于 7 日内对项目资金使用计划进行批复。受托人按照委托人批复，对资金使用计划进行修正，并于批复后 14 日内，递交符合委托人要求的资金使用计划。

4.7.2 受托人于其他参建方提交付款凭证后 7 日内，对其进行审批，将审批结果递交委托人，由委托人审批后进行支付。

4.7.3 受托人根据委托人的要求，配合审计部门完成对本项目的审计。

4.8 变更与索赔管理

4.8.1 受托人在委托人授权下，可以根据工程的实际进展情况，签发变更指令、评估变更。在委托方授权下可进行变更的范围约定为：_____

4.8.2 受托人不得在实施过程中利用洽商或者补签其他协议随意变更建设规模、建设标准、建设内容。超出初步设计批复范围的变更，由勘察、设计或施工承包商提出，经受托人调查核实与相关方协调后，由受托人报委托人核准。

4.8.3 受托人在全过程工程咨询工作中提出的优化变更，使委托人节约了工程项目投资，委托人按专用条件中的约定给予经济奖励。

4.8.4 合同双方有权就对方原因造成的损失提出索赔，如果该索赔要求未能成立，则索赔提出方应补偿由该索赔给他方造成的各项费用支出和损失。

5 违约责任

5.1 受托人的违约责任

5.1.1 除通用条款受托人的违约责任外，受托人不履行合同义务或不按约定履行任务的其他情况包括_____

受托人赔偿金额按下列方法确定：

_____

5.1.2 工程建设过程中若发生重大伤亡及其他安全事故，受托人负责紧急处理，做好善后工作，及时通知委托人；如因受托人管理不善引起重大安全事故的，或者发生安全事故，受托人处理不当给委托人造成名誉、财产及其他损失的，委托人有权中止合同，同时向受托人追究经济以及其他责任。

5.2 委托人的违约责任

委托人逾期付款利息按下列方法确定：

逾期付款利息 = 当期应付款总额 × 银行同期贷款利率 × 拖延支付天数

银行同期贷款利率按中国人民银行公布的同期银行贷款基准利率执行。

6 支付

6.1 支付货币

币种为：_____，汇率为：_____。

6.2 支付酬金

6.2.1 正常工作酬金的支付：

服务种类	支付次数	支付时间	支付比例	支付金额（万元）

6.2.2 委托人按合同要求中约定的支付次数、支付时间、支付比例和支付金额向受托人支付全过程工程咨询服务酬金，专业咨询服务合同中另有约定时，按约定支付。

6.2.3 非受托人原因造成的延期服务、其他附加工作和奖励费用的支付方式_____

7 合同生效、变更、暂停、解除与终止

7.1 生效

本合同生效条件：_____

7.2 变更

7.2.1 除不可抗力外，因非受托人原因导致本合同期限延长时，附加工作酬金按下列方法确定：_____

7.2.2 除不可抗力外，实际情况发生变化使得受托人不能完成全部或部分工作时，其善后工作以及恢复服务的准备工作相应的附加工作酬金确定方法：_____

7.2.3 正常工作酬金增加额按下列方法确定：_____

7.2.4 因工程规模、全过程工程咨询服务范围的变化导致受托人的正常工作量减少时，_____

8 争议解决

8.1 调解

本合同争议进行调解时，可提交_____进行调解。

8.2 仲裁或诉讼

合同争议的最终解决方式为下列第_____种方式：

（1）提请_____仲裁委员会进行仲裁。

（2）向_____人民法院提起诉讼。

9 其他

9.1 咨询费用

委托人应在相关咨询工作完成后_____天内支付咨询费用。

9.2 奖励

合理化建议的奖励金额按下列方法确定为：

奖励金额 = 工程投资节省额 × 奖励金额的比率；

奖励金额的比率为　　　　　％。

9.3 保密

委托人申明的保密事项和期限：＿＿＿＿＿＿＿＿＿＿＿＿＿＿

受托人申明的保密事项和期限：＿＿＿＿＿＿＿＿＿＿＿＿＿＿

第三方申明的保密事项和期限：＿＿＿＿＿＿＿＿＿＿＿＿＿＿

9.4 知识产权

9.4.1 关于委托人提供给受托人的图纸、委托人为实施工程自行编制或委托编制的技术规格以及反映委托人关于合同要求或其他类似性质的文件的著作权的归属：＿＿＿＿＿＿＿＿

关于委托人提供的上述文件的使用限制的要求：＿＿＿＿＿＿＿＿＿＿＿

9.4.2 关于受托人为实施服务所编制文件的著作权的归属：＿＿＿＿＿＿＿

关于受托人提供的上述文件的使用限制的要求：＿＿＿＿＿＿＿＿＿＿＿

9.4.3 受托人在勘察设计服务过程中所采用的专利、专有技术的使用费的承担方式：＿＿＿＿＿＿＿＿＿＿＿＿＿＿＿＿＿＿＿＿＿＿＿＿＿＿＿＿＿＿
＿＿＿＿＿＿＿＿＿＿＿＿＿＿＿＿＿＿＿＿＿＿＿＿＿＿＿＿＿＿＿＿＿＿

10 补充条款

全过程工程咨询机构人员配备表

姓名	学历	专业	执业证书及编号	职称	承担工作名称

注：此表应根据建设项目具体情况进行扩充。

第四部分 全过程工程咨询服务要求

全过程工程咨询服务项目管理

1 全过程工程咨询服务项目管理的范围和工作内容

全过程工程咨询服务项目管理工作范围：

_____

_____

2 全过程工程咨询服务项目管理工作要求

2.1 受托人

2.1.1 受托人在履行本合同义务期间，应遵循国家有关法律、法规和政策，维护委托人的合法权益。

2.1.2 受托人应当在委托人的授权范围内管理和协调各参建方的工作关系。

2.1.3 受托人应当根据国家相关规定的程序选择其他参建方。

2.1.4 受托人应当编制、调整总体和各阶段资金使用计划并及时报请委托方核准。

2.1.5 受托人应当编制、调整总体进度计划，编制或组织编制甲供材料、设备招标采购和认质认价计划。

2.1.6 受托人应当负责起草项目建设相关合同文本（委托人自行起草或者委托他人起草的除外），参与合同洽商及审核合同文本，监督管理合同的履行，并为委托人提供相应咨询建议。

2.1.7 受托人应协助委托方进行设计调研、编制勘察设计任务书，并经委托方确认、管理、协调勘察设计质量和进度，组织召开设计协调会议，协助组织设计评审及进行设计沟通。对工程设计中的技术问题，按照安全和优化原则，向设计单位提出建议。如果由于提出的建议会提高工程造价，或延长工期，应当事先取得委托人的同意。当发现工程设计不符合国家颁布的建设工程质量标准或设计合同约定的质量标准时，受托人有权要求设计单位更正。

2.1.8 受托人应当根据合同约定负责完成立项、土地、规划、消防、建审和市政公用等政府部门规定的审批手续，委托方应给予必要的配合与协助。

2.1.9 受托人应当对工程规模、建设标准、规划设计等向委托人提出合理化建议并提交建议书。

2.1.10 受托人应当对施工工艺设计和使用功能要求等向委托人提出合理建议并提交建议书。

2.1.11 受托人应按照保证质量、保证工期和降低投资的原则，会同监理审核工程施工组织设计和技术方案，同时上报委托人。

2.1.12 受托人应负责按照批准的项目建议书批复内容，管理、协助组织、协调可行性研究报告和初步设计、施工图设计编制和相关评审。

2.1.13 受托人应参与招标采购相关文件的审查。

2.1.14 受托人应组织造价审核，协调、配合审计部门的审计。

2.1.15 受托人应严格按照国家基本建设程序，按批准的建设规模、建设内容和建设标准实施组织管理，认真履行全过程工程咨询服务合同及投标书中项目管理内容的承诺，实现工程建设投资、工程进度、工程质量及安全目标。

2.1.16 受托人应组织或协助组织竣工验收、工程备案、竣工结算及运营管理的技术培训。

2.1.17 受托人应收集相关资料，编制并向委托人报送项目管理咨询工作报告。并约定时间向委托人汇报，接受委托人的监督。一经察觉可能会影响工程投资、工期、质量和安全的事件时，受托人有义务尽早通知委托人。

2.1.18 受托人应当以维护委托人的利益出发，对施工中发生的变更，签证理由、原因及合理性进行审核，并参与处理变更签证和索赔事件。

2.1.19 受托人应进行项目建设的风险管理。

2.1.20 受托人应提交项目后评价报告。

2.1.21 受托人应对建设过程中的安全、健康与环境负有监督、管理的责任。

2.2 履行职责

2.2.1 在项目管理范围内，委托人和其他参建方提出的意见和要求，受托人应及时提出处置意见。当委托人与其他参建方之间发生合同争议时，受托人应协助委托人协商解决。

2.2.2 当委托人与其他参建方之间的合同争议提交仲裁机构仲裁或人民法院审理时，受托人应提供必要的证明资料。

2.2.3 受托人应在本合同约定的授权范围内，处理委托人与其他参建方所签订合同的变更事宜。如果变更超过授权范围，应以书面形式报委托人批准。

在紧急情况下，为了保护财产和人身安全，受托人所发出的指令未能事先报委托人批准时，应在发出指令后的 24 小时内以书面形式报委托人。

2.3 委托人

2.3.1 提供工作条件

委托人应协助受托人办理各项建设手续，负责缴纳规划、建设管理和相关政策性等费用。

2.3.2 审核与答复

（1）委托人负责报批可行性研究报告、初步设计（含概算）。

（2）委托人应及时确定建设规模、建设标准等重要事项。

（3）委托人应及时确认设计使用功能要求和工艺设计要求。

（4）委托人应及时审批工程设计变更。

（5）委托人对受托人提交的申请、报告、文件等资料，应当及时进行审核和审批。

2.3.3 告知

在本合同约定的全过程工程咨询项目管理工作范围内，委托人对其他参建方的任何意见或要求应通知受托人，由受托人向其他参建方发出相应指令。

2.3.4 参与和监督

（1）委托人应对工程、设备采购等招标采购工作进行监督，对受托人组织的合同谈判进行监督。

（2）委托人应对工程质量和施工进度进行监督，参与项目建设过程中的阶段性验收和专项验收。

（3）委托人应依法对全过程工程咨询项目管理工作进行检查和监督，并对受托方违规行为予以查处和纠正。